浙江省哲学社会科学重点研究基地
——浙江省现代职业教育研究中心重大研究成果

现代职业教育研究前沿论丛

丛书主编：方展画　胡正明

高职创新发展之路
——金华职院的探索历程

邵建东◎著

華中科技大學出版社
http://www.hustp.com
中国·武汉

图书在版编目(CIP)数据

高职创新发展之路:金华职院的探索历程/邵建东著.—武汉:华中科技大学出版社,2018.10(2019.10 重印)
(现代职业教育研究前沿论丛)
ISBN 978-7-5680-3584-2

Ⅰ.①高… Ⅱ.①邵… Ⅲ.①高等职业教育-教育管理-研究-金华 Ⅳ.①G718.5

中国版本图书馆 CIP 数据核字(2018)第 257831 号

高职创新发展之路——金华职院的探索历程 邵建东 著
Gaozhi Chuangxin Fazhan zhi Lu—Jinhua Zhiyuan de Tansuo Licheng

策划编辑:郑小羽
责任编辑:张 毅
封面设计:孢 子
责任校对:曾 婷
责任监印:朱 玢
出版发行:华中科技大学出版社(中国·武汉) 电话:(027)81321913
武汉市东湖新技术开发区华工科技园 邮编:430223
录 排:华中科技大学惠友文印中心
印 刷:武汉科源印刷设计有限公司
开 本:710 mm×1000 mm 1/16
印 张:15.25
字 数:299 千字
版 次:2019 年 10 月第 1 版第 2 次印刷
定 价:68.00 元

总序

职业教育是国家教育体系中不可或缺的重要一翼。伴随着现代化建设进程的加快，职业教育不断壮大。时至今日，我国已经建成了世界上规模较大的职业教育体系，十八大报告中提出的“加快发展现代职业教育”更是将职业教育由“大”变“强”作为共同愿景上升到了国家战略的高度，表明了我国加强现代职业教育的决心和信心。职业教育不仅大有可为，更应当大有作为。作为其中重要的理论支持，职业教育研究也应当大有可为、大有作为。

一个领域的研究水平往往代表着这个领域的发展水平，作为教育学中的“后生”，我国职业教育研究的历史并不算长，但研究热情之高、总体趋势之好、形式内容之丰富都是前所未有的。一大批职业教育人将职教研究作为追求的方向与目标，积极回应和破解职业教育改革发展中的现实问题、重点问题、难点问题，积极探索中国特色职业教育的发展路径，取得了一批高水平、有影响、可借鉴的研究成果，推动了职业教育的发展。

但同时也应该看到，职业教育研究的总体成就与其他学科相比仍有差距，在国际舞台上的声音还不够响亮。职业教育尚有许多理论问题和实践问题需要通过深入的科学研究来进一步理清和解决。在这样的时代需求中，《现代职业教育研究前沿论丛》的主编单位——浙江省现代职业教育研究中心（下称中心）应时而谋、顺势而生。中心前身为金华职业技术学院高职教育研究所，作为浙江省成立最早的高职教育研究所之一，多年来致力于专深的职教研究。为适应新常态、谋求新作为、实现新发展，2012 年 5 月，金华职业技术学院联合浙江省教育科学研究院成立了浙江省现代职业教育研究中心。2013 年 1 月，中心获批成为“浙江省哲学社会科学扶持型研究基地”；2015 年 2 月，中心正式成为“浙江省哲学社会科学重点研究基地”，是浙江省目前唯一依托高职院校的省级哲学社会科学重点研究基地。浙江省现代职业教育研究中心成立虽然只有 4 年时间，但以金华职业技术学院高职教育研究所为起点，则有着 10 余年的发展历史。10 余年来，依托国家示范性高职院校建设项目，中心取得了丰硕的成果。作为职业教育的实践者、思考者和记录者，中心始终紧扣改革主题，专注现代职业教育研究，不断发挥在职教研究领域的先导作用，形成了相当的知名度和影响力。

现代职业教育的快速发展需要强有力的科学研究做支撑,而“现代”两字凸显了发展职业教育的时代性,赋予了职业教育新目标和新内涵,同时给职业教育研究提出了新命题和新要求。身处五年发展的交越期,职业教育即将进入一个全新的发展阶段,职业教育研究不仅要因势而动、积极求变,更要有的放矢、精准发力,围绕新常态下职业教育的新议题展开一系列的思考和探索,用职业教育理论来说明和阐释职业教育实践,用职业教育实践来丰富和发展职业教育理论,使两者互为补充、齐头并进。这既是现代职业教育发展的现实要求,也是广大职业教育人的责任担当。浙江省现代职业教育研究中心正是抱着这样的初衷出版了《现代职业教育研究前沿论丛》,作为中心的一员,我深感快慰。

丛书由中心主任方展画和常务副主任胡正明担任主编,旨在通过优秀成果的集中展示反映当前职业教育的研究水平,可谓是职业教育研究者的一次集体思想行动。丛书的研究选题关注目前职业教育中的一些热点难点问题,基本代表了现阶段职业教育的理论前沿,将陆续呈现给读者。期待未来能有更多的职业教育研究者加入这一集体行动中来,将先进思想通过《现代职业教育研究前沿论丛》落地生根,为职业教育走向未来注入新理念、新智慧和新方法,使更多人因此认识职业教育、认可职业教育、推崇职业教育。

借此机会,把这套丛书推荐给广大职业教育的支持者、改革者和实践者,同时属望浙江省现代职业教育研究中心继往开来、砥砺奋进、乘势而上,取得新的更丰硕的研究成果!

是为序,更为盼。

亚洲职业教育学会(AASVET)会长
中国职业技术教育学会副会长兼学术委员会执行主任
华东师范大学职业教育与成人教育研究所所长、教授、博士生导师
浙江省现代职业教育研究中心学术委员会主任
石伟平
2016 年 7 月于上海

序

金华职业技术学院（简称金华职院、金职院）是一所国家示范性高职院校。作为国家示范性高职院校，不仅要自身不断地有所创新发展、办出成绩，而且要对有关院校起示范引领作用。金华职院正是以其学科专业齐全和“强调务实、注重创新、敢于争先、善于统筹”等诸多特点和优点，吸引了全国很多兄弟院校前来学习、借鉴，近些年来，每年接待考察、交流的院校约达 100 批次。

但是，一次考察交流往往只能浮光掠影，或只取其所需。而金华职院作为示范性的内容是系列的、全面的：既包括内部治理、校企合作、学生管理、质量监控等创新性经验，又包括教育教学改革、科学研究、师资队伍建设、继续教育、校园文化等内涵式发展。如果将这些系列性的先进经验、措施系统地整理，让参观考察者预览，然后重点访谈、考察，可能更可发挥示范引领的作用。

正是根据这一需要，金华职业技术学院现代职业教育研究院邵建东编写了本书。

邵建东既是高职教育研究专家，又是高职改革发展的践行者。他已发表了多篇高职研究论文，出版了高职研究专著，又在金华职院担任行政管理和研究工作，还参加了许多改革实践。他具体负责的浙江省现代职业教育研究中心已成为目前浙江省唯一依托高职院校的省级哲学社会科学重点研究基地。

这本书的出版将会更好地起示范性高职院校的引领作用，而其更深刻的意义，还在于实践国家高等教育从外延式发展转向内涵式发展。

潘懋元

2018 年 5 月 5 日于厦门大学教育研究院

目录

第一章 引 言

1996年，全国人民代表大会通过并颁布了《中华人民共和国职业教育法》，高职教育第一次从法律意义上确立了在中国教育体系中的地位。20多年来，在各方面共同努力下，中国高职教育快速发展，取得了巨大的成就，已成为高等教育的半壁江山（截至2016年，高职（专科）院校1359所，高等职业教育在校生1000多万人），培养了大批高素质劳动者和技能人才，为我国高等教育大众化和经济社会发展做出了重要贡献。

高职教育在实施科教兴国战略和人才强国战略中具有特殊的重要地位。国家高度重视发展高等职业教育，积极推进高等职业教育发展，支持全国各高职院校办出特点、办出水平。各地许多高职院校尤其是国家示范（骨干）高职院校进行了积极探索和改革创新，积累了不少经验。广大职业教育工作者在借鉴国外先进职业教育发展经验的基础上开展了广泛研究，凝练了不少职教研究成果。

近20年来，国内一批知名职业教育研究专家积极开展职业教育基本理论和宏观问题研究，引领我国职业教育发展。教育部职业教育与成人教育司原司长黄尧主编了《职业教育学——原理与应用》。华东师范大学职业教育与成人教育研究所所长石伟平较早出版了《比较职业技术教育》，还主编了一套《现代职业教育研究丛书》，梳理了中外职业教育发展的历史沿革（翟海魂、米婧著的《中外职业教育史研究》），探讨了在新的时代背景下，我国职业教育发展与变革中的实践与政策问题（石伟平主编的《时代特征与职业教育创新》），开展了高等职业教育发展与变革的历史、国别和热点问题研究（匡英著的《比较高等职业教育：发展与变革》）等。马树超和郭扬等主编了《中国高等职业教育——历史的抉择》；教育部职业技术教育研究中心所研究员姜大源先后出版了《职业教育学研究新论》、《当代德国职业教育主流教学思想研究》（中国第一本研究当代德国职业教育与教学理论的著作）、《职业教育要义》等著作；浙江大学教育学院吴雪萍出版了《中国职业技术教育》《基础与应用——高等职业教育政策研究》；浙江金融职业学院周建松主编了《创新发展高等职业教育的浙江样本》《现代高等职业教育创新发展研究》《创新与引领：我国示范性高等职业院校建设十年（2005—2015）》《高等职业教育的逻辑》《高等职业教育示范建设理论与实践》《中国高等职业教育研究十年：2001—2010》等著作；浙江省教科院方展画等主编了《知识与技能：中国职业教育60年》；

深圳职业技术学院徐平利出版了《职业教育的历史逻辑和哲学基础》;金华职业技术学院王振洪等编著了《浙江省高职教育发展报告(2006—2015)》,等等。

一批职教研究专家和院校领导,结合个人研究专长或所在学校的教育教学改革实践,开展了一系列的专题研究,撰写职教著作,就职业教育某个方面的问题进行深入探索阐述。如杜世禄的《五位一体 高职教育办学模式新探》《五位一体育人模式深化纵览》,周建松的《高等职业教育专业建设理论与探索》《高等职业教育校企合作长效机制研究》《高等职业教育教学创新与实践成效》《高职院校素质教育研究》,徐国庆的《职业教育课程论》,王振洪的《高职院校兼职教师有效管理的理论与实践》《构建高职教育校企利益共同体育人机制》《高职院校管理文化及其创新策略研究》,谢一风和史秋衡的《高职院校县校合作模式研究》,谢一风和熊惠平的《高端技能型专门人才培养模式研究》,刘福军的《高等职业教育人才培养模式》,洪贞银的《高职院校教学质量保证与评估研究》,柴福洪和陈年友的《高等职业教育名词研究》,张耀嵩的《高等职业教育质量评价与保障体系研究》,许华春的《民办高职院校管理创新论》,卢洁莹的《生存论视阈中的职业教育价值观研究》,刘晓的《利益相关者参与下的高等职业教育办学模式改革研究》《职业教育产学研一体化办学模式研究》,等等。此外,许多职业院校的老师或职业教育研究者,结合工作或研究兴趣,积极探讨高职院校发展的相关问题,每年发表成千上万的文章(近10年,每年4000～12 000篇不等),其中讨论比较多的主题有高职院校的教师发展(3749篇)、课程(1459篇)、校企合作(867篇)、就业(667篇)、创业教育(594篇)、专业建设(532篇)、管理和治理(384篇)、文化建设(327篇)、人才培养模式(202篇)等。[①]

还有一些研究者在梳理相关高职院校的办学实践、总结成功办学经验的基础上,开展院校案例研究。[②] 刘洪一主编的《文化育人的理念与实践研究——以深圳职业技术学院为例》,针对后示范时代高职院校如何应对产业转型升级对高职院校人才培养提出的新要求和新挑战,真正培养适应企业需要的高素质、高技能应用型人才问题,进行理论研究和实践探索,分论文化育人的理念、论高职院校大学

---

① 2017年7月11日,据中国期刊网搜索统计。

② 其他比较典型的院校案例研究:①中国人民大学校长纪宝成的《大学的探索》,收录了其从2000年9月至2009年9月的会议讲话、发言、汇报、工作报告和文章等,结合中国人民大学的办学实践,对大学精神、大学理念、大学功能、大学使命和责任、大学发展战略、大学组织、具体办学举措、世界一流大学建设等诸多问题的思考和探索。②中山大学原校长黄达人的《大学的声音》《高职的前程》《大学的治理》等,以访谈录的形式,分类记录了一批大学的办学理念和实践探索。③国务院参事、清华大学经济管理学院院长钱颖一从一名教育改革行动者的视角,以论文及讲话形式《大学的改革》(第二卷,学院篇),论述了清华大学(主要是经济管理学院)在现代大学制度基础上的学院治理情况。④亨利·罗索夫斯基(哈佛大学文理学院院长)的《美国校园文化:学生、教授、管理》,在比较欧洲大学治理情况的基础上,描述和分析了美国大学治理的情况等。

文化建设、论高职院校文化素质教育、论高职院校文化育人的路径与方法四个专题,结合深圳职业技术学院的相关实践案例展开论述。苏志刚编著的《国家示范性高等职业院校的个性化成长(以宁波职业技术学院为例)》一书,运用教育学、管理学、社会学、文化学等学科理论与方法,围绕示范性高职院校如何进一步发展的课题,结合宁波职业技术学院的具体个案展开调查分析,分别探讨了示范性高职院所要面临的卓越战略、有效领导、教师发展、课程改革、教学创新、资本积聚、文化建设、组织学习、学生成长等九个重要问题。吴兆方和陈光曙主编的《高等职业教育"两高一新"人才培养模式的研究》,结合江苏财经职业技术学院的教育改革实践,从人才培养模式的理论框架、人才培养方案的模块设计、核心课程标准的制定、实践教学体系的构建、课程开发和教材建设以及"双师素质"教师的培养等五个方面,采用理论研究与个案分析相结合的方法,从理论和实践两个层面系统论述了基于工学结合的"两高一新"人才培养模式的理论创新和实践个案。浙江金融职业学院周建松主编了《浙江金融职业学院的办学理念与实践》《金融高等职业教育课程建设研究——浙江金融职业学院课程建设十年》《金融高等职业教育专业内涵建设研究——浙江金融职业学院专业建设十年》等。

可以说,这些年我国已形成大量的高等职业教育相关研究成果,较好地总结并一定程度上促进了高职教育的发展。但从总体上看,高职教育的发展仍然是我国高等教育的薄弱环节,不能很好地适应经济社会发展的需要。在大众创业、万众创新和"中国制造 2025"等战略背景下,如何加快构建现代职业教育体系;如何坚持面向市场、服务发展、促进就业的办学方向,进一步深化高职教育改革创新;如何深入推进产教融合、校企合作、工学结合;如何完善高职院校治理结构,提升治理能力;如何紧跟产业变革创新培养模式,强化思想品德、职业道德教育,强化工匠精神培育;如何有效促进新动能转换和产业升级,带动扩大就业和脱贫攻坚,为推动经济保持中高速增长、迈向中高端水平做出新贡献,等等,都需要职业教育工作者进一步拓宽视野、创新方法、深入开展理论研究和实践探索。同时,职业教育界也需要进一步增强理论自信、道路自信,积极助推职业教育"走出去",服务国家"制造强国""一带一路"等,期待中国在高职教育创新发展方面能为世界尤其是发展中国家,提供可资借鉴的理论、政策和范例。

2016 年 10 月 26—27 日,北京大学中国教育财政科学研究所等举办的"跨学科视野下的职业教育研究方法青年论坛",北京大学教育学院郭建如的《职业教育研究的社会学视角》、复旦大学国际关系与公共事务学院熊易寒的《职业教育与农民工子女的短程社会流动:基于上海的田野调查(2007—2016)》、南开大学周恩来政府管理学院陈·巴特尔的《人类学研究方法在职业教育研究中的思考与方法路径》、南开大学周恩来政府管理学院王星的《走进工厂车间:技能形成研究中的质性方法运用》等专题报告,极大拓展了与会者的研究视野。

会议期间，天津职业技术师范大学孙翠香在交流过程中，对我校的一些办学情况感到很惊奇，觉得与以往对高职院校的认知相比有很大不同。如学校努力争取升格（升本）的主要动机是招收本科层次的学生，培养高端技术技能人才，而不是为了应对生存（生源）危机。因为办学有特色、就业形势好，提前招生报名火爆，有些专业的录取比例很低，有些专业录取分数超过本科线（学校办得好，不存在生源问题）。学校继续教育、技术服务等创收每年八九千万元，在服务区域经济社会发展的同时，较好地弥补（解决）了办学经费不足的问题等。

这说明，不少职业教育研究者对职业教育发展一些宏观的、面上的情况和现象了解较多，而对院校内部具体而真实的微观制度、现象、事件等缺乏足够的了解，或者说关注不够，这就可能在很大程度上制约和影响对职业教育的深刻认识。

同时，这些年笔者主要参与了《高职院校兼职教师有效管理的实践与研究》《高职院校管理文化及其创新策略研究》《高职“双师结构”专业教学团队整合培育研究》《设立专科高等职业教育学位的可行性研究》《高职院校专业教学团队目标集聚与支持系统改进研究》等 10 多项国家社科基金、教育部重点、浙江省哲社规课题的研究。在研究过程中，笔者体会到对高职教育真实情况或事件缺乏深入了解，将直接影响研究的科学性和有效性。而不少研究者尤其是不在高职院校工作的研究者，由于受一些主客观因素的限制，在研究高职教育相关问题时，较少采用实证研究的方法，特别是走进现场做实地调查的非常少，即使有实证研究，比较多的也仅仅是采用问卷调查的形式，不容易发现真问题。这样势必影响对相关研究对象现状与问题认识的客观性以及研究成果的有效性。

高等教育研究权威专家潘懋元先生指出，任何国家的高等教育系统都是自身经济、政治、传统文化与外来文化相结合的历史产物。只有了解高等教育产生、发展的状况，才能更好地洞悉中国当代高等教育的历史渊源，探究其规律，把握其实质，并预测其未来发展方向。① 历史说明，高等教育深受社会政治、经济、文化乃至军事的制约，高教办学首先必须遵循这一外部关系规律。同时，高等教育有自身的特殊规律，即内部关系规律，高等教育的外部关系规律要通过内部关系规律来实现。② 作为高等教育的一种特殊类型，高职教育发展与社会经济之间的关系更为密切。研究高职教育，更加需要以开放系统的视角审视高职教育系统内外的各种要素和各类利益相关者，既要研究内部关系规律，又要研究外部关系规律。

与发达国家相比，中国高职教育发展具有特殊的社会文化背景，包括传统文化、高等教育大众化和普及化进程、产业转型升级需求等等。同时，中国高职教育创新发展的主要动因是多元的，既有经济社会发展的外在需求，也有高等教育改

① 潘懋元，王伟廉．高等教育学[M]．福州：福建教育出版社，2013：1.

② 潘懋元，王伟廉．高等教育学[M]．福州：福建教育出版社，2013：26.

革发展的内在需求，既有国家顶层设计的政策引导，也有高职院校谋求发展的内生动力。经过几十年的快速发展，中国已形成一个庞大的高职教育系统，但区域差异很大，发展很不平衡。中国现行从上到下的高等教育管理体制，对宏观层面推进高职教育发展有较大的优势，如国家示范性高职院校建设计划的实施。但这对国家教育管理部门顶层制度设计的要求很高，特别是一些需要区别化对待的重大事项就很难处理。如应用技术大学建设，全国各省市区的区域需求、行业需求、高等教育结构等都有很大不同，是推进地方本科高校转型发展，或者选择若干示范性(骨干)高职院校升格举办应用型本科高校，还是实施多元发展路径？高职教育领域同样需要全面深化改革，需要推进供给侧结构性改革，也需要开展相应的基础理论研究和教育政策研究。

因此，高等职业教育研究者有必要进一步拓展视野，采用跨学科的方式，以开放系统的视角，全面地审视高等职业教育的相关问题，最好选择比较典型的案例，运用文献考察法、深度访谈、参与观察和个案扩展法等多种方法，在深入调查的基础上开展系统的实证研究，以期对我国高等职业教育有一个系统深入的认识和剖析。

那么该如何选择研究的对象呢？是选择一批，选择全国50或100所院校来研究，或是选择一类，地方综合性高职院校、行业性高职院校、民办高职院校等，还是选择一些典型的高职院校开展研究？这方面，费孝通先生的《江村经济》给了我们很大启发。《江村经济》是“一本描述中国农民的消费、生产、分配和交易等体系的书，是根据对中国东部，太湖东南岸开弦弓村的实地考察写成的。它旨在说明这一经济体系与特定地理环境的关系，以及与这个社区结构的关系”①。这本书“不仅实现了现代人类学对‘文野之别’的历史跨越，也切实推进了社会学、人类学及整个社会科学的中国化进程”。“费孝通晚年倡导但青年时代即逐渐养成的‘文化自觉’，保证了其从事研究时能通过‘陌生化’和‘他者化’实现‘进得来’和‘出得去’，也赋予了其在不同文化场景中相互切换，以‘他山之石’雕琢中国之‘玉’的学术潜能。”②因此，我们不妨选择某一所比较典型的高职院校，在深入调查的基础上开展系统研究。(如有可能，由一批研究者分别研究一批比较典型的高职院校，形成一个研究系列，则更为理想。)

因为院校交流工作的便利，笔者有机会走访考察了浙江、广东、北京、天津、江苏、陕西、山东、辽宁、吉林、黑龙江、湖北、河南、福建、新疆等省市区的一些知名高职院校。毋庸讳言，深圳职业技术学院、天津职业大学、浙江金融职业学院、陕西工业职业技术学院、辽宁农业职业技术学院、南京工业职业技术学院、新疆农业职

① 费孝通.江村经济[M].北京:北京大学出版社,2012:3.

② 周晓虹.江村调查:文化自觉与社会科学的中国化[J].社会学研究,2017(1):1-23.

业技术学院等一批国家示范性(骨干)高职院校,办学都很有特色,也有许多成功的办学经验和典型案例,是理想的选择,可供深入研究推广。但是鉴于金华职业技术学院的特殊性以及研究的便利性,笔者首先选择金华职业技术学院作为审视中国高职业教育发展历程的一扇窗口。

金华职业技术学院继承了浙江农业机械学校、金华师范学校、金华卫生学校、金华农业学校、义乌师范学校、金华贸易经济学校等 6 所国家和省部级重点中专的职业教育传统,具有 100 多年的办学历史,是一所典型的地方综合性高职院校,是全国百所国家示范性高职院校之一,2017 年 6 月 12 日,排名第一成功入围浙江省高职优质暨重点校,学校科研竞争力位居全国高职前列。经过 20 多年的高职教育改革实践,积累了不少可以推广复制的办学经验。

2015 年 1 月 24 日,笔者在与《光明日报》职教版主编练玉春交流的过程中,被问及“你们学校这些年快速发展的主要原因是什么?”,当时,根据学校“知行合一、务实创新”的校训,笔者简要提出至少有四个方面的原因比较突出。一是“强调务实”,专业建设、课程开发、教师社会实践、学生管理、技能训练等工作,按照职业教育的特点扎实推进。二是“注重创新”,如“五位一体”、二级管理、目标责任制考核、三结合就业招聘会、校企利益共同体建设等。三是“敢于争先”,2005 年 11 月,举办中国高职教育校企合作模式创新论坛;2011 年 11 月 25—27 日,承办“全国高职教育改革与发展研讨会”;2012 年 8 月,承办首届“中国高职教育校长微论坛”;2013 年,联合浙江省教科院成立浙江省现代职业教育研究中心,并获批成为唯一依托高职院校的浙江省社科重点研究基地;承担了 260 多项国家社会科学基金、国家自然科学基金、省哲社规、省自然科学基金等省部级以上课题;发表浙大一级期刊论文 600 多篇,其中在《教育研究》《新华文摘》《中国社会科学文摘》等权威刊物发表高质量的论文 20 多篇。四是“善于统筹”,院系整合、系列管理制度制定、人才用房争取、绩效工资额度提升、省级应用技术协同创新中心建立、省内外相关资源整合等等。

据学校办公室接待安排统计,2010—2017 年,全国兄弟院校到金华职业技术学院考察交流 720 余次,内容涉及办学模式和内部治理、校(院)绩效管理体制机制、办公业务及 OA 系统文件流转、二级管理经验(含二级下拨资金管理)、高校人事分配方案和绩效工资改革、师资队伍建设(含教师企业实践、兼职教师聘任、职称评聘)、专业和课程建设、校企合作与混合所有制办学、教学资源库建设、公共课改革、思政工作和学风建设、创新创业教育、学生职业技能竞赛、学生服务、毕业生就业、职业教育研究、科学研究和社会服务(含专业性公司、科研制度)、继续教育和成教创收、国际交流合作、校园文化建设、基金会运行和管理、后勤管理及其信息化建设等诸多方面。

此外,近 20 年来,笔者在金华职业技术学院承担过专业课程教学和学生管理工作，先后在学院综合办、学校办公室、高职教育研究所、科研中心、现代职业教育研究院等部门任职，见证了学校改革发展过程中的重大事件，包括中专合并、院系调整、优秀评估、示范院校建设、省重点校建设等，开展田野调查、收集整理资料也都很方便。

虽然，这样的选题在当前学术环境下，很难申报高级别的课题，也不容易发表高质量的期刊论文，还需要花费大量的时间和精力，但笔者认为这应该是件有意义的事情，对全国职业教育研究人员、兄弟院校管理者、发展中国家(包括一带一路沿线国家)相关学校探索发展职业教育，可能会有一定的参考和启示。

综上，笔者拟通过系统梳理，争取能比较完整地呈现一所高职院校的主要办学实践和改革历程，重点阐述现代职业教育的目的、内容、方法和手段，以及政校关系、内部治理、教育教学等方面的制度，以解剖麻雀的方式展示中国高职教育改革创新发展的历程和主要经验，期望对职业教育相关者有一定的裨益。

第二章　学校概览

一、调查院校

为了对中国高职教育进行深入系统的研究，笔者把调查主要限定在自己相对比较熟悉的金华职业技术学院，它是一所典型的地方综合性高职院校，基本能够反映中国高职教育发展较完整的历史进程。

金华职业技术学院地处浙江省中部的地级市——金华，办学历史长、办学基础好、由多校合并、专业门类多，是一所地市高职院校（据教育部教育发展研究中心副主任马涛统计，我国共有地市高职院校 585 所，占全国高职院校总数的 46.21%[①]），也是金华市本级唯一一所公办高职院校。金华职业技术学院校园总体规划鸟瞰图如图 2-1 所示。

图 2-1　金华职业技术学院校园总体规划鸟瞰图

该校在创办于 1994 年的民办金华理工学院基础上筹建，之后陆续合并了金华师范学校（1907 年）、金华卫生学校（1915 年）、金华农业学校（1933 年）、义乌师范

① 王正喜. 服务新型城镇化——地市高职院校如何办学[N]. 徐州日报，2014-10-24(5).

学校(1956年)、金华贸易经济学校(1978年)、浙江农业机械学校(1979年)等6所国家和省部级重点中专,具有100多年的职业教育办学传统。

高职院校是高职教育的一个子系统,也是区域社会的一个子系统,是一个单位组织(一般公办院校是事业单位,民办院校是企业性质的单位),教职员工和学生在相对固定的校园里开展各类教育教学活动。以一所具体的、实际存在的高职院校作为研究中心考察高职教育人才培养的主要环节,如招生、教学、专业、课程、科研、就业、社会服务、院校管理、校企合作等,以及学校与行业、企业、政府、社会之间的关系,进而观察各种利益主体如何相互影响。

同时,高职教育是一种跨界的教育,高职院校的许多教育教学活动都与区域社会有着必然的联系。在中央统一领导、中央和省级政府两级管理、以省级政府为主的高等教育管理体制下,高职院校尤其是公办高职院校发展在很大程度上需要按照各级政府的有关政策贯彻执行。此外,当下的中国是一个全面开放的国家,各个领域都非常注重国际交流,注意学习发达国家的先进经验,高职教育领域也是如此。所以,我们对调查院校所在区域的地理文化、产业经济、高等教育等要有一定的了解,并时刻注意这些因素对当地高职教育的影响;另外,我们还需要有更宽广的视野和宏观的眼光,关照国家的职业教育政策和相关重大决策,以及德国、美国、英国、澳大利亚、瑞士等职业教育发达国家职业教育发展的经验和启示,观察和分析各种外部因素如何影响高职院校内部的活动。如产业转型升级、制造业提质升级、工业4.0、互联网+等对高职教育提出了哪些新要求,高职高专院校人才培养水平评估、示范(骨干)院校建设、创新行动计划、优质校建设等如何推进高职教育发展,德国"双元制"模式、澳大利亚"TAFE"模式、美国"社区学院"模式等对中国职业教育的影响如何。

截至2016年底,全国有1359所高职院校,其中有公办和民办之分,还有地方综合性高职院校和行业性高职院校之别,东中西部的区域差异、所在城市的大中小差异也比较大。对某所学校进行深入系统研究而得出的结果,不可能完全适用于其他学校,但作为一种类型或案例,可以作为职教同行在其他学校进行调查研究时的比较材料,为探索一些共性的、普遍性的职教规律提供参考。

二、区域地理文化①

金华市是浙江省四大都市区之一,地处浙江中西部的核心,位于金衢盆地东段,为丘陵盆地结合地形,地势南北高、中部低。"三面环山夹一川,盆地错落涵三江"是金华地区地貌的基本特征(浙江省以山地和丘陵为主,有"七山一水两分田"之说)。山地内侧散布起伏相对和缓的丘陵,以江山——绍兴断裂带为界分为北

① 邵建东.浙中地区传统宗祠研究[M].杭州:浙江大学出版社,2011:37.

部丘陵和南部丘陵，中部以金衢盆地东段为主体，整个大盆地大致呈东北—西南走向，西面开口，由盆周向盆地中心呈现出中山、低山、丘陵岗地、河谷平原阶梯式层状分布的特点。四周镶嵌着武义盆地、永康盆地等山间小盆地，大小盆地内浅丘起伏，海拔为50～250米，相对高度不到100米。盆地底部是宽阔不一的冲积平原，地势低平。金衢盆地还是浙江省粮食、棉花、柑橘、花卉和生猪等生产的重要基地，向有“浙江聚宝盆”之称。盆地四周有丘陵围绕，是木材产区。东阳江自东而西流经东阳、义乌、金东区，在婺江汇合武义江而成金华江，然后北流至兰溪城区汇入兰江。兰江继续北流至将军岩入杭州境内的富春江及钱塘江。

金华面积10 918平方公里(1公里＝1千米)，东邻台州、南毗丽水、西连衢州、北接绍兴和杭州，地理位置优越。“陆路关隘，水上通衢”一说以及宋代女词人李清照的词句“水通南国三千里，气压江城十四州”，形象而生动地道出了浙中地区和金华城突出的区域优势和重要的地理位置。浙中地区属中亚热带季风气候，总的特点是四季分明、年温适中、热量丰富、雨量丰富、干湿两季明显。春早秋短，夏季长而炎热，冬季光温互补。盆地小气候多样，有一定垂直差异。

早在距今约一万年前的新石器时代，金华地区的先民们就已经初步掌握了水稻耕种技术，创造了较成熟的原始稻作文明。近年来，考古人员在浦阳江上游的浦江县黄宅镇渠南、渠北和三友村之间的小山谷发现了一种新型考古学文化——上山文化。作为世界农业文明最早起源地之一的上山遗址，是迄今已经发现的、保存丰富栽培稻遗存的、年代最早的新石器时代遗址，比河姆渡遗址早3000年，比跨湖桥遗址早2000年。

夏商周时代至春秋战国时期，金华地区社会经济缓慢发展，与同时期的中原地区相比较，其经济社会发展水平要相对落后一些。汉唐时期，原有越族居民流散和北人不断迁入，大大改变了浙中地区社会发展格局。一方面，南徙的北方移民多以宗族、籍贯相聚而居，奠定了浙中地区单姓乡村聚落为主的基础；另一方面，北方大量移民迁入，带来了较高素质的劳动力、先进的生产工具和生产技术、先进的文化，促进了金华地区大规模的社会开发和经济发展。宋元以后，金华地区社会经济快速发展，农业、手工业、商业、建筑业等都有突出的成就，成为经济社会发展水平相对较好的区域，婺瓷、金华火腿、金华酒、婺罗、东阳木雕和乡村建筑等独具地方特色，并形成一定的规模。

金华地区物华天宝、人杰地灵、钟灵毓秀、文化璀璨、名胜古迹众多，自古以来被誉为“江南邹鲁，仙游圣地”。区域内民风淳朴，倡文好学，崇文重教的社会风气浓厚，文脉悠长，历来为文化礼仪之邦。历史上讲学群起，书院迭兴，宋元时期的金华学派与永康学派名播四海。文坛巨匠、丹青大师、爱国志士、民族英雄、专家学者等名人辈出，如“初唐四杰”之一的骆宾王，“诗名画皆奇绝”的五代诗僧和书画家贯休，宋代抗金名将宗泽，南宋“浙东学派”代表人物吕祖谦、陈亮、唐仲友，

“北山四先生”何基、王柏、金履祥、许谦，金元四大名医之一的朱丹溪，明朝“开国文臣之首”的宋濂，清代戏曲家、戏曲理论家李渔，近现代有国画大师黄宾虹、一代报人邵飘萍、史学家吴晗、诗人潘漠华、作曲家施光南、文学批评家冯雪峰、杰出科学家严济慈等。

金华地区山川秀丽奇绝，“洞中有洞洞中泉，欲觅泉源卧小船”的双龙洞、“浙中第一山”的永康方岩、拥有千米地下长河的兰溪六洞山、古称“天地间秀绝之区”的浦江仙华山、以“山秀水幽石奇”著称的武义龙潭——郭洞、以“峭壁陨崖、飞瀑流泉”著称的东阳三都——屏岩、陶渊明雅爱隐居的金华南山九峰桃源以及八面山等或为山奇，或为水秀，可谓各擅胜场、蜚声在外。太平天国侍王府、宋代名刹天宁寺和八咏楼、诸葛亮后裔聚居地兰溪诸葛八卦村、凝聚刘伯温象纬智慧的武义俞源太极星象村和五峰书院等胜迹令游客流连忘返。古婺风情多姿多彩，斗牛、道情、板凳龙灯、浦江抬阁、永康《十八蝴蝶》、磐安龙虎大旗等民俗风情各具特色，引人入胜。

三、区域产业经济

浙江经济基础较好，工业原来以轻工业、加工制造业、集体工业为主。改革开放后，浙江在缺少国家投资、缺少国家优惠政策、缺少陆域自然资源的条件下，大胆探索、勇于创新、深化改革、扩大开放，不等不靠不要，在实践中闯出了一条新路，逐渐形成具有浙江鲜明特点的比较优势，民营经济、市场经济、块状经济、县域经济比较发达，对外开放度比较高。①

近年来，浙江省紧紧围绕“八八战略”②，始终保持与时俱进的精神，创造了经济社会发展的奇迹。“十三五”是浙江现代化建设的关键时期，浙江省以“干在实处永无止境，走在前列要谋新篇”为新使命，以“更进一步、更快一步，继续发挥先行和示范作用”为总要求，紧扣提高经济发展质量和效益这一中心，加快形成引领

---

① 汗凡雁. 浅析浙江经济发展特点、问题与战略举措[EB/OL]. https://wenku.baidu.com/view/07438f3caeaad1f347933f66.html,2016-05-27/2017-08-28.

② “八八战略”指的是2003年7月，中共浙江省委第十一届四次全体(扩大)会议提出的面向未来发展的八项举措，即进一步发挥八个方面的优势、推进八个方面的举措：①进一步发挥浙江的体制机制优势，大力推动以公有制为主体的多种所有制经济共同发展，不断完善社会主义市场经济体制；②进一步发挥浙江的区位优势，主动接轨上海，积极参与长江三角洲地区交流与合作，不断提高对内对外开放水平；③进一步发挥浙江的块状特色产业优势，加快先进制造业基地建设，走新型工业化道路；④进一步发挥浙江的城乡协调发展优势，统筹城乡经济社会发展，加快推进城乡一体化；⑤进一步发挥浙江的生态优势，创建生态省，打造“绿色浙江”；⑥进一步发挥浙江的山海资源优势，大力发展海洋经济，推动欠发达地区跨越式发展，努力使海洋经济和欠发达地区的发展成为我省经济新的增长点；⑦进一步发挥浙江的环境优势，积极推进基础设施建设，切实加强法治建设、信用建设和机关效能建设；⑧进一步发挥浙江的人文优势，积极推进科教兴省、人才强省，加快建设文化大省。

经济发展新常态的体制机制和发展方式，实现“两富”浙江、高水平全面建成小康社会的建设目标。浙江省积极落实国家战略，着力培育支撑浙江未来发展的大产业，重点扶持信息经济、环保、健康、旅游、时尚、金融、高端装备制造等七大万亿产业。发挥新产业新业态的引领作用，高标准建设好聚焦万亿产业、兼顾历史经典产业的特色小镇。

金华地区县域经济特色明显，义乌小商品市场、永康五金制造、东阳木雕和影视文化等品牌享誉国内外。根据《浙江省城镇体系规划(2011—2020年)》对“三大城市群”“四大都市区”的定位要求，金义都市区是浙江省第四大都市区、带动浙江中西部地区经济社会发展的重要增长极。金华抓住义乌国际贸易综合改革试点和国土资源部低丘缓坡综合开发利用试点等重大机遇，着力建设金义都市区，将其发展定位为一带一路示范区、国际特色商贸区、先进制造集聚区、信息科技引领区、影视休闲旅游区。通过统一规划、统配资源、统筹服务，打破地域限制和体制性障碍，积极推进县域经济向都市区经济转型。

“十二五”时期，金华致力于推进赶超发展，主要经济指标增速持续居全省前列、总量排位明显前移。2016年1月，浙江省委书记夏宝龙对金华发展提出了“力争走在全省前列”的新要求。金华市委在深入调研基础上，顺时应势，以高度自觉的担当精神提出了“走在前列、共建金华”的决策，为浙江发展提供新的驱动力。在产业发展布局上，金华市结合自身实际和特点，着力推进信息网络经济、先进装备制造、健康生物医药、文化影视时尚和休闲旅游服务等五大千亿产业的发展。金华将发展网络经济作为加快转型发展的“一号产业”来抓，力争通过5～10年的努力，使该市网络经济发展处于省内、国内领先水平，打造全国网商集聚中心，争创中国软件名城，基本建成全国网络经济强市，已连续三年被评为“中国电商发展百佳城市”。金华汽车制造业成为拉动装备制造业最重要的增长极；新能源汽车小镇成为全省4个高端装备制造类特色小镇之一，新能源汽车产业规模居全省第三。

四、区域高等教育

截至2016年底，浙江有42所本科院校(含独立学院)、49所高职高专院校。浙江是高职教育强省。近年来，浙江高职加强财政保障，优化结构布局，推动内涵发展，不断提升院校办学水平和人才培养质量，在服务经济转型升级和产业结构调整做出了积极贡献。2015年浙江召开全省职业教育工作会议，发布了《浙江省人民政府关于加快发展现代职业教育的实施意见》，提出到2020年，建设形成与浙江发展格局和水平相适应、具有浙江特色和全国领先水平的现代职业教育体系，浙江高职面临着全新的形势、全新的任务和全新的挑战。

金华境内有浙江师范大学、上海财经大学浙江学院、金华职业技术学院、义乌工商职业技术学院、浙江广厦建设职业技术学院、浙江横店影视职业学院、浙江科贸职业技术学院（筹）、金华教育学院等 8 所高等学校①（金华市本级没有本科院校），在校生 86 000 余人。

浙江师范大学是一所以教师教育为主的多科性省属重点大学，位于金华市区城北，已有 60 多年的办学历史，占地面积 3300 余亩（1 亩≈666.67 平方米），建筑面积 100 余万平方米，2015 年人选浙江省第一批重点建设高校。该校现有 19 个学院 68 个专业，全日制本专科在校生 25 300 余人，研究生（含专业学位研究生）5300 余人，留学生 2000 余人；在职教职员工 2830 余人，专任教师 1570 余人，具有正高职称教师 320 余人，副高职称教师 620 余人。学校拥有教育部确定的全国重点建设职业教育师资培养培训基地、原铁道部确定的铁路机车司机培训基地，以及浙江省高校师资培训中心、浙江省幼儿师资培训中心、浙江省幼儿园园长培训中心等人才培养培训基地。学校现有教育学、中国语言文学、数学 3 个一级学科博士点，23 个一级学科硕士点，11 个专业学位硕士点，并是职业学校教师在职攻读硕士学位研究生培养单位。现有 2 个博士后科研流动站，1 个教育部创新团队，1 个浙江省重点科技创新团队，3 个省重中之重学科，3 个省级哲学社会科学重点研究基地，2 个省高校人文社会科学重点研究基地，1 个省级非物质文化遗产研究基地，1 个省级江南村落研究基地，1 个国家体育总局体育文化研究基地，1 个省基础教育研究基地，1 个省级协同创新中心，15 个省级重点学科；3 个教育部专业综合改革试点项目；5 个国家级特色专业建设点，9 个省级优势专业，8 个省级重点专业，12 个省级重点建设专业，2 个国家级教学团队，1 个国家级大学生校外实践教育基地，3 个省级大学生校外实践教育基地，2 门国家级精品视频公开课程，8 门国家级精品资源共享课程，4 门国家级精品课程，1 门国家级双语教学示范课程，1 门国家级来华留学英语授课品牌课程，曾获 8 项国家级教学成果奖。学校图书馆、资料室现有纸质图书 360 余万册、电子图书 230 万余种；拥有教学科研实验室 42 个，其中教育部重点实验室 1 个，国家级实验教学示范中心 4 个，省级重点实验室、省级实验教学示范中心 18 个。实验室总面积 13 万余平方米，教学、科研仪器设备总值达 4.8 亿元。②

上海财经大学浙江学院由金华市浙中教育集团与上海财经大学合作举办，是一所按新机制和新模式运作、具有独立法人资格的全日制本科独立学院，位于金华市区环城南路多湖高教园区，2008 年 5 月经国家教育部批准成立，占地面积

---

① 杭州 39 所、宁波 14 所、温州 8 所、台州 5 所。

② 浙江师范大学概况[EB/OL]. http://www.zjnu.edu.cn/3999/list.htm,2016-03-30/2017-09-03.

829.63亩，校园建筑面积22万平方米，教学仪器设备1889.43万元，纸质图书64.3万册。学院现有在校本科生6000余人，生源覆盖全国24个省、市、自治区，有教职员工262人，具有副高以上职称75人，硕士及以上学历224人。学院设有会计学、财务管理、经济学、金融学、投资学、保险学、应用统计学、工商管理、物流管理、人力资源管理、市场营销、国际经济与贸易、国际商务、电子商务、商务英语、会展经济与管理等21个本科专业、6个专业方向，建有19个专业实验室、25个实习实训基地，已建成会计学、金融学、国际经济与贸易等三个浙江省新兴特色专业建设项目。①

金华职业技术学院是浙江省创办最早、办学规模最大的一所高职院校，也是金华区域内唯一一所国家示范性高职院校。金华职业技术学院在浙江高职尤其是浙中地区高职教育结构中具有重要的地位。从教学工作合格评估到人才培养工作优秀评估再到国家示范校建设，学校一直走在浙江省高职院校的前列。学校在“十三五”发展规划中提出，到2020年学校成为进一步繁荣浙江中西部地区经济、社会、文化发展的助推器，浙江高职教育发展的领军力量，在高职教育创新发展方面走在全国前列，建成特色鲜明、优势突出、国内领先、国际先进的综合性优质高职院校；积极开展浙江省优质高职院校和重点校建设，率先形成“金华经验”和“金华特色”，将有力辐射和推动浙江中西部职业教育的发展，促进浙江职业教育整体结构的优化布局，为建设具有浙江特色和全国领先水平的现代职业教育体系做出积极贡献。

义乌工商职业技术学院坐落在国际商贸名城义乌，前身是创办于1993年的杭州大学义乌分校。学校占地面积1000余亩，建筑面积23.9万平方米，在编教师472人，中外学生约9600人。学校是浙江省高职优质建设校、浙江省首批创业型大学建设试点校，跻身全国高等职业院校服务贡献50强、国际影响力50强。学校下设人文旅游学院、机电信息学院、经济管理学院、外语外贸学院、建筑工程学院、创意设计学院、创业学院、国际教育学院、公共教学部、成教自考学院等10个教学单位31个专业，其中中央财政支持专业2个、浙江省“十三五”优势专业5个、特色专业5个；中央财政支持实训基地建设项目2项、省示范性实训基地2个；国家精品课程2门、省精品课程13门。学校紧密依托义乌市场优势，走出了一条以“创”立校的特色办学之路，形成了创业教育、创意教育、国际教育三大特色教育。②

浙江广厦建设职业技术学院是经浙江省人民政府批准、教育部备案的全日制

① 上海财经大学浙江学院概况[EB/OL]. http://www.shufe-zj.edu.cn/index.aspx? lanmuid=67&sublanmuid=688,2016-12-30/2017-09-03.

② 义乌工商职业技术学院简介[EB/OL]. http://www.ywu.cn/News.asp? Id=7029,2017-06-30/2017-09-04.

高职学院，位于被誉为“教育之乡、建筑之乡、工艺美术之乡、文化影视名城”的历史文化名城东阳市，校园占地1000余亩，建筑面积32万平方米，下设6个二级学院，在校生11 000余名，教职员工800余人。学院紧密依托区域产业优势，形成了以土木建筑大类专业为龙头，先进装备制造、计算机软件、财经商贸及文化艺术大类等专业协调发展的专业格局，共开设32个专业及方向，现有省级优势专业2个，省级特色专业5个，全国职业院校民族文化传承与创新示范专业点1个，省级精品课程7门。学院被教育部和建设部列为建设行业紧缺人才培养培训基地，并设有国家职业技能鉴定所。①

浙江横店影视职业学院是浙江省目前唯一的以“影视”为特色、涵盖相应领域相关专业的高职院校，地处全国首个国家级影视产业实验区——浙江横店影视产业实验区内（横店影视城是全球规模最大的影视拍摄基地，被誉为“中国好莱坞”）。学院占地580余亩，下设表演艺术学院、影视制作学院、旅游与创意学院、文化经济学院、继续教育学院共5个二级学院，设有戏剧影视表演、音乐表演、表演艺术、人物形象设计、舞蹈表演、舞台艺术设计与制作、摄影摄像技术、广播影视节目制作、影视编导、新闻采编与制作、会计、商务英语、电子商务、国际经济与贸易、媒体营销、导游、旅游管理、艺术设计等18个专业，其中戏剧影视表演专业、摄影摄像技术专业为省级特色专业。②

浙江科贸职业技术学院（筹）位于金华市区丹光东路，是一所经浙江省人民政府批准创建的民办高职院校，由浙江一唯教育投资有限公司全资创办。学院占地251亩，已投资4.2亿元，建成校舍面积6.7万平方米，拥有图书资料总量10万余册，配置教学仪器设备总值1000万元，建有物联网、摄影摄像等近30个实训室，在校生1300余人。③

金华教育学院位于金华市区环城北路，创建于1962年，占地面积111.86亩，建筑面积5万多平方米，在编在职人员175人，在校生1800余人。学院下设人文分院、理工分院、成教分院、体育运动学校和自考分院，承担金华市教育系统干部和教师的各类教育培训，还开办有学制三年的全日制普通师范大专班，列入普通高校招生计划（挂靠金华职业技术学院招生）。④

---

① 浙江广厦建设职业技术学院简介［EB/OL］. http://www.guangshaxy.com/Category_101/Index.aspx，2016-12-30/2017-09-04.

② 浙江横店影视职业学院概况［EB/OL］. http://www.hcft.edu.cn/about.aspx，2016-12-30/2017-09-04.

③ 浙江科贸职业技术学院（筹）概况［EB/OL］. http://zsjy.zjkm.com.cn/htm/xueyuangaikuang/，2016-12-30/2017-09-05.

④ 金华教育学院简介［EB/OL］. http://www.jhjyxy.com/list.aspx? cid=60，2016-12-30/2017-09-05.

五、简要发展历程①

金华职业技术学院在创办于1994年的民办金华理工学院基础上筹建，1998年经国家教育部批准成立，2003年转为公办。学校继承了金华师范学校、金华卫生学校、金华农业学校、义乌师范学校、金华贸易经济学校、浙江农业机械学校等6所国家和省部级重点中专的职业教育传统，具有100多年的办学历史。

1994年1月26日，浙江省教委向浙江省人民政府发出《关于要求筹建民办金华理工学院的请示》。同年7月，经浙江省政府同意，先挂靠浙江工业大学，设“浙江工业大学金华分校”，挂牌于浙江省金华农业机械化学校，设置机械设计与制造、房屋建筑工程、涉外文秘3个专业。

1995年9月25日，浙江省人民政府批准金华市筹建“民办金华理工学院”，原则同意民办金华理工学院(筹)与金华农业机械化学校(后更名为浙江农业机械学校)实行联合办学。经过两年左右的筹建，1997年5月28日，浙江省人民政府向国家教委提交了《关于要求建立民办金华理工学院的函》。

1998年4月6日，国家教育部下发了《关于同意建立民办金华职业技术学院的通知》(教计〔1998〕28号)，正式批准学校定名为“金华职业技术学院”。学校成为全国首批14所高等职业教育大学之一，也是全国首家采用“民办公助”机制的高等职业教育大学。

1998年5月26日，中共金华市委决定，将浙江农业机械学校与学校并轨，成立理工分院。1998年12月22日，中共金华市委、市政府决定将金华农业学校(含金华职工专科学校)、金华师范学校(含义乌师范学校)、金华贸易经济学校与学校实行并轨，三校净资产全额加入金华大学发展基金会，三校并入后分别称为农学分院、人文师范分院和经贸分院，并实行一套班子、两块牌子。2000年8月21日，中共金华市委明确学校体制属性定为“国有民办”，并决定将金华卫生学校与金华职业技术学院并轨办学，成立医学院。至此，金华职业技术学院吸收合并升格了金华卫生学校、金华农业学校、金华师范学校、义乌师范学校、浙江农业机械学校、金华贸易经济学校6所中专学校，逐步形成了高职教育的发展雏形。

2001年9月19日，金华市政府决定在金华职业技术学院增挂金华大学(筹)牌子，同时成立金华大学筹建领导小组。2002年，根据教育部“在经济比较发达的地级市，可以设置一所市属本科普通高等学校”的精神，金华市委、市政府为学校确立了近期先升格为本科层次的金华学院，再进一步升格为金华大学的发展目标。2003年10月，金华学院申报材料经由省政府报送国家教育部。2004年9月14日，教育部等七部门印发《教育部等七部门关于进一步加强职业教育工作的若干

① 《金华职业技术学院志》编纂委员会.金华职业技术学院志:1907—2013[M].杭州:浙江教育出版社,2014:177-179.

意见》(教职成〔2004〕12号)规定,“各地公办的中等职业学校不再升格为高等职业院校或并入高等学校,专科层次的职业院校不再升格为本科院校,教育部暂不再受理与上述意见相悖的职业院校升格的审批和备案”,筹建金华学院之路搁浅。[①]

六、学校概况[②]

学校在浙江省内率先通过高职高专人才培养工作水平优秀评估,现为国家示范性高职院校、浙江省优质高职重点建设院校、全国职业教育先进单位、浙江省文明单位、全国高职高专校长联席会议成员单位、中国高等职业技术教育研究会常务理事单位、中国高等教育学会产学研分会副理事长单位。

学校占地2216亩,建筑面积69万平方米,固定资产12.1亿元;教仪设备总值2.33亿元,各类藏书近180万册;教职工1397人,其中教师980余人,有正高职称100余人、副高职称330人,双师素质占90.3%;有省突出贡献中青年专家1人、省“151人才工程”培养人选9名、省教学名师5人、省高校优秀教师6人、省高校中青年学科带头人2人、省级专业带头人18人、省首席技师1人,省级教学团队4个;聘请兼职教师1100余人。学校面向全国20余个省(区)招生,全日制在校生2.4万余人。现有13个二级学院和1家附属医院(即金华市人民医院,现为三级乙等综合性医院,核定床位800张,设有21个病区);招生专业63个,其中国家重点支持建设的示范专业3个,省优势专业6个,省特色专业11个,省级重点学科1个;四年制高等职业教育人才培养试点专业2个,联合办学本科专业教学点1个;主持教育部职业教育教学资源库2个,国家精品资源共享课17门,国家精品课程15门,省级精品课程30门;国家规划教材70门,省重点教材50余门;央财支持职业教育实训基地5家;教育部现代学徒制首批试点项目1个。近年来,学校承担国家级科研项目16项,其中国家自然科学基金项目4项,国家教科规项目2项,国家星火计划项目10项;省部级立项课题245项,其中省自然科学基金项目41项,省科技厅资助的重大科技专项项目3项,其他省科技计划项目116项,省哲学社会科学规划项目73项;获国家教学成果二等奖5项,省教学成果一等奖4项、二等奖6项,全国教育科学研究优秀成果二等奖1项,省科学技术二、三等奖各1项,省哲学社会科学优秀成果奖二、三等奖和优秀奖各1项,市级以上科研成果奖300余项;获授权专利659件;获软件著作权120件;年科技服务到款超千万元,年社会培训16万余人次。

学校遵循“校企合作、工学结合”的理念,开创了基地、招生、教学、科研、就业

---

① 注:2002年8月8日,金华大学发展基金会董事局决定,同意金华职业技术学院办学体制从社会力量举办调整为金华市人民政府举办。2003年1月,国家教育部教发函〔2003〕26号文,同意将金华职业技术学院的办学体制由民办普通高等学校调整为公办普通高等学校。

② 金华职业技术学院学校简介[EB/OL]. http://www.jhc.cn/3811/list.htm,2017-01-30/2017-08-23.

“五位一体”育人模式，并继续深化改革，提出“校内基地生产化，校外基地教学化”，相关成果获国家教学成果奖。目前，校内实训场所总面积15万余平方米；校外基地有807余家，其中紧密型基地278家、“教学化”的示范基地73家。学校积极探索校企深度合作的新途径，实施校企利益共同体建设。现已建有“众泰汽车学院”“皇冠学院”“高新IT学院”“现代农业技术培训学院”“浙中建筑装饰技术”“创业学院”“尖峰药业金职院药物研发中心”“国际商贸园”“学前教育学教研共同体”“金华旅游研究院”“小学教育教师发展学校联盟”等11个校企利益共同体，以“资源共享、优势互补、责任共担、互惠双赢”为共建原则，探索实践“合作办学、合作育人、合作就业、合作发展”。

学校积极开展国际教育交流与合作，目前已与36个国家和地区百余所高校、教育机构建立了长期合作关系；先后招收50多个国家的500多名留学生；现有中美护理专业、中美会计专业、中加酒店管理专业、中美体育运营与管理等4个中外合作办学项目，一个与新西兰怀卡托理工学院合作举办的中外合作办学机构——金华职业技术学院怀卡托国际学院，其下共有计算机应用技术、计算机网络技术、应用电子技术、模具设计与制造、建筑工程技术等5个专业；中外合作办学项目在校生1200余名。学校还与新疆乌鲁木齐职业大学、四川乐山职业技术学院、贵州铜仁职业技术学院等8所中西部地区院校开展对口交流合作。

学校注重培养学生的专业能力和综合素质，在课程体系中融入职业道德和职业精神的培养，近三年学生科技竞赛获国家级奖102项、省级一类奖400余项。学校每年实施毕业答辩、作品展示、现场签约“三结合”毕业生就业招聘现场会，毕业生广受社会认可，初次就业率超过95%，曾入选全国高校毕业生就业典型经验年度50强院校。学校办学经验先后在教育部示范建设方案研讨会、全省高等教育工作会议、全省职业教育工作会议上做专题发言，《求是》杂志曾刊发专文（见图2-2），评价学校“探索出了一条具有中国特色的高职教育教学、科研改革之路”。

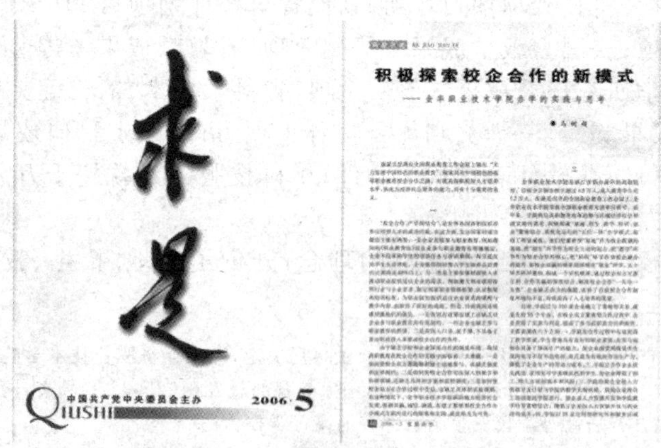

积极探索校企合作的新模式

——金华职业技术学院办学的实践与思考

图2-2　2006年第5期《求是》杂志

第三章　目标责任制考核为核心的内部治理

2014 年 5 月颁布的《国务院关于加快发展现代职业教育的决定》(国发〔2014〕19 号)明确提出,要完善现代职业学校制度:职业院校要依法制定体现职业教育特色的章程和制度,完善治理结构,提升治理能力;建立学校、行业、企业、社区等共同参与的学校理事会或董事会;坚持和完善公办高等职业院校党委领导下的校长负责制;完善体现职业院校办学和管理特点的绩效考核内部分配机制等。为发挥管理工作对职业教育改革发展的推动、引领和保障作用,不断提高职业院校管理规范化、精细化、科学化水平,2015 年 8 月,教育部专门印发《职业院校管理水平提升行动计划(2015—2018 年)》。2017 年 3 月,《教育部等五部门关于深化高等教育领域简政放权放管结合优化服务改革的若干意见》(教政法〔2017〕7 号)进一步提出,要完善高校内部治理。可以说,完善内部治理是建立高职院校现代大学制度的核心,也是高职院校依法依章程行使好办学自主权、提升办学水平以及扩大学校影响力(声望)的关键。"相对的声望不仅影响消费者和工作人员的判断,同时还对院校的行动起主导作用。得到高度评价的院校立于整个结构之顶,它们常常引起强大的学术潮流,致使其他院校纷纷仿效它们,走它们的办学之路。在竞争性较强的高等教育系统中,各院校还努力在消费市场中开辟一块受保护的自留地,以确保自己拥有一种较为有利的招生经济。"①

如前所述,这所学校办学历史很长、由多校合并而成、学校规模又比较大、建设任务异常繁重,学校经营管理尤其显得重要,在多年的办学实践中逐步形成以目标责任制考核为核心的治理结构。这所学校的产教融合、校企合作、招生创业、科学研究、社会服务、交流合作等外部治理相关情况拟在后面章节展开考察论述。本章着重考察分析这所学校的组织结构、二级管理、目标责任制考核、民主管理、管理制度建设等内部治理情况。

---

① [美]伯顿·克拉克.高等教育新论——多学科的研究[M].王承绪,等,译.杭州:浙江教育出版社,2001:121.

一、学校组织结构

中国大多数公办高职院校的组织结构与公办本科院校比较相似，各类职能部门设置比较齐全，行政化色彩比较浓。有些做得比较好些的学校，把一些事务性的管理部门进行合并或合署办公，增设校企合作处、就业指导与服务中心、产学研用促进处（深圳职业技术学院）、质量控制与绩效考核办公室（淄博职业技术学院）等更能体现高职院校管理职能的机构。而民办高职院校管理机构和管理岗位一般都比较精简，办事效率相对比较高。当然，管理效能高低不能仅看设了什么机构和多少管理岗位，有些事务不多的部门可以撤销或与其他相关部门合署办公，效率反而会高些。学校如果要强化某一方面的工作，可以根据需要新设相应的处室。有些部门如果不做事，两个人就太多，如果有事做、能做事，10 个人也不为过。

1998 年，这所学校正式成立时，是全国首家采用“民办公助”机制的高等职业教育学校。学校合并之初，下辖的理工分院、经贸分院、农学分院、人文师范分院和严济慈图书馆相对比较独立，管理方式仍采用中专模式。2002 年 8 月，该校从社会力量举办调整为金华市人民政府举办。2003 年 1 月，该校的办学体制由民办普通高等学校调整为公办普通高等学校。学校从人事、财务、教学、学生管理、资产、后勤、成教、国际教育等方面，对全校原有教学设施、资产设备、办学经费、人才人力等各类资源进行调整和改革，设置了院长办公室、综合治理办公室、教务办公室、成人教育办公室、科研产业办公室、学生工作办公室、招生办公室、毕业生就业办公室、重点项目办公室、职业技能鉴定所等职能部门。

之后，学校根据发展实际，结合专业建设和岗位聘任等工作，多次调整职能处室和院系设置，基本形成学校、学院、专业（部）、课程组（教研组）的运行机构和治理结构。截至 2016 年底，学校设有学校办公室（校友办），纪委、监察处、审计处，组织部、统战部，宣传部（新闻中心），学生处（学工部、人武部、团委、招生办公室），工会，教务处，校企合作处、教育督导处，人事处、离退休工作处，科技服务与职教研究中心（科技处、发展规划处、省职教研究中心），就业创业指导与服务中心，国际合作交流处（港澳台办），继续教育处，保卫处，计划财务处，资产管理处（采购中心）、京华教育集团，后勤服务与校园建设中心，图文信息中心（图书馆、档案馆、信息管理中心）等 18 个职能部门（含合署办公），以及信息工程学院（2003 年）、机电工程学院（2003 年）、建筑工程学院（2003 年）、经济管理学院（1998 年）、师范学院（1998 年）、农业与生物工程学院（1999 年）、医学院（2000 年）、旅游与酒店管理学院（2003 年）、艺术设计学院（2003 年）、制药与材料工程学院（2004 年）、国际商务学院（2007 年）、金义网络经济学院（2014 年）、公共基础学院（2015 年）等 13 个二级学院和 1 家附属医院（金华市人民医院）。

职能处室下设一些管理科室，如学校办公室下设秘书科、综合科、校友联络科和车队，教务处下设专业建设科、教务科、教学科、基地科和教学资源建设科，继续教育处下设学历教育科、培训管理科、自考科等。二级学院一般设办公室、教科办、学工办、团委、继续教育部，以及3～6个专业、项目部（事业部、工程部）、工作室等专业级基层教学组织，部分专业分成若干个课程组或教研组。

二、校院二级管理

随着办学规模的扩大，越来越多的高职院校推行或者准备推行校院（院系）二级管理机制。校院（院系）二级管理是指高职院校在校院（院系）二级建制的基础上，理顺与二级学院（系部）的权责利关系，赋予二级学院（系部）一定的职责，并根据职责的需要将部分人权、财权、物权下放，充分发挥二级学院（系部）办学的积极性和创造性，将原有的以职能部门为主体的管理模式变为以二级学院（系部）为主体的管理模式。二级学院（系部）在学校总体目标、原则的指导下，拥有较大的权力和利益，成为学校里一个相对独立的办学实体和责任中心。

高职院校如果能有效构建二级管理体制、理顺管理机制、完善管理制度，就可以较好地解决学校发展动力问题，充分激发二级学院（系部）的办学活力，调动教职员工的工作积极性和主动性，促进学校跨越式发展。不过，并不是每所高职院校都有必要实行二级管理，一些办学规模不大，只有七八千甚至更少学生的学校，学校职能部门直接管理效率更高，如果实行二级管理，可能会因为大幅增加管理岗位和管理层级而降低管理效能。同时，也并不是所有规模较大的高职院校实行二级管理，都能取得较好的效果，如果机构设置不合理、责权利不明确、考核监督不到位、二级学院（系部）管理人员能力不强，二级管理体制的目标也很难实现。

这所学校在全国高职院校中较早采用校院二级管理的模式，并且具有较高的管理效能，是有多种原因的。

一是该校由多所国家和省部级重点中专合并而成。这些中专都具有自己独特的办学传统、管理体系和学校文化，成为这所学校的分院之后，无论是办学的专业和场所，还是人、财、物的管理，都依然有很强的独立性。

二是该校规模大、专业门类多而且差异很大，按常规管理难度很大。2003年，学校院系调整增设后，有11个二级学院（后来又增设了2个），专业最多时达到79个，涵盖了除军事学外的12个学科门类，在校学生数达2万多人。五六个二级学院有3000多在校学生。实行校院二级管理是学校管理实际的迫切需要。

三是该校有一批管理经验丰富的中层干部。原来几所重点中专有一批素质比较高的管理干部，有多年的管理经验；合并升格为高职院校后，相继经历了办学水平合格评估、优秀评估、示范校建设以及重点专业、精品课程等重大项目的洗礼，培养锻炼了一批年轻干部。大部分内部单位负责人能够独当一面，使得学校有可能顺利实施二级管理。

四是该校有一个较强的领导班子。学校领导班子成员具有较高的专业水平和较强的管理能力，能根据学校办学实际，强力整合、建章立制，构建了比较合理的二级管理的组织架构。

这所学校实行二级管理的过程与许多学校不一样。6校合并后，学校主要是先自下而上收权，通过机构设置、院系整合、专业以及相关教师调整，打破原来的相对独立的管理框架，全校一盘棋配置各类资源，强化学校（该校叫总院）的统一集中管理，适当弱化二级学院的部分职能。

2003年初，为保障和推进学校的改革发展，学校全面推进涉及学校管理的"八大改革"，具体包括：人事管理体制改革，实行二级学院院长负责制；财务管理体制改革，实行"统一领导，集中管理"的财务管理体制和"预算管理，经费包干"的经费管理办法，集中财力办大事；教学管理体制改革，强化学校的调配职能，把基础课师资集中落实到相关学院，对相近专业进行整合；学生管理体制改革，明确分工，落实到人，形成综合治理、安全保卫和学生思政工作综合管理体系，实施辅导员加班主任管理体制；拓展成人教育，与一批国内知名高校进行洽谈合作，开展远程教育，拓宽成人教育途径，扩大成人教育规模；发展国际教育，充分利用国外优质教学资源，加强国际竞争与合作，推进国际办学合作；后勤社会化改革，组建餐饮服务、商贸服务、医疗服务、交通服务、物业管理等分公司，整合后勤资源，引进社会资金，突破发展瓶颈；建立全方位的工作目标责任制考核，围绕总体发展目标，层层分解，落实到每个岗位。

通过改革，学校将人事、财务、资产等实行统一管理，后勤实行社会化经营，最大限度地减轻了二级学院的事务性工作，使得二级学院能轻装上阵，集中精力抓好教学与学生管理工作。同时，大力推行机构改革，通过撤并、分立、增设，对学校职能机构设置进行解构与重构，使学校组织机构更趋合理化。至此，学校各部门的管理权限与职责进一步理顺，最大化地激发了办学效能，推动学校整体快速发展。

经过几年的运行后，二级管理的体制基本成型、运行比较顺畅，学校进一步优化机构设置，再逐步放权，使二级学院责权并重。

学校层面抓大放小，主要抓顶层设计、资源整合、制度建设以及重大工程的统筹推进等。前十年，学校主要抓院系调整、资源整合、专业拓展、目标责任制考核的实施、校企合作的整体设计、"五位一体"育人模式的探索实践以及国家示范性高职院校建设等。2010年后，学校主要是深化教育教学改革，完善学校各个领域的管理制度，主抓一些重点突破项目，着力培育一些高端的标志性的成果，推进校企深度合作，提出"校企利益共同体"，寻求地方政府支持，建设一批人才用房等。十三五期间，学校主要是加强内涵建设，积极推进与高端企业的合作以及高端平台建设，争取在高职教育创新发展方面走在全国前列，建成特色鲜明、优势突出、国内领先、国际先进的综合性优质高职院校，积极推动应用技术大学建设。

学校依据章程将管理重心往基层一线下移，激发二级学院的办学活力，扩大二级学院的办学自主权，明确二级学院在专业建设、师资建设、党建工作、学生管理、经费资产、继续教育等方面的自主管理权限；建立和完善二级学院党政联席会议制度，对二级学院重大事项议事范围、议事规则和议事程序以制度的形式进行规范，促进基层决策的民主化、科学化、规范化；下放干部管理权限，除常设行政岗位干部外，专业业务干部实行二级学院聘任、学校备案制；完善经费分配和财务二级管理，实行二级预算制度，设定二级学院经费分配的比例结构框架和原则意见，引导二级学院建立和完善内部分配激励机制，充分保障二级学院绩效分配的自主权；在学校设岗管理的基本框架内，二级学院根据实际情况进行岗位设置和人员配置，保障二级学院人事管理自主权；完善教学科研二级管理，发挥二级学院专业规划与指导委员会的作用，自主设定专业发展方向、自主开展专业活动、自主发展人才队伍，保障二级学院学科专业建设的自主权。学校依照相关规定对二级学院的工作进行宏观管理、领导协调和监督检查，并根据事业发展需要，适时调整校院之间的权责利关系。

二级学院作为学校的内部办学实体，在学校党委和行政的领导下，履行本学院人才培养、科学研究、社会服务等职能，根据学校的统筹安排，抓招生、教学、基地、科研、就业、继续教育等具体落实的工作。如学校制定《教学工作两级管理实施细则》，明确教学管理部门和二级学院的职责。教务处负责全校教学建设和教学工作的规划协调；二级学院是办学主体，负责落实学校教学计划和完成教学任务，组织实施教学和开展教学研究，进行教学运行和管理；各专业是学校教学、科研和社会服务的基层组织；教研室按学科、专业或课程体系组建，负责教师工作任务的分配、教学研究的开展和学术活动的组织。

三、目标责任制考核

目标管理是以目标为导向、以人为中心、以成果为标准，而使单位实现最佳业绩的一种现代管理方法。实行目标管理就是学校对二级学院（系部）从过程管理转变为目标管理，即当学校确定了年度改革和发展总目标后，对其进行有效分解，转变成每个二级学院（系部）在思想政治教育、教学、专业建设、科研、学生管理、安全稳定等方面所要实现的目标，学校以此目标作为对二级学院（系部）进行考核、评价和奖惩的主要依据。

2003 年开始，这所学校进行了与二级管理相配套的制度设计，引入目标责任制考核机制，将长远发展目标分解为年度重点工作，以当年重点工作目标细化分解任务，分党政领导、职能部门、二级学院、独立核算单位以及教职工个人进行目标责任制考核。学校围绕专业建设的重点和难点，以专业建设为主体，实施目标责任制考核，年初定指标，实施每月、学期末、年终的考核，考核结果与分配、聘任、评先评优等挂钩。

学校在年初制定《金华职业技术学院关于××年目标责任制考核的实施意见》，编印成一本《金华职业技术学院××年目标责任制考核办法汇编》，下发给校内各单位，内含以下附件：

(1) 各职能部门年度工作目标及分值；

(2) 二级学院教学工作业绩考核目标及分值；

(3) 二级学院专业建设重点突破与特色创新项目；

(4) 公共基础学院年度工作目标及分值；

(5) 二级学院办学效益年度目标及分值；

(6) 二级学院党建思政宣传工作目标及分值；

(7) 二级学院文明校园建设工作目标及分值；

(8) 二级学院目标责任制考核加分项目及分值；

(9) 一票否决项目及内容；

(10) 医学院门诊部目标责任制考核办法；

(11) 理工驾校目标责任制考核办法；

(12) 中层干部年度考核办法(试行)；

(13) 职能部门科职及以下管理人员年度考核办法；

(14) 教师教学工作业绩考核办法(修订)；

(15) 班主任、辅导员考核办法。

学校根据不同对象分别实施职能部门、二级学院、独立核算单位和个人考核，完善考核评价指标体系。对职能部门的考核评价分三个部分，即年度目标完成情况占60%、作风建设与效能建设占10%、民主测评占30%；对二级学院的考核评价分六个部分，即教学工作业绩和重点突破(含特色创新项目)占60%、办学效益占10%、党建思政宣传占10%、文明校园建设占10%、班子评价占10%、加分项目分项设上线单独计分的办法；对独立核算单位单独设指标考核；对教职工分中层干部、科职及以下管理人员、教师、班主任辅导员等类别，分别制定考核方案实施。考核评价以平时工作督查情况、目标进度专项检查情况、民主测评情况、年终考核情况等方式相结合，综合累计形成考核评价结果。对考核结果分类进行排序，对排名前六位的二级学院分三档给予一定额度的经费奖励，用于奖励性绩效工资发放；职能部门年终考核位列前20%的，其全体人员按年度考核优秀人员的标准给予奖励；对于教职工的考核评价结果，作为其评先评优、奖优罚劣、晋升晋级、用岗用人的依据。

其中，学校各职能部门分别制定相应条块的年度工作目标，包括年度重点突破工作和主要常规工作，并明确项目内容、目标要求和考核评价标准。① 表 3-1 是该校教务处 2017 年目标责任制考核工作目标及分值情况，内容详细具体，操作性很强。

表 3-1　教务处 2017 年目标责任制考核工作目标及分值②

项目		项目内容与目标要求	分值
重点突破工作	名称	对标应用技术大学，高质量推进优质校暨重点校建设	30 分
	主要任务	建立优质校建设管理机制，明确目标、细化任务、落实经费、强化指导，融合优质建设与应用技术大学建设要求，高质量推进优势特色专业群和省级优势、特色专业建设，确保年度建设任务完成率达到 95%以上，力争在专业群平台建设、人才培养模式改革、课程建设等方面取得突破	
重点突破工作	成果及分值	（1）组织 6 个优质校重点建设专业群、6 个省优势专业、5 个省特色专业编制年度建设任务书，开展年度任务执行情况专项评价，年度建设任务完成率达到 95%以上(6 分)； （2）全年组织校级优质校建设专题交流研讨活动 3 场以上，对外报送相关建设经验或成果案例 3 个以上(6 分)； （3）依托优质校建设，新增现代学徒制实施专业 2 个，新凝练特色人才培养模式 3～5 个，重点培育国家级教学成果奖 2～3 项，取得省级及以上教学方面标志性成果 2 个以上(6 分)； （4）对接应用技术大学建设要求，深化四年制高职人才培养试点，做好省厅相关委托课题的研究；布点 4～6 个优先升级建设专业，按照本科层次要求重点开展产业调研和专业人才培养方案编制工作(6 分)； （5）按照学校统一部署，主要参与应用技术大学申报材料的准备工作(6 分)	30 分

① 注：办公室、纪委、组织部作为学校目标责任制考核组织、监督单位，不列入职能部门考核，分别制定年度主要工作，其工作满意度接受校领导、二级学院党政负责人和服务对象的民主评议。审计处列入职能部门考核。

② 摘自《金华职业技术学院 2017 年目标责任制考核办法汇编》第 10 页。

续表

项目		项目内容与目标要求		分值
	序号	考核内容与分值	考核评价标准	评价方法
主要工作	1	教学创新。继续推进“六个一批”项目，积极申报国家级、省级相关项目，建设校级优质课程50门左右，遴选新高考改革招标课题并组织实施（10分）	（1）国家和省级项目占5分，总立项数位居全省高职院校前5得5分，排在5～10名得4.5分，10名之后得4分。 （2）“六个一批”项目和招标课题占5分，教务处指导、督查与推广，成效显著得5分，成效明显得4分，成效一般得3分，无成效得0分	达标法
	2	领航计划。落实学校专业建设领航计划，继续推进8个创新领域试点，新启动3～4个创新领域试点（8分）	重点考察试点建设方案与成效，教务处指导、统筹、督查与推广，成效显著得5分，成效明显得4分，成效一般得3分，无成效得0分	达标法
	3	科技竞赛。组织协调学科和技能竞赛，承办省级竞赛5项，争取获国家级竞赛二等奖以上6项，省级一类一等奖（含国家参赛）不少于10项（10分）	承办省级竞赛2分，国家级竞赛和省级一类竞赛获奖各占4分，分别按完成率计算得分	积分法
	4	网络资源。组织做好网络教学资源建设和集成工作，校级平台入库课程达到120门以上，支持3个以上以二级学院为主体的个性化资源平台建设（8分）	按照实际完成数量的比例打分	积分法

续表

项目		项目内容与目标要求		分值
	序号	考核内容与分值	考核评价标准	评价方法
	5	教研活动。落实课堂创新年度计划，组织全校性教研活动8场以上（10分）	（1）数量占6分。按完成比例折算得分。 （2）质量占4分。由参会人员对主题、组织、内涵等进行评价	达标法 积分法
	6	校内基地建设。组织2017年校内实训基地项目建设，完成经费投入2000万元以上规模的建设项目，重点建设高端实训室3～5个；组织2018年建设项目申报和论证（8分）	（1）项目完成率6分，按项目完成率＝（完成经费投入/项目预算）×100％，完成率95％得6分，90％～95％得5分，90％～85％得4分，60％～85％得3分，低于60％得0分。 （2）2018年项目论证2分，项目预算如期上交得2分，未完成记0分	达标法
主要工作	7	基地运行。定期开展校内外实训基地规范化运行管理检查、基地安全整治排查，按照学校统一布局完成场地调整工作（8分）	（1）每学期开展实训基地规范化2次、安全排查2次，缺一次扣0.5分，一旦发生重大安全事故此项记0分。 （2）完成实践场所调整工作，工作到位得4分，完成搬迁未建设到位得3分，未搬迁完成得0分	达标法
	8	多媒体教室管理。加强多媒体教室设备维护与管理，确保多媒体设备处于良好状态。新增多媒体教室20间以上（8分）	（1）多媒体教室管理占2分，其中：二级学院对多媒体教室管理的满意度占1分，满意度达90％得1分，75％～89％得0.9分，60％～74％得0.8分，60％以下得0.7分。校领导接到投诉占1分，无投诉得1分，投诉3次以内0.9分，投诉5次以内0.8分，超过5次不得分。 （2）多媒体教室新建工作占3分，完成建设得满分，不能及时投入使用视具体情况扣分	达标法 积分法
合计				100分

学校对二级学院的考核主要包含教学工作业绩、专业建设重点突破与特色创新项目、办学效益、党建思政宣传、文明校园建设、班子评价以及加分项目(见表3-2)①。相关项目的观测点、指标、考核评定标准、评价方法等,由牵头部门会同责任部门与各二级学院商议后确定。这个过程是一个充分交流、探讨协商的过程,相关职能部门与二级学院分管领导就考核内容(也就是年度工作重点)进行反复磋商,拟订初步方案。特别是专业建设重点突破与特色创新项目,各个二级学院每年都不一样,需要多次协商、概括提炼。如:信息工程学院2016年是"以四年制高职改革试点为引领,推进电子类专业群建设",2017年是"对接电子信息产业转型升级,加强专业新方向建设";机电工程学院2016年是"对接产业转型升级的需求,聚焦智能化精密制造人才培养",2017年是"以产教融合项目为载体,聚焦智能制造推进产业转型升级";建筑工程学院2016年是"试点校企双导师制,培养学生工程能力与职业素养",2017年是"深化校企双导师制,凝练建筑类专业培养特色"。同时,这也是一个博弈的过程,职能部门希望把学校的总体工作要求和任务尽可能分解给二级学院,各二级学院则采取相对比较保守的策略,担心要求太高或数量太多,完不成任务。

表3-2 二级学院考核情况列表

<table>
<tr><th>序号</th><th>考核内容</th><th>分值</th><th>相关项目</th><th>牵头部门</th><th>责任部门</th><th>备注</th></tr>
<tr><td rowspan="7">1</td><td rowspan="7">教学工作业绩</td><td rowspan="7">38分</td><td>教学建设与管理</td><td rowspan="7">教务处</td><td>教务处、信息管理中心</td><td rowspan="7"></td></tr>
<tr><td>实践教学</td><td>校企处、教务处</td></tr>
<tr><td>教学质量保证与诊改</td><td>教务处、督导处</td></tr>
<tr><td>人才培养质量</td><td>就业服务中心、创业学院、继教处、公体部</td></tr>
<tr><td>社会服务能力</td><td>科研中心、继教处</td></tr>
<tr><td>教育国际化</td><td>国合处、人事处</td></tr>
<tr><td>师资能力</td><td>人事处、教务处</td></tr>
<tr><td rowspan="3">2</td><td rowspan="3">专业建设重点突破与特色创新项目</td><td rowspan="3">22分</td><td>主体任务</td><td rowspan="3">教务处</td><td rowspan="3">相关职能部门</td><td rowspan="3"></td></tr>
<tr><td>标志性成果</td></tr>
<tr><td>理论总结</td></tr>
</table>

① 摘自《金华职业技术学院2017年目标责任制考核办法汇编》第2页。

续表

<table>
<tr><th>序号</th><th>考核内容</th><th>分值</th><th>相关项目</th><th>牵头部门</th><th>责任部门</th><th>备注</th></tr>
<tr><td rowspan="5">3</td><td rowspan="5">办学效益</td><td rowspan="5">10 分</td><td>招生成效</td><td rowspan="5">计财处</td><td>招生办</td><td rowspan="5"></td></tr>
<tr><td>缴费率</td><td>计财处</td></tr>
<tr><td>执行财经制度</td><td>计财处、纪委、资产处</td></tr>
<tr><td>继续教育创收</td><td>继教处</td></tr>
<tr><td>就业创业</td><td>就业服务中心、创业学院</td></tr>
<tr><td rowspan="2">4</td><td rowspan="2">党建思政宣传</td><td rowspan="2">10 分</td><td>党建工作</td><td rowspan="2">组织部</td><td>组织部</td><td rowspan="2"></td></tr>
<tr><td>思政宣传</td><td>宣传部、校友办</td></tr>
<tr><td rowspan="2">5</td><td rowspan="2">文明校园建设</td><td rowspan="2">10 分</td><td>学生管理</td><td rowspan="2">学生处</td><td>学生处</td><td rowspan="2"></td></tr>
<tr><td>安全稳定</td><td>保卫处</td></tr>
<tr><td>6</td><td>班子评价</td><td>10 分</td><td>校领导测评</td><td>组织部</td><td>组织部</td><td></td></tr>
<tr><td>7</td><td>加分项目</td><td></td><td></td><td>考核办</td><td>相关职能部门</td><td></td></tr>
</table>

注：公共基础学院单独考核，考核办法详见附件 4。

经过 15 年的实施和不断改进，这所学校的目标责任制考核逐步完善，考核方案的制定和实施突出以下六个方面：一是突出中心工作，考核关注学校重点工作与内涵提升，与学校重点工作与内涵发展关联度不高的指标不考或少考，对学校的短腿工作和争创的工作加大分值，强化考核制度的前瞻性、有效性、导向性。二是涵盖上级要求，考核指标设置涵盖省教学业绩考核点和状态数据，评价标准一般不低于省教学业绩考核要求。三是区分不同基础，不搞一刀切，对二级学院的同一个考核点，根据不同基础设置考核标准。四是强化个性考核，分为重点突破和创新特色工作，重点突破与特色创新工作按 3 年目标来设计，分年度持续推进，个性考核内容根据高等职业教育改革方向、学校发展任务，由二级学院自主申报、学校审定。五是部门、学院关联，加大职能部门考核点与二级学院考核点的关联度，强化职能部门对二级学院工作的指导和服务。六是数量、质量统一，对于数量已经达到相当规模的指标，从关注数量的变化转为对质量的要求。

同时，目标责任制的管理注重与学校的改革发展相协调，以当年的工作重点为中心，从实际情况出发制定考核方案，并通过不断修改和完善，使之更加科学、公正、合理，更加便于考核的实施，更加有利于推动工作。在目标责任制考核的过程中，进一步实施与考核目标相关的举措，建立考核的落实与保障机制，强化考核的跟踪与督查，确保目标责任制考核落地。

四、民主管理

民主管理是贯彻落实科学发展观、维护教职工及学生合法权益、调动教职工积极性、构建和谐校园的需要，在学校改革和发展过程中起着非常重要的作用。这所学校在坚持党委领导下的院长负责制、强化以目标责任制考核为核心的二级管理的同时，非常注重民主管理，积极采取措施，让教职员工和学生参与学校的管理，听取师生的意见和建议。

（一）章程

章程是高等学校内部的“宪法”，是高等学校依法自主办学、实施管理和履行公共职能的基本准则。高等学校应当以章程为依据，制定内部管理制度及规范性文件，实施办学和管理活动，开展社会合作。为完善中国特色现代大学制度，指导和规范高等学校章程建设，促进高等学校依法治校、科学发展，2011 年 11 月，教育部颁布了《高等学校章程制定暂行办法》。

2016 年 1 月，这所学校根据《中华人民共和国教育法》《中华人民共和国高等教育法》《中华人民共和国职业教育法》《高等学校章程制定暂行办法》等有关法律法规和规章，经过多个层面的研讨，制定了《金华职业技术学院章程》，并经教职工代表大会、院长办公会、党委会审议通过，经浙江省教育厅高校章程论证专家委员会评议、浙江省教育厅核准，正式发布施行。章程主要包括：总则，学校功能与教育形式，组织机构，学院，教职员工，学生，校友，教学与科研，经费、资产与后勤，学校与社会，学校标识，学校的合并、分立及终止，附则等条目。学校提出将以《金华职业技术学院章程》作为办学治校和履行公共职能的基本准则和依据，按照建设中国特色现代大学制度的要求，进一步完善法人治理结构，健全内部管理机制，促进依法治校和科学发展。

学校在主网页“学校概况”栏公开章程，接受举办者、教育主管部门、其他有关机关，以及教师、学生、社会公众等利益相关者对章程实施情况的监督、评估。

（二）教职工大会

这所学校有 1300 多名正式编制的教职员工，全部集中起来开会很不容易。但是，2003 年以来，学校每年都会千方百计组织召开一次全校教职工大会，一般安排在年初某个周末，地点在市人民大会堂或市文化中心，全校教职工、离退休教师代表及学生代表参加大会。2013 年以前，大会名称是“‘三十佳’表彰大会”（具体见第四章），2014 年开始是全校教职工大会。

全校教职工大会主要是回顾总结上一年度的工作成绩，分析存在的问题，进一步理清思路、抓住重点，部署新一年的工作。会议形式基本差不多，但每年都有不同的会议主题和特别强调的工作。如 2007 年是“激活机制 丰富内涵 努力提高我校办学水平”，2008 年是“总结经验 励精图治 为建好国家示范院校而努力奋斗”，2009 年是“求真务实 创新创业 科学发展 追求卓越”，2010 年是“深化改革 加

快发展 全面提升核心竞争力”，2011 年是“深化内涵 改革创新 在新阶段实现学校新发展”等。根据当年的工作部署，领导在讲话中重点强调体制机制改革、育人模式创新、目标责任制考核、人才培养模式、实训基地建设、专业教学团队建设、课程建设与改革、社会服务、高水平应用型高校建设等问题。

此外，学校结合一些重大事件，还组织召开了专门的动员大会。如：2007 年 11 月 8 日，学校召开国家示范性高等职业院校建设动员大会，时任党委书记、院长做了“对照标准 寻找差距 整改提高 为把我校建设成为国家示范性高职院校而努力”的讲话；2017 年 9 月 30 日，学校召开“浙江省重点高职院校建设暨政校企合作推进会”，校长做了动员讲话。

通过全校教职工大会的形式，使全校师生及时了解学校的发展现状、取得的成绩，明确下一步的工作重点，有利于树立改革发展的榜样，弘扬正气，统一思想，凝聚合力，坚定信心，积极推动学校各项工作，全面提升办学水平和人才培养质量。

（三）双代会

高校教职工代表大会（简称教代会）是教职工行使民主权利和民主管理学校的基本形式，是教职工参与民主决策、民主管理、民主监督的机构，也是学校听取教职工意见建议的重要渠道。高校工会在学校民主管理中有其合法的地位，是学校民主管理的组织引导者。维护教职工合法权益、加强学校民主管理是学校工会的重要职责。

这所学校非常重视教职工代表大会工作，专门印发《教职工代表大会工作实施细则》，规定教代会职权，教代会代表选举产生办法、权利和义务，组织规则，工作机构等。如第六条规定，教代会在本校范围内行使下列权利：

(1) 听取建议权。听取学校章程草案的制定和修订情况报告，听取学校发展规划、教职工队伍建设、教育教学改革等重大事项的报告，听取学校年度工作、财务工作、教代会工作报告以及其他专项工作报告，提出意见和建议。

(2) 审议通过权。审议学校上一届（次）教代会提案的办理情况报告，讨论通过学校提出的与教职工利益直接相关的福利、校内分配实施方案以及相应的教职工聘任、考核、奖惩办法，讨论法律、法规、规章规定的以及学校与学校工会商定的其他事项。

(3) 评议监督权。按照上级有关工作规定和安排参与评议学校领导干部。通过多种方式对学校工作提出意见和建议，监督学校章程、规章制度和决策的落实，提出整改意见和建议。

这所学校把教职工代表大会和工会会员代表大会结合起来（并称双代会），每年至少召开一次大会。如果遇到重大事项需要由教职工代表大会审议通过，经学校、学校工会提出或三分之一以上教代会代表提议，召开专题教代会。表 3-3 是学校历年双代会的报告题目。学校工会作为教代会的工作机构，每年在双代会之前会广泛征集和整理教职员工有关学校方方面面工作的提案。表 3-4 是 2017 年学校六届一次教职工/工会会员代表大会提案分类表，涉及学校师资队伍建设、教学管理、人文关怀、校园建设、学生管理、校园管理和服务和中外合作办学等方面的工作。

表 3-3 学校历年双代会报告题目

年份	双代会报告题目
2005	构建和谐校园 创办金华学院 为全面提升办学水平而努力奋斗
2006	深化改革 彰显特色 提升水平 为创建示范性高职院校而努力奋斗
2007	集思广益 群策群力 推进学校各项工作又好又快发展
2008	坚持好字优先 推动科学发展 为创建全国一流高职院校而努力奋斗
2009	凝心聚力构和谐 同舟共济谋发展
2010	深化改革 加快发展 推动学校事业发展再上新台阶
2011	抢抓机遇谋发展 特色强校创一流
2012	质量立校 特色强校 努力谱写学校发展新篇章
2013	立德树人担使命 提升内涵铸品牌
2014	深化改革 团结进取 全面推进学校科学发展
2015	深化改革添动力 依法治校促发展
2016	凝心聚力 积极进取 在新阶段推动学校发展迈上新台阶
2017	乘势而上求发展 砥砺奋进走前列

表 3-4 2017 年学校六届一次教职工/工会会员代表大会提案分类表

<table>
<tr><th>类别</th><th>序号</th><th>提案名称</th><th>承办部门</th></tr>
<tr><td rowspan="7">师资队伍建设</td><td>1</td><td>高职称教师聘期业绩考核要求</td><td>人事处</td></tr>
<tr><td>2</td><td>关于调整社会服务与推广型职称评审条件的建议</td><td>人事处</td></tr>
<tr><td>3</td><td>关于完善社会服务型教师职称评审制度的建议</td><td>人事处</td></tr>
<tr><td>4</td><td>艺术类教师在职称评审中政策倾斜的提案</td><td>人事处
科研中心</td></tr>
<tr><td>5</td><td>重“教”首当尊“师”</td><td>人事处</td></tr>
<tr><td>6</td><td>加强青年教师科研和社会服务能力培养</td><td>科研中心
人事处
校企处</td></tr>
<tr><td>7</td><td>新老教师结合，提升教学效果</td><td>教务处</td></tr>
</table>

续表

类别	序号	提案名称	承办部门
师资队伍建设	8	调整职称评定政策,充实思政理论课教师队伍	教务处 人事处
	9	人才引进(招聘)策略应因各学院实际与现状而异	人事处
	10	增加教师前期科研经费投入,为教师提供科研条件	科研中心
	11	在职攻读博士学位福利政策	人事处
教学管理	12	为创建应用性大学,学科建设需以产业体系为导向	教务处 人事处
	13	关于加快校园水上运动中心项目建设的思考	教务处
	14	成立公共艺术中心,提升学生音乐素养	教务处
	15	建设通识教育实践基地:金华非遗文化工作室	教务处
	16	构建通识教育中心,打造学校育人、招生、对外交流新名片	教务处
	17	建议深化建筑工程校内实训基地建设的提案	教务处
	18	建议在二级学院建立思政系列教师分课程小组	教务处
	19	学校电脑使用年限问题	资产处
人文关怀	20	关于解决学校教职工子女小升初问题的提案	工会 院办
	21	关于解决合同工入会和明确工会待遇的问题	工会 人事处
	22	关于关注大龄青年婚姻问题的提案	工会
	23	关于改善校教工乒乓球活动室硬件设施的提案	公共学院
	24	提高教职工子女就读学校附属幼儿园覆盖面及力度	工会
	25	对学校教职工开放附属幼儿园 2 孩就读学费优惠政策	工会
	26	关于给老师配备笔记本电脑的提案	资产处
校园建设	27	将桃李楼 1、2、3 号楼群纳入校友文化园建设规划	后勤中心 校友办
	28	“双环一玦”学校环道建设	校办 宣传部 后勤中心
	29	改善附属幼儿园周边环境	后勤中心 保卫处

续表

类别	序号	提案名称	承办部门
学生管理	30	进一步推进学生管理信息化建设	学生处 信息中心
	31	试点学生公寓“准”书院制，探索学生工作新模式	学生处
	32	建立一支有专长的稳定的辅导员队伍	学生处
校园管理和服务	33	关于简化一线教师办事程序，提高办事效率的建议	校办
	34	加强金义校区服务师生的工作	计财处 后勤中心
	35	关于要求理顺校医务所管理的建议	校办
	36	优化我校财务报销的机制和方式	计财处 信息中心
中外合作办学	37	关于调整中外合作办学分配方案的提案	计财处 校办
	38	加快完善怀卡托国际学院管理体制与运行机制	国合处 计财处

此外，学校的二级学院教代会在党委、党总支(直属支部)领导下进行工作，每3年为一届，与校教代会同步换届，二级教代会或教职工大会每年至少召开一次，其职权是：听取二级学院院长工作报告；讨论和审议本学院的发展规划、改革方案、学科建设、教师队伍建设等重大问题，并提出意见和建议；讨论审议教职工聘任、奖惩、分配改革原则与办法，以及其他与教职工权益有关的重要规章制度；讨论决定有关教职工福利事项；民主评议和监督二级学院行政领导，参与推荐二级学院行政领导人选。

(四) 校学术委员会

2014年，教育部正式发布《高等学校学术委员会规程》，明确要求将学术委员会作为校内最高学术机构，统筹行使与学术有关的职权。2014年3月，下发《浙江省教育厅、浙江省人力资源和社会保障厅关于深化高校教师专业技术职务评聘制度改革的意见》，规定浙江省“各高校从2014年起全面开展教师各级职务自主评聘工作，省里不再统一组织高校教师高级专业技术资格评审工作，不再对高校教师颁发专业技术资格证书”。

为了适应高校教师专业技术职务评聘改革——评审权下放给学校的新形势，同时为了健全学校教学、科研科学决策咨询机制，加强学校学术管理，不断提高教学、科研水平和服务社会的能力，2014 年 6 月，这所学校根据《高等学校学术委员会规程》的有关规定，经全校副高以上专业技术人员大会选举，并经学校审议，成立了金华职业技术学院学术委员会。[①] 学术委员会设委员 25 人，由学校不同学科、专业的正高级专业技术职务人员或有博士研究生学历的副高级专业技术职务人员组成，且有一定比例的青年教师，其中，担任学校领导及职能部门正职领导职务的委员，不超过委员总人数的 1/4，担任学校中层副职及以下职务的委员，不少于委员总人数的 1/2。

学校第一次学术委员会会议表决通过了《专业技术职务评聘工作实施办法》《金华职业技术学院专业技术职务评聘申报条件(试行)》《2014—2016 年专业技术职务评聘指标分配办法》《金华职业技术学院学术委员会章程》，为学校学术自治和教师代表参与学术治理奠定了制度基础。《金华职业技术学院学术委员会章程》规定了应当提交学术委员会审议，或者交由学术委员会审议并直接做出决定的事项：

(1) 专业、教师队伍建设发展规划，以及科学研究、对外学术交流合作等重大学术规划；

(2) 设置新专业、取消老专业或调整专业方向，专业人才培养方案、省级及以上重点专业平台建设等方案；

(3) 学校研究所建设规划与调整方案；

(4) 教学科研成果、人才培养质量的评价标准及考核办法；

(5) 专业技术岗位聘任、专业技术职务评聘等有关的学术评价标准；

(6) 学校认为需要提交审议的其他学术事务等。

之后，《金华职业技术学院岗位聘期考核实施办法》《专业技术职务评聘工作实施办法(修订)》《关于进一步深化教师专业技术职务分类评聘的建议》《教师专业技术职务三年评聘规划(2017—2019 年)》等都由学术委员会审议通过后实施。

(五) 学生民主参与

学校除了指导学生通过学生会、团委、社团等组织实行自我管理和参与学校事务，还组织学生代表参与教职工大会、工会会员代表大会、党代会等重要活动；不定期组织“书记校长有约”活动，由学校党委书记或校长与学生代表在大学生活动中心围桌品茗，就学校、专业和个人的发展等同学们热切关注的话题展开交流讨论。

---

① 为做好学术委员会委员的选举工作，该校根据《中华人民共和国高等教育法》和教育部《高等学校学术委员会规程》的精神，结合学校实际情况，专门制定了《金华职业技术学院学术委员会委员选举办法》，前期进行了充分的酝酿，推选了学术委员会委员候选人。

此外，学校还非常重视校务公开工作，把它作为学校民主管理和民主监督的有效途径，以此强化教职工的知情权，拓宽教职工参与民主管理和民主监督的领域。学校或校内各单位对事关学校发展的重大事项或涉及师生利益的具体事项，如财务预算、评优评先、各类项目申报遴选、职称评聘等，都要求在一定范围内进行公开或公示。

五、管理制度建设①

管理制度建设是学校民主管理的有力保障，也是学校可持续健康发展的基础。建校之初，校领导在学校管理中有重要的影响，尤其是在院校整合、重大改革事项的推进、国家示范校申报与建设过程中。随着学校规模的扩大和教育教学改革的深入推进，学校领导意识到需要从人治逐步走向制度管理，陆续制定并不断完善教学、教师、学生、科研、计财等各类管理制度。

学校实行教学工作校院二级管理，学校侧重于目标管理，各二级学院侧重于过程管理。学校先后制定《教学工作两级管理实施细则》《关于进一步加强专业建设的若干意见》《关于制(修)订专业人才培养方案的指导性意见》《特色专业建设项目管理办法》《基础课改革实施意见》《教学改革项目管理办法》《教师职业教育教学能力测评办法》《教学成果奖评审办法》《教师教学工作基本规范》《学生学籍管理实施办法》《实习教学工作规程》《教学事故认定和处理办法》《重点教材建设管理办法》《教材选用与管理实施办法》《实训基地管理办法》《校企共建校内实训基地的若干规定》《校外实训基地建设标准》《校内实训基地共享使用暂行规定》等一系列管理办法，规范教学运行和教学行为。

学校按照“总量控制、微观放权、规范合理、精简高效”的原则进行编制管理改革，对公共课、基础课和部分专业师资进行重新组合，并在全校范围内逐步推行聘用(聘任)制度。学校先后出台《关于引进优秀高层次人才的相关规定》《外聘(兼职)教师管理暂行办法》《教师出国(境)培训、进修实施办法》《教师参加社会(企业)实践的有关规定》《关于教职工参加各类进修活动的暂行规定》《教职工获得荣誉称号的奖励办法》《十佳教师、十佳教育工作者、十佳班主任辅导员评选办法》等一系列制度，规范在编人员人事管理、教师职称评定、进修管理以及评优评先和考核奖励等工作。

学校制定学籍管理、综合素质测评、奖学金评定、学生资助、班级管理、宿舍管理、社团管理、社会实践、学生军训、学科竞赛等各项管理制度，对相关学生工作事务加以规范；学校先后制定《在校学生出国(境)学习管理办法》《毕业生质量跟踪

---

① 《金华职业技术学院志》编纂委员会. 金华职业技术学院志：1907—2013[M]. 杭州：浙江教育出版社，2014：200-203.

调查制度》《家庭经济困难学生认定与建档工作实施细则》《大学生参加科技文化活动奖励实施办法》《大学生创业园管理办法》《学生创新创业项目管理实施细则》等制度，规范学生出国、毕业生跟踪、帮困助学等工作，激励大学生创新创业，加强大学生综合素质的培养。

学校先后制定出台《资产管理办法》《采购管理办法》《零星采购管理办法》《招标投标管理暂行办法》《采购供应商投诉处理办法》《评标专家及评标专家库管理办法》《仪器设备验收管理实施办法》等制度，明确资产管理和招标采购各个环节的工作，规范资产管理和招标采购行为。学校出台《关于深化后勤社会化改革的实施意见》，推进后勤社会化管理。

学校实行"统一领导，集中核算"的财务管理体制，先后制定出台《财务管理暂行办法》《差旅费开支规定》《后勤财务管理暂行办法》《财务审批制度》《规范收费标准及收费行为人通知》《中外合作办学经费管理暂行办法》等制度，规范财务管理、财务审批和收费标准等，保证学校财务日常运行。

以上各类制度的制定和修订完善，主要是为了实现学校长期的发展目标以及巩固教育教学改革的成果，是学校发展的内生性需要。有些制度长期适用，有些制度随着学校的发展和外部环境的变化，需要与时俱进，不断地修改完善。学校把制定的各类管理制度合编印制成《金华职业技术学院制度汇编》，发放给每一位教职员工，让他们随时可以学习了解学校的相关制度规定。每过 2～3 年，当有较多新制度出台或较多制度修订后，就重新编印发放。主要制度目录见本书附录C，部分具体内容将在后续章节结合相关论述主题呈现。

此外，为了进一步提高学校内部管理水平，规范内部控制，加强廉政风险防控机制建设，学校成立了以校长为组长的学校内部控制建设工作领导小组，由学校办公室牵头全面推进内部控制建设，建立内控工作机制，制订工作计划，开展内控培训，落实职责分工，将制约权力运行有效嵌入内部控制全方位、全过程。2017年，学校制定了《金华职业技术学院内部控制管理办法》，编制了《金华职业技术学院内部控制手册》，作为学校建立、执行、评价及维护内控与风险管理体系的指导和依据。①

总之，这所学校是一所办学历史较长的学校，学校领导总体是比较开明的，民主管理机制也比较完备，事务处理程序规范，师生参与学校管理的渠道畅通。学校管理总体上由控制转向协调、由管理转向治理和服务，试图通过强化内部治理

---

① 2012 年 11 月，根据《中华人民共和国会计法》《中华人民共和国预算法》等法律法规和相关规定，财政部印发《行政事业单位内部控制规范（试行）》（财会〔2012〕21 号）。2013 年 12 月，教育部下发《关于做好〈行政事业单位内部控制规范（试行）〉实施工作的通知》（教财函〔2013〕142 号），明确提出教育系统要加快内部控制建设。2016 年 4 月，教育部下发《教育部直属高校经济活动内部控制指南（试行）》（教财厅〔2016〕2 号），这一指南对高职高专院校内部控制建设工作具有很强的指导意义和参考价值。

在科研项目、高层次人才、社科基地、重点实验室、协同中心、优势专业、精品课程等方面不断取得新的突破，甚至有意识地加强学校文化建设，试图从制度管理走向文化管理、文化育人（相关内容见第十四章）。

当然，这所学校也和其他高校一样，不同程度地存在泛行政化现象；中层管理干部总体管理能力较强，但晋升空间受阻，年龄结构老化现象突出；师生参与管理、决策的水平很不平衡，有些代表参与管理的意识和水平都有待提高。在国家不断深化"放管服"改革的大背景下，高职院校将会有更大的办学自主权和院校内部治理创新的空间，学校需要突破"一管就死、一放就乱"的怪圈，通过完善现代大学管理制度，优化内部治理结构，提升治理能力。

第四章 双师结构为目标的教学团队建设

高水平的师资队伍是高职院校履行好各种职能的关键和保障。长期以来，各级政府非常重视高职院校的师资队伍建设。《国务院关于大力发展职业教育的决定》(2005 年)、《教育部关于全面提高高等职业教育教学质量的若干意见》(2006 年)、《国务院关于加快发展现代职业教育的决定》(2014 年)、《现代职业教育体系建设规划(2014—2020 年)》(2014 年)等职教政策文件，都非常关注这个问题，分别提出“加强师资队伍建设”“注重教师队伍的‘双师’结构，改革人事分配和管理制度，加强专兼结合的专业教学团队建设”“建设‘双师型’教师队伍”“完善‘双师型’教师培养培训体系”等要求。为适应职业教育加强内涵建设、提高办学质量的迫切需要，突出教师队伍建设的基础性、先导性、战略性地位，教育部和财政部还专门实施了三期职业院校教师素质提高计划(2006—2010 年、2011—2015 年、2017—2020 年)。该计划以建设高素质专业化“双师型”教师队伍为目标，以提升教师专业素质、优化教师队伍结构、完善教师培养培训体系为主要内容，大幅度提高职业院校教师队伍建设的水平，为职业教育科学发展提供强有力的人才保障。

经过多年努力，我国高职院校师资队伍总体水平有了较大提高，数量明显增加，但整体而言，还存在职业教育教师资格标准缺失、高职教师专业技术职务(职称)评聘导向有失偏颇、高技能人才到职业院校兼职的政策渠道不畅、专任教师数量相对不足、教师社会服务能力不强、师资队伍结构仍然失衡、培养培训体系不够完善等问题。[①] 这所学校办学基础较好，而且在办学之初就狠抓师资队伍建设，注重管理创新，采取了一系列行之有效的措施，师资队伍的结构较为合理、总体水平较高，[②]学校办学水平居于全省乃至全国前列。本章主要从教师培养工程、兼职教师聘任与管理、企业引进教师、教学团队建设、教师培训进修、职称评聘、聘任与考核、优秀教师表彰和奖励等方面论述这所学校师资队伍的简要情况。

---

① 邵建东，徐珍珍. 现代职教体系下高职院校师资队伍建设的诉求、问题与路径[J]. 中国高教研究，2016(3):100-103.

② 2003 年，学校在册教职工 952 人，其中专任教师 445 人，有正高职称的 31 人(其中返聘 22 人)、副高职称的 201 人(其中返聘 6 人)、中级职称的 320 人。2013 年，学校在册教职工 1439 人，其中专任教师 975 人，有正高职称的 110 人、副高职称的 366 人(包含附属医院教学人员)。2017 年 4 月底，学校在册教职工 1397 人，其中专任教师 980 余人，有正高职称的 100 人、副高职称的 330 人，具备双师素质的占 90.3%。

一、教师培养工程

建校之初，这所学校绝大部分教师逐步从原来中专教师转型为大专教师，教育理念、教学方式、教育教学能力等都需要转变和提升，教师学历普遍偏低，职称主要是高级讲师、讲师或助教。直到2003年，学校也只有31位正高职称教师，其中大部分是从本科院校外聘的（2002年学校2人晋升教授，2003年1人晋升教授）。

为了加强学校专任教师培养，优化师资队伍结构，全面提高学校教师队伍的总体水平，学校从2003年开始相继实施“硕、博士工程”“教授工程”“双师素质工程”“高层次人才梯队工程”等四大教师培养工程①。这些教师培养工程对学校后续发展具有重要战略意义，走在了全国高职院校的前列，在当时来说是非常有前瞻性的。

1. “硕、博士工程”

为提高教师的学历学位层次，2003年，学校制定《关于“硕、博士工程”的实施办法》，给予较好的培养政策和待遇，鼓励教师在职攻读硕士或博士学位。学校允许教师脱产学习，继续享受工资福利待遇，报销相关学习费用，取得学位后还有一定的奖励。许多教师尤其是青年教师积极参加硕士学习。2003—2013年，学校硕士学位教师从27人增加到215人，硕士学位教师比例显著提高；由于难度更大、周期更长，博士学位教师只增加了6位，效果不是很明显。2011年，学校出台《博士培养工程实施办法》，加大对博士培养的力度，而对攻读硕士不再予以专门支持。

2. “教授工程”

“教授工程”就是选拔一批具有副教授职称、教学科研业务水平较高的教师作为培养对象，并要求每位培养对象从兄弟高校或科研单位聘请一名专业对口、科研能力强的教授作为导师，负责对其培养指导。学校给予每人每年一定的经费，以资助培养对象开展新技术、新设备、新产品的研发工作，促其早出成果，并且定期晋升教授职称。学校在选拔时优先考虑那些具有双师素质、有省级课题、研究方向具有应用性的人选。经过申报、遴选等程序，2004年6月29日，学校举行“教授工程”培养对象签约仪式，全体校领导出席了签约仪式，首期25名“教授工程”培养对象参加会议并签订了培养协议书。2006年3月31日，学校召开学术委员会会议，评审出第二批“教授工程”培养人选19名。经过几年努力，学校申报并晋

① 杜世禄，何农.“五位一体”指导下的高职师资队伍“四大工程”建设[J].中共山西省委党校学报，2007，30(3):86-88.

升教授的教师明显增多。2005—2013 年，学校共有 93 人晋升教授（含研究员），平均每年 10 人以上。2014 年以后，浙江省高校教师职称评审权下放给高校后，这所学校由于高级教师比例已较高，指标受到控制，职称晋升难度反而加大。2014 年、2015 年、2016 年，学校分别只有 7 人、6 人、6 人晋升教授。

3. “双师素质工程”

高职教育的职业性、实用性和技术性特征决定了其专业教师应该具备“双师素质”。为了建立一支理论基础扎实、有较强技术应用能力的“双师素质”教师队伍，2005 年 3 月 30 日，学校印发《关于“双师素质教师培养工程”的实施意见》，正式开始实施“双师素质教师培养工程”。学校要求各二级学院明确每年培养“双师素质”教师的目标，作为考核二级学院师资队伍建设工作的重要指标之一。各二级学院有计划地选派青年教师直接到紧密型基地企业挂职顶岗锻炼，以脱产或半脱产形式在基地企业受聘为技术员、技术管理部门经理、技术顾问等职，积累教学所需的职业技能、专业技能和实践经验，以提高实践教学技能，逐步成为“双师素质”教师；鼓励教师兼评相应的专业技术职称或考取相应的行业特许资格证，成为“双师型”教师；实行校企紧密合作的科技服务、横向项目或产品技术开发，鼓励教师为基地企业提供全方位的、强有力的技术支撑，强化锻炼教师的科技研发能力。具有“双师素质”的教师，经所在系部、学院、教务处、人事处审核认定后，由所在单位予以 2000～5000 元不等的奖励。2017 年，学校的“双师素质”教师已占专任教师的 90％以上。

4. “高层次人才梯队工程”

人才是创新的根基，是创新的核心要素。院士及“百人计划”“千人计划”“万人计划”“长江学者”等高层次人才是高校办学水平的重要标志，普通本科院校比较注重学术带头人及学科带头人的培养，这所学校也非常重视高层次人才的培育和引进工作，积极开展“高层次人才梯队工程”建设。

为了将师资队伍建设与学科、专业建设有机结合起来，提高教师的教学质量、科研水平，这所学校对教师进行分类、分层培养与管理，按照校级、市级、省级、国家级等若干层次建立梯队。2005 年，学校出台《关于“校优秀中青年骨干教师”选拔培养的实施细则》，在校内分批选拔“校优秀中青年骨干教师”培养对象（每批 20 名左右），进行为期 3 年的重点培养，设定培养目标任务，给予经费支持。学校在选拔时优先考虑那些具有双师素质、硕士以上学位、有省市级重点课题、研究方向应用性强、发展潜力较大的人选。2007 年，学校出台《专业带头人培养实施办法》，把专业带头人分为省高职专业带头人和校级专业带头人两类，采取每年资助的方式实行重点培养，设定年度目标任务和培养期目标任务。[①] 高职院校专业带头人培养问题是一个非常有意义的话题，值得深入专题研究，华东师范大学职业教育与成人教育研究所博士生王亚南正着手这方面的研究。

学校积极推荐符合条件的教师，申报国家级教学名师、享受国务院政府特殊津贴专家、省有突出贡献中青年专家、省 151 人才、省高等学校教学名师、省首席技师、省高校中青年学科带头人、省高职专业带头人、省高等学校教坛新秀、省青年教师资助对象等省级以上人才和市拔尖人才、市 321 人才、市科技创新领军人才、市“五个一批”人才等市级人才。截至 2017 年 10 月，学校有省 151 人才、省有突出贡献中青年专家等省级以上人才 60 人，市拔尖人才、市 321 人才等 64 人，初步构建起了省、市、校三级高层次人才梯队。

学校对各类人才培养人选，进行跟踪培养、严格考核、滚动发展。此外，学校按照上级要求给予配套专项培养经费，资助他们开展相关研究和培训进修等；同时还给予一次性奖励(国家级 10 万元，省部级 5 万元)和每个月 400～3000 元不等的人才特殊津贴。

除了学校内部培养以外，这所学校还非常重视引进高层次人才。2003 年，学校就制定了《关于招聘引进人才的实施办法》《关于引进高层次紧缺人才和特殊人才待遇的规定》，开始在全国范围内，从本科院校、科研院所、行业企业引进紧缺的高层次人才。[②] “十二五”以后，学校大力实施人才强校战略，着力提升师资队伍水平，增强学校的核心竞争力。为进一步加强优秀高层次人才引进工作，2011 年 6 月，学校制定了《关于引进优秀高层次人才的相关规定》，把拟引进的优秀人才按类别划分为三个层次，第一层次为获国家“千人计划”等国家级荣誉者和国家级高层次人才称号者，第二层次为获省部级荣誉者和省部级高层次人才称号者，第三层次为高级职称教师或学校教学、科研工作急需的有突出业绩的博士。学校提供 120～140 平方米的人才用房一套和 6 万～100 万元的科研启动费。这所学校人才引进的待遇在全省都是算好的。

---

① 2007 年 9 月，浙江省教育厅下发《关于实施浙江省高职(高专)专业带头人培养计划的通知》(浙教高科〔2007〕160 号)，启动了“高职院校专业带头人培养计划”，在全省高职(高专)院校评选了 200 名专业带头人，培养期为 4 年，采取省政府拨款和学校配套相结合的资助方式，每人每年资助 1 万元(所在学校以不低于省拨经费数配套)，连续资助 4 年，培养目标是使专业带头人尽快成长为国内高职高专教育界有影响的专业骨干。全省各高职(高专)院校以此为契机，在学校内部评选出各专业的专业带头人或专业负责人，更好地推动和加强专业建设。“十二五”期间，浙江省教育厅重点支持与现代农业、先进制造业和现代服务业相关的专业队伍建设，于 2013 年在高职高专院校遴选了 300 名中青年专业带头人，把专业带头人的培养列入年度高校中青年专业带头人境内外高水平大学研修计划与高职院校教师素质提升工程，并专门设立了专业带头人专业领军项目，面向专业带头人培养对象申报，择优立项。

② 当时在全国范围内公开引进的陈兰云、何农、唐金花，都已成为学校的中坚力量，张跃西、孙慧平后来调离学校。

通过实施上述四大教师培养工程，这所学校的教师队伍总体实力、高层次人才总量和正高职称教师数居于全国前列。这也是学校总体办学水平、社会服务能力以及科研竞争力等居于全国前列的基本保证。

但这所学校的所在地金华地处浙江中西部，没有区位优势。现在，全国重视人才引进的高校很多，提供的待遇也越来越好。① 各类人才在选择就业单位时也更趋理性，除了待遇，可能更看重工作环境、平台、发展前景等。所以，虽然学校提供了很好的待遇，但人才引进还是非常困难。2003—2017 年，学校只引进博士 17 人。此外，学校多年来一直没有在国家级名师、国家教学团队上实现突破，这也是非常遗憾的一件事情。

二、兼职教师聘任与管理

兼职教师是高职院校师资队伍的重要组成部分。“双师结构、专兼结合”是高职院校师资队伍的重要特征。高职院校聘请兼职教师能弥补高职教师数量的不足，优化教师队伍结构；强化实践教学环节，促进开展工学结合；促进校企深度合作，推进专业内涵建设，一定程度解决高职教育中理论教学和实践教学脱节的问题。② 高职院校师资队伍建设中，专业教师与兼职教师按 1∶1 的比例配置，形成专兼结合的师资队伍，这既是教育部门在各项评估、示范（骨干）高职院校验收中的一项重要标准，也是高职院校基于自身人才培养目标出发的重要指标。

学校自 2005 年起开始从行业企业聘请兼职教师，并先后制定了《兼职教师的聘请与管理办法》《兼职教师聘请与管理工作考核实施细则（试行）》，全面规范兼职教师的聘请与管理。学校的《兼职教师的聘请与管理办法》分为七个部分，不仅规定了兼职教师的定义，还指出兼职教师可以通过担任专业课教学、指导实习实训、做学术报告等形式开展工作。在“相关待遇”部分，不仅规定了兼职教师的课酬标准，还规定对兼职教师以学院名义从事的科研活动，按照校内专任教师对待，并对兼职教师申报高校教师资格证以及高校系列职称提供保障。在管理考核部分，专门提出加强对兼职教师的高职教育教学方面的培训。

学校聘用兼职教师遵循按需原则，即根据教学实训、专业建设和师资队伍建设需要，面向社会、行业、企业聘任兼职教师，重点选择校外实习教学基地的管理专家、技术骨干和能工巧匠。兼职教师聘用的主要流程是：申报计划—制定聘任方案—发布聘任信息—筛选应聘人选—签订聘任协议—建立兼职教师档案。

---

①　2017 年 10 月 11 日，南京工业职业技术学院高调发布人才引进新政，大国工匠、中华技能大奖获得者、全国技术能手等优秀高级技能人才受聘担任该校教师，可按协议约定申请年薪制，一般为 80 万～200 万元。这在全国引起强烈反响，受到广泛关注。

②　王振洪．高职院校兼职教师有效管理的理论与实践[M]．北京：高等教育出版社，2011：17.

学校对聘用的兼职教师,开展教育教学规范、教学技能等方面的培训,方式灵活多样,有适量的集中培训、网络培训和专业团队互动培训等。

学校制定兼职教师教学工作流程(见图 4-1),对兼职教师各时间段的工作及相关责任部门进行说明,保证兼职教师有章可循。同时学校能及时、准确、全面地掌握兼职教师的教学动态及学生的学习情况,发现问题可及时与兼职教师交流,或与任课班级学生交流,提出整改意见。

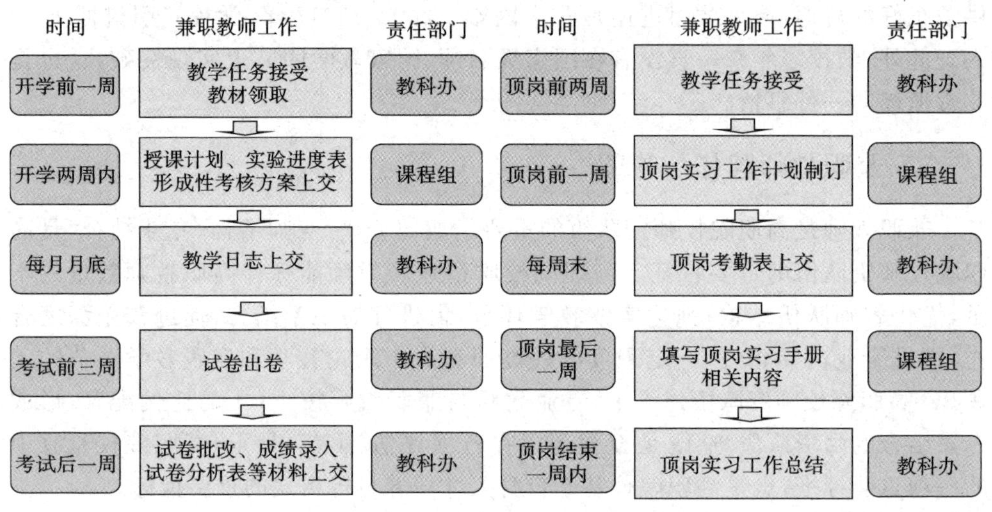

图 4-1 兼职教师教学工作流程

为了提高兼职教师管理的有效性,学校根据兼职教师不同的身份和技术水平,将兼职教师分为兼职教授、兼职讲师和实践指导师三类,在培训、教学管理、激励等方面采取不同的方式和措施。

由于学校与行业企业有良好的合作关系(这所学校的校企合作情况,将在第五章论述),再加上学校和各二级学院都非常注重兼职教师的聘用工作,学校兼职教师不断增加,到 2010 年,专、兼教师比例基本达到了 1∶1。兼职教师中的高级教师职称数量逐年增加,2017 年,学校聘请了 1100 余名兼职教师,其中高级工程师等高级职称者占 60%以上。

三、企业引进教师①

早在 2002 年,《国务院关于大力推进职业教育改革与发展的决定》就明确提出,要"广泛吸引和鼓励企事业单位工程技术人员、管理人员和有特殊技能的人员

① 邵建东.高职院校"企业引进教师":问题表征及破解策略[J].教育发展研究,2015(9):65-69.

到职业学校担任专、兼职教师”。2014 年，教育部等六部门组织编制的《现代职业教育体系建设规划(2014—2020 年)》进一步提出，公办职业院校“新增教师编制主要用于引进有实践经验的专业教师”，要“落实职业院校用人自主权，鼓励职业院校按照国家相关规定聘请企业管理人员、工程技术人员和能工巧匠担任专兼职教师”。这些年，高职院校在聘请大量兼职教师从事实践教学、实训实习指导等工作的同时，根据各自的专业建设实际，陆续从行业企业引进了一些技术或管理骨干担任专业教师或实训指导师(本书简称为企业引进教师)。

为了优化师资队伍结构、密切校企合作关系、增强教育教学效果和提升学生岗位能力等，学校注重从基地企业、产业部门引进有实践经验，具有工程、经济等系列的中高级技术职称，有在一线从事技术工作或管理工作经历的技术骨干。学校陆续从企业引进了 155 名技术骨干和管理人员担任专任教师，其中医学类专业 29 人、化工类专业 23 人、经管类专业 22 人、建工类专业 21 人、信息类专业 20 人、机电类专业 19 人、农业类专业 9 人、艺术类专业 9 人、旅游类专业 3 人；正高职称 21 人、副高职称 49 人、中级职称 72 人、初级职称 13 人；进校时间 2 年至 21 年不等。

这些企业引进教师发展差异较大，有一部分比较优秀，成了专业里的骨干教师，对相关专业建设发挥了很大的作用，有 15 位还成了副校长、处长、院长等中层以上干部。另外有较大部分企业引进教师，由于教师自身、学校管理等一些主客观因素的综合影响，不同程度地存在职教认识模糊、教育知识缺乏、教学能力较弱、发展后劲不足等问题，影响其应有作用的充分发挥。

为招聘到优秀的、能显著提升专业建设水平的企业引进教师，学校需要重新审视企业引进教师的各个招聘环节，积极采取措施完善相关岗位的招聘工作。这些教师进校后，学校需要通过强化教育培训、加强团队建设、健全考核评价等加强管理工作，积极促进他们的专业发展。

四、教学团队建设

高职院校的教学团队根据人员组成情况等主要可以分为四类，即课程教学团队、课程群教学团队、专业教学团队和专业群教学团队。因为，高职院校内涵建设和人才培养主要围绕专业展开，所以相对来说，高职院校更适合建设专业教学团队。

“双师结构”专业教学团队是高职院校提高专业人才培养质量、突显高职特色的前提和关键。这种团队具有专业指向性、组成多元性、研究多维性、行为整合性、发展互动性等组织特征。通过培育与专业定位相适应的高水平的“双师结构”

专业教学团队，并将其作为高职院校提升职业教育基础能力的核心，无论对有效解决高职教育改革与发展过程中存在的问题与矛盾、创新人才培养模式，还是对转变高职教育的发展方式、实现可持续发展，都有重要的现实意义。①

2008—2010 年，教育部和财政部联合立项了 913 个国家级教学团队（其中高职高专院校 120 个），目的是“通过建立团队合作的机制，改革教学内容和方法，开发教学资源，促进教学研讨和教学经验交流，推进教学工作的传、帮、带和老中青相结合，提高教师的教学水平”。中央财政安排专项资金，资助国家级教学团队在学校先行建设的基础上，进一步开展教学研究、编撰出版教材、培养中青年教师、接受教师进修等工作。浙江省高职院校共有机电一体化技术教学团队（浙江机电职业技术学院）、文秘专业教学团队（湖州职业技术学院）、金融管理与实务专业核心课程教学团队（浙江金融职业学院）、景区开发与管理专业教学团队（浙江旅游职业学院）、鞋类专业教学团队（浙江工贸职业技术学院）、会计专业教学团队（浙江商业职业技术学院）等 6 个教学团队入选国家级教学团队。

2008—2009 年，浙江省教育厅分别评选了 100 个高等学校省级教学团队（其中高职高专院校 77 个），同时要求各高等学校重视和加强省级教学团队建设和管理，发挥教学团队在教学改革、教学研究、年轻教师培养等方面的示范作用，全面提升教育教学质量。这所学校共有应用电子技术教学团队、机械制造与自动化教学团队、园艺技术专业核心课程教学团队、小学语文教学与研究学团队等四个团队入选浙江省教学团队。

这所学校的教学团队建设这项工作推动得相对比较迟。2008—2010 年，学校连续 3 年都没有突破国家级教学团队，使相关职能部门和校领导觉得有必要尽快进行校级教学团队的培育。2011 年，学校制定了《关于加强教学团队建设的实施意见》《优秀教学团队建设与管理办法》，开始加强专兼结合优秀教学团队建设和培育，目标是“至 2015 年，在全校建成10～15个教学效果优秀、教学研究与改革成果突出、团队结构稳定、具备良好发展潜力和创新精神、在师资队伍建设方面可起到示范作用的校级优秀教学团队，并力争有一批团队成为省级、国家级教学团队，从而形成校级、省级、国家级三级梯队的教学团队”。

同年，学校组织开展了第一届校级优秀教学团队的评选工作。经校内条件审核、校外专家评审、校内会议评审、校领导班子审定及公示等环节，确定“电气自动化技术专业教学团队”等 10 个教学团队为“第一届校级优秀教学团队”（见表 4-1）。2014 年，学校又组织评选了计算机应用技术等 10 个校级教学团队。

---

① 邵建东，王振洪. 高职“双师结构”专业教学团队及其整合培育[J]. 高等工程教育研究，2012(3)：167-171.

表 4-1　金华职业技术学院第一届校级优秀教学团队一览表

序号	团队名称	团队带头人	单　　位
1	电气自动化技术专业教学团队	龚永坚	信息工程学院
2	模具设计与制造专业教学团队	马广	机电工程学院
3	汽车检测与维修专业教学团队	徐澍敏	机电工程学院
4	会计专业教学团队	楼土明	经济管理学院
5	学前教育专业教学团队	成军	师范学院
6	思政理论课教学与研究团队	王红芳	师范学院
7	畜牧兽医专业主干课程教学团队	徐苏凌	农业与生物工程学院
8	护理专业教学团队	胡野	医学院
9	旅游管理专业教学团队	周彩屏	旅游与酒店管理学院
10	国际贸易专业教学团队	朱佩珍	国际商务学院

学校给每个团队 8 万元建设经费，第一年 4 万元，第二、三年根据中期考核情况和验收情况继续给予每年 2 万元的资助，同时要求所在二级学院按 1∶1 配套建设经费。团队建设经费专款专用，主要包括团队成员参加培训交流的费用、购置必需的仪器设备的费用、学术专著和教材出版以及论文发表的费用、文献资料的购置与印制的费用以及劳务费等其他费用。

五、教师培训进修

这所学校每年都会对新教师进行集中培训，专门组织专业机构负责人培训，其他教师采用“传帮带”方式自主发展。相对来说，校本培训没有引起足够的重视，或者说没有系统地设计和组织。2016 年，学校成立教师发展中心，作为学校直属机构，由分管人事的校领导担任中心主任，挂靠人事处开展日常工作。教师发展中心好好运作起来，教师校本培训应该可以取得较大的成效。

除了上述专项教师培养工程，这所学校比较重视面向全体教师的培训进修工作，出台《教职工参加国内各类进修、培训活动的规定》，鼓励教师参加各类相关的培训进修。学校全面实施学历学位进修、教师素质提高计划、教师下企业社会实践、访问学者(访问工程师)制度、青年教师助讲制度、出国(境)培训进修等教师教育培训进修制度，通过明确要求和程序，制定培养措施，跟踪目标任务完成情况，努力提升教师的教育教学能力。部分二级学院还详细制订了 3～5 年的教师培养进修计划，具体到教师个体及其目标。

1. 教师企业实践[①]

为改善教师的知识和能力结构，提高教师职业教育教学能力，根据《国务院关于大力发展职业教育的决定》(国发〔2005〕35号)、《教育部关于全面提高高等职业教育教学质量的若干意见》(教高〔2006〕16号)等文件精神，学校于2007年就开始开展了专业教师每年参加为期一个月的社会(企业)实践活动。当年，学校专业教师参加社会实践达400人。

之后，学校还专门制定《教师参加社会(企业)实践的有关规定》，规定教师参加社会(企业)实践工作要从学校长远发展和提升人才培养质量出发，根据专业教学团队建设、教师职业成长和专业发展的需求进行系统设计，并坚持实效性、专业性、技术性、共同发展等原则。教师社会(企业)实践按照分类分层的原则，设置不同的实践目标和实践内容。教师根据团队建设目标、自身基础和发展方向做好本人社会(企业)实践的三年规划，明确实践目标和具体工作任务，在落实好参加实践单位、岗位、工作内容、时间等基础上填报企业实践任务书并填写相关表格，报二级学院和学校专业教师社会(企业)实践领导小组审核审批。教师企业实践成绩由二级学院归入教师个人参加社会(企业)实践档案(实践计划、总结报告、考核表)，并作为专业教师晋升、晋级的依据。

2. 访学

访学的目的主要是通过在职学习和工作，接触本学科的学术前沿动态，了解本专业应用性研究的发展方向；加强基础理论知识学习，拓宽专业知识面，进一步提高学术水平；掌握专业基本技能，为学校的学科建设、专业建设、实验室建设等做出贡献，为充分发挥学术带头人或学术骨干的作用打下基础。

这所学校的访学主要分两类：访问学者和访问工程师。2005年，学校就制定了《选派访问学者管理办法》，开始选派访问学者。访问学者选派对象一般是在教学或科研岗位工作的学科带头人、专业带头人、实验室建设带头人或在教学第一线工作的骨干教师。学校根据《全国高等学校接受进修教师专业目录》及《浙江省高校接受国内、省内访问学者导师和专业一览表》公布当年访问学者目录，校内各单位根据学科专业发展的需要，采取个人报名和组织选派相结合的形式拟定该年度选派人选，经学校审核批准后确定。

学校要求教师在访学期间至访学结束一年内，至少在国家一级专业学术刊物上发表学术论文(第一作者)1篇，或在国家二级(含省级)专业学术刊物上发表学

---

① 一些高职院校与企业和社会需求紧密结合，先后建立了一批“双师型”教师培养培训基地。如杭州职业技术学院与台湾友嘉集团合作，在友嘉集团的杭州本部，设立“机电专业教师实训实践基地”，专门为机电专业的“双师型”教师提供实践锻炼的场地，邀请集团内的技术能手和一线专家指导。又如温州职业技术学院与青年汽车集团合作，成立了“青年-温职职业论坛”，论坛设在青年汽车集团的工作车间内，专门为汽车制造与维修这一专业的教师提供“双师”培训的场地。

术论文(第一作者)2 篇,或主持完成省级立项课题 1 项。教师访学的经费(一般 1 万~2 万元),由学校师资队伍建设专项经费列支出。

访问工程师是高职院校教师提升双师素质比较好的一种途径。2008 年,这所学校制定《"访问工程师"选派与管理实施办法》,在全省率先实施"访问工程师"制度。学校支持骨干教师作为访问工程师,到大中型企业或科研院所进行 6 个月以上脱产下企业工程实践锻炼,以增强教师的工程实践、科研、技术开发、技术服务的实际能力。这一做法后来在浙江省推广。从 2012 年开始,浙江省教育厅进一步以"校企合作项目"为引领,推进"访问工程师"项目的实施。

十多年来,这所学校有 160 多位教师通过访问学者(访问工程师)形式,到相关本科院校、科研院所或行业企业进修学习。2016 年、2017 年,学校参加"访问工程师"项目进修学习的教师都是 40 人。

3. 境外培训

这所学校教师境外培训的人数规模和投入力度都是比较大的,对拓展教师视野、促进中外合作办学等作用明显(具体见第十二章)。

六、职称评聘

职称评聘是高等学校师资队伍建设的重要内容,事关每个教职员工的切身利益。2014 年之前,各类职称评审权都在省有关部门,这所学校和其他高职院校一样,按照"德才兼备,量化考核,择优晋升"的原则以及省教育厅、省人社厅等上级有关部门的职称评审政策开展相关工作。总体是,省教育厅等部门统一组织全省高职院校教师的职称评审,并发放相应的职称证书,学校根据实际情况聘任取得专业技术职务资格的教师。

为加快师资队伍建设,逐步建立和完善学校专业技术资格评审制度,2006 年,学校制定《专业技术资格评审实施办法(试行)》,进一步规范了专业技术职务评审程序和相关工作。2005 年以后,学校正高职称教师人数以每年 10 人左右的数量增加,副高职称教师人数以每年 30 人左右的数量增加,师资队伍职称结构得到优化,素质明显提高,为国家示范高职院校建设以及内涵发展奠定了坚实的基础。2013 年,学校还成功获批机械工程、化学工程与技术、工商管理 3 个学科的教师系列副高专业技术资格评审权。

2014 年开始,浙江省高校教师职称评审权下放给高校。为切实推进学校专业技术职务评聘制度改革,建立科学的教师考核评价体系,建设一支师德高尚、业务精湛、结构合理、充满活力的教师队伍,根据《关于深化高校教师专业技术职务评聘制度改革的意见》(浙教高科〔2014〕28 号)、《关于高校教师专业技术职务评聘制度改革有关问题的通知》(浙教高科〔2014〕84 号)及有关高校专业技术职务评审政策精神,结合学校实际,先后制定了《专业技术职务评聘申报条件》《专业技术职务评聘工作实施办法》等制度文件。

学校专业技术职务评聘工作与学校岗位设置和人员聘用制度相结合，根据省、市有关政策的规定，实施以岗位聘用为主要内容的专业技术职务评聘制，按岗申报，按岗评聘。评聘对象包括申报主系列专业技术职务的教师（含学生思想政治教育）和申报非主系列专业技术职务的从事社会科学研究（教育管理研究方向）、实验技术、图书资料、档案、会计、工程（建筑、计算机等）、经济、审计、新闻、卫技等岗位工作的各级各类专业技术人员。

学校根据不同类型教师岗位职责和工作特点对教师系列（学生思想政治教育教师单列）职务进行分类评聘，根据岗位的不同侧重分为教学为主型、教学科研并重型、科研为主型和社会服务推广型等类型，并分别设置申报条件。如申报正高职称，教学为主型要求“近五年内教学工作业绩考核累计三年不低于A级”，科研为主型要求“主持国家级项目1项或省部级重大项目1项，或累计产学合作项目到校经费自然科学类60万元、社会科学类30万元”，教学科研并重型要求“主持省部级及以上教学或科研项目1项”，社会服务推广型的要求则是省科技成果转化奖，或累计产学合作项目到校经费，或无形知识产权转让，或成果被省部级及以上有关部门采用等。[①] 学校正视不同类型教师的专业发展要求和特长，鼓励教师差异化发展。

高校教师职称评审权下放给高校后，不同学校教师职称申报条件在基本满足省厅要求的前提下，因校而异。不同学校教师职称的含金量差异很大。这所学校由于高级教师比例已较高，评聘结合、自主评聘，指标受到控制，教师职称晋升要求更高、难度反而加大。根据学校学术委员会表决通过的《教师专业技术职务三年评聘规划（2017—2019年）》，学校2017年评聘岗位数量为正高岗位4个、副高岗位17个、中级岗位24个。教师晋升职称的竞争异常激烈。

七、聘任与考核

2000年，中组部、人事部、教育部联合下发《中组部、人事部、教育部关于深化高等院校人事制度改革的实施意见》，确定了“按需设岗、公开招聘、平等竞争、择优聘用、严格考核、合同管理”的原则，明确了我国高校人事制度改革全面推行聘任（用）制度的指导思想。

这所学校积极推行校内人事管理体制改革，破除职务终身制。2003年6月，学校出台了《关于深化人事体制改革的实施意见（试行）》，提出了“改革考核与奖惩制度”，明确了“对总院领导班子、总院各部门、二级学院（馆）、全体教师及管理人员实行全方位的目标管理责任制，在此基础上加强考核，并以考核为依据兑现

---

① 以往，省部级以上课题和国内一级刊物论文（参照浙江大学期刊标准）是教师申报正高职称的必要条件，一些教学或社会服务业绩突出的教师，因为不具备这个条件始终没资格申报。

奖惩，形成竞争激励机制，充分调动各级领导干部和广大教职工的积极性”，并逐步形成了一系列的考核办法（详见第三章）。

2005 年，学校在 2004 年试点的基础上全面推行全员聘任制，每个聘期三年。学校制定了《岗位聘任制实施办法（试行）》，实施评聘分开，逐步形成了“能上能下，能进能出”的教师聘任制度和竞争激励机制。

在每一轮聘任前，学校公布机构设置方案以及各个职能部门的主要职能①（每个阶段的机构和职能，根据不同时期的实际情况会有一些微小的调整）。学校根据不同岗位的工作特点，对教职员工实行合理聘任、分类管理；与教职员工在平等、自愿的基础上建立起的一种契约关系；实现由身份管理向岗位管理转变，由重身份、重评审、重资格，转向重岗位、重职责、重聘任。每个岗位都有明确的岗位职责，并且“以岗定薪，岗变薪变”。

学校每年年初下发当年度的目标责任制考核实施意见，在年底根据实施意见中规定的目标内容实施考核。除学校的目标责任制考核外，学校每年根据市人力资源和社会保障局的有关规定开展教职员工的年度考核工作。考核结果作为岗位聘任、职称申报、晋升工资、实施奖惩的主要依据，并且实行末位淘汰制。聘期考核排名最后的几名教师或者在新一轮岗位设置和聘任中落聘的人员，在新一轮聘任中实行试聘（学校里称“挂起来”）。试聘期半年，试聘期间的待遇等按文件规定执行。一些考核排名靠后的教师非常紧张，工作态度明显改变，千方百计努力做好相关岗位工作以及科研任务等。

为进一步深化学校人事制度改革，把聘期考核作为增强办学活力、实现发展目标的重要抓手，加强专业技术、管理、工勤技能等各类岗位的队伍建设，全面落实聘任制度和岗位管理制度，强化竞聘上岗意识，科学评价和合理聘用教职员工，2016 年，学校专门制定了《岗位聘期考核实施办法》。学校相关职能部门分类制定了专业技术岗位、管理岗位和工勤岗位的考核标准（含基本要求和业绩要求）。聘期期满后，学校实行聘期考核。聘期考核结果分为两个等级：合格、不合格。聘期考核为合格的，同等条件下，优先聘任原岗位；聘期考核为不合格的，逐级低聘或转聘到其他岗位，并根据“以岗定薪，岗变薪变”的原则，按照《浙江省事业单位工作人员收入分配制度改革实施意见》（浙人薪〔2006〕307 号）和《中共浙江省委组织部浙江省人力资源和社会保障厅关于事业单位岗位管理制度实施后有关问题的意见》（浙人社发〔2013〕106 号）等有关规定，重新确定岗位和绩效工资。

---

① 如 2014 年底，学校第五轮（2015 年 1 月 1 日至 2017 年 12 月 31 日）岗位设置和聘任中，教务处的主要职能是：负责专业建设与动态调整、人才培养方案管理、质量工程建设、教学运行管理（含理论与实践教学）、中高职衔接、学科技能竞赛工作，开展教学研究工作；统筹学校实训基地建设、统一管理校内公共实践教学平台和多媒体教室，负责校外基地建设、运行与评价；编制校内实践教学场所教仪设备购置计划，负责教仪设备的使用、调剂和日常管理维护；结合各专业实际，与招生部门共同编制招生计划；牵头负责状态数据采集、教学业绩考核工作；负责现代教育技术应用推广、教学资源建设工作；负责学术委员会日常工作。

学校将教师考核评价作为综合改革和创新发展的重要内容和关键推手，立足“四有”教师要求和职教师资特点，建立“4＋X”教师考核评价体系，为全面提高技术技能人才培养水平提供坚实的师资保障。因为在加强师德考核力度、突出教育教学业绩、完善科研评价导向、重视社会服务考核、引领教师专业发展等方面进行了一些有益探索，2017 年 8 月，学校入选“高校教师考核评价改革示范校”①。

全员聘任制有助于促进学校人力资源开发与优化配置以及管理队伍建设。它能增强教职员工的竞争意识、危机感、紧迫感，优化管理队伍结构，打破以往“论资排辈”的人事管理传统，更加注重工作实绩。

八、优秀教师表彰和奖励

教师除了需要良好的工作环境、专业发展、职称晋升、培训进修、相对稳定的福利待遇等，还需要获得尊重和必要的激励。

2003—2012 年，这所学校每年都开展“三十佳”②评选活动，对在教学、教育管理和班主任、辅导员工作中取得突出成绩的人进行表彰（之后每两年评选一次）。2011 年开始，每年评选一届（约 20 人左右）“学生最喜欢的老师”；2013 年开始，每年评选一届（约 20 人左右）“师德先进个人”。这些优秀教师代表在各自平凡的工作岗位上用勤奋、执着、智慧和激情抒写了不平凡的业绩。他们是学校干事创业的表率，是比学赶超的标杆，是推动学校改革发展的领头羊。他们凭着对高职教育的满腔赤诚和教书育人的无限热爱，爱心施教、精心育人，细心管理、潜心科研，倾情付出、无私奉献。

学校通过“三十佳”表彰大会或全校教职工大会，对评选出来的先进教师进行表彰；在学校主网页设荣誉殿堂展示优秀教师的先进事迹；举办“最美金职人”系列展，在全校营造崇尚先进、学习先进、争当先进、赶超先进的浓厚氛围。此外，学校还给予先进教师一定额度的奖金；利用假期组织疗休养一次。

由于学校各个阶段的领导总体上都比较重视教师队伍建设，多年来采取了一些比较有效的举措，学校教师队伍总体水平在高职院校里相对是比较高的，但师资队伍建设与管理还有许多方面需要不断地探索创新和改革完善。如：学校在校学生 24 000 多人、教师 1400 人，生师比过高；教师培训进修效果不是很理想，系统性、针对性、专业性不够；虽然条件待遇不错，但因为宣传不够、区位没有优势、没有主动出击，博士和优秀教师引进不多。

---

① 为推动落实《教育部关于深化高校教师考核评价制度改革的指导意见》（教师〔2016〕7 号），在高校自主申报、省级教育行政部门遴选推荐、教育部组织专家审核认定的基础上，确定全国 40 所高校为“高校教师考核评价改革示范校”。浙江省两所：浙江大学、金华职业技术学院名列其中；高职院校仅两所，另一所是南京工业职业技术学院。

② “三十佳”：“十佳”教师，“十佳”教育工作者，“十佳”班主任、辅导员。

第五章　从五位一体到校企利益共同体

产教融合、校企合作、工学结合是高职教育体现类型特色的关键，也是高职院校办学的必然选择。国家有关职业教育的一系列政策基本都有相关的要求。《2003—2007年教育振兴行动计划》(国发〔2004〕5号)指出："高等职业技术学院要加强与行业、企业、科研和技术推广单位的合作，推广'订单式''模块式'培养模式；探索针对岗位群需要的、以能力为本位的教学模式。"《国务院关于大力发展职业教育的决定》(国发〔2005〕35号)要求："大力推行工学结合、校企合作的培养模式。与企业紧密联系，加强学生的生产实习和社会实践，改革以学校和课堂为中心的传统人才培养模式。"《教育部关于全面提高高等职业教育教学质量的若干意见》(教高〔2006〕16号)提出："大力推行工学结合，突出实践能力培养，改革人才培养模式。要积极推行与生产劳动和社会实践相结合的学习模式，把工学结合作为高等职业教育人才培养模式改革的重要切入点，带动专业调整与建设，引导课程设置、教学内容和教学方法改革。"《国务院关于加快发展现代职业教育的决定》(国发〔2014〕19号)进一步提出，要"建立健全产教融合制度，健全促进企业参与制度"。2017年12月，国务院办公厅还专门印发了《国务院办公厅关于深化产教融合的若干意见》。

校企合作与谁合作，合作做什么，怎么合作；产教融合融什么，怎么融合；如何建立校企合作的体制，完善校企合作的机制，努力推进工学结合。面对动态的经济社会发展需求，以及各利益主体日益多元的价值追求，校企合作如何走向稳固、深入、持续，是一个亟待破解的难题。全国许多高职院校在深化教育教学改革中，积极探寻基于不同需求类型的校企深度合作模式。[①] 这所学校在办学之初就非常重视校企合作，抓住校企合作这个"牛鼻子"，在全国知名职教专家的指导下进行了系统的设计和理论的探讨，形成了"五位一体"的办学模式，并不断深化校企合作，较好地促进了专业内涵建设，有效地整合了校内外的资源，显著提升了学校的办学水平。本章主要从五位一体、基地两化、校企利益共同体、高端合作等方面论

---

① 如深圳职业技术学院的"政校行企四方联动、产学研用立体推进"模式，顺德职业技术学院的"政校企合作、产学研结合"模式，杭州职业技术学院的"校企共同体"模式，齐齐哈尔职业学院的"校企合一、产学一体"模式等。

述这所学校的产教融合、校企合作、工学结合的简要情况。

一、五位一体

这所学校在举办高职教育之初，就很重视高职教育研究，发现德国的“双元制”、美国的“合作教育”、新加坡的“教学工厂”、日本的“产学合作”等职业教育办学模式，有一个共同点，即职业院校与企业界有着紧密的联系。当时，国内一些职业院校也开始探索一些基于校企合作的培养模式。如“订单”式、“2＋1”式、“工学交替”式、“双定生”式等。

1998年，学校工商管理系老师在社会调查中发现，金华制药产业发展迅速，并逐渐成为地方经济的支柱产业，但既懂医药又懂营销的复合型人才非常短缺。学校准备在市场营销专业开设“医药营销”班，而集医药生产、经营、研发、教育为一体的海南亚洲制药集团公司正好也急需医药营销类人才。双方一拍即合，合作创办“医药营销班”，联合培养医药营销人才，开始了校企合作办学的尝试。

2003年2月，时任学校党委书记、院长的杜世禄在全校教职工大会上首次明确提出要做好产学研结合，把校企合作放在推动学校发展的重要地位。① 2003年6月，学校召开学科、专业与队伍建设工作会议，明确提出要实行“开门办学、社会办学”，就要对接区域经济社会发展需求，主动走出校门与行业企业紧密合作建立基地，以应用人才培养为目标，一体化考虑基地、招生、教学、科研、就业五大要素，使之产生互动和辐射，各个环节之间相互联系、相互影响、相互促进，逐步形成“五位一体”的办学特色。学校“五位一体”模式的框架逐渐清晰，校企合作工作也逐步规范。学校各专业各显其能，在探索中开创了许多特色性的经验与做法。2003年12月30日，学校举行首届校企合作研讨会暨签约仪式，与22家企业签订了紧密型合作协议，当晚还隆重上演首届校企联营文艺晚会。

学校在深化探索“五位一体”办学模式的同时，通过不断总结从实践上升到理论层面。2004年10月19日，在浙江省教育厅有关领导的主持下，华东师范大学、上海市教育科学研究院、浙江理工大学、浙江师范大学等单位的专家对该校《“五位一体”校企合作高职教育办学模式研究与实践》进行了教学成果鉴定。专家们对“五位一体”办学模式的探索给予了充分的肯定，鉴定认为：“五位一体”模式带有普遍意义和可操作性，是高技能人才培养的有效模式，具有开放办学、社会办学理念和可用教学资源综合利用的高职发展特色，适应高等职业教育的发展要求，在国内同类研究中具有指导意义，对当前我国高职教育发展具有很好的示范作用和推广价值。

---

① 2002年10月30日，学院在五楼会议室召开干部大会，时任金华市委书记的汤黎路，市委副书记、市长的楼阳生送学院新任党委书记、院长杜世禄到任。

"五位一体"办学模式是指面向地方经济社会发展，在双赢、诚信、融通的基础上，通过紧密型校企合作，实现基地、教学、科研、招生、就业一体化，促使教学、科研全面提升，带动招生、就业良性循环的高等职业教育办学模式，其基本要素包括以下几个方面：①

(1) 基地是校企联姻的基础。通过创建紧密型基地，学校与企业的关系由松散转变为紧密，由"邻居"转变为"亲戚"，由单一到多体，使校企成了"一家"；基地对学校的招生、教学、科研、就业环节产生了巨大的辐射和带动作用。

(2) 招生是校企互动的起点。根据企业需求调整专业结构，进一步拓展"订单培养"，让学生进入学校后以企业准员工身份接受高等职业教育；密切关注人才市场和生源市场的变化，将紧密型基地建成招生宣传的窗口。

(3) 教学是校企合作的核心。通过紧密型校企合作，进一步深化教学改革，坚持专业设置与产业发展需求贴近，坚持专业建设与产业结构调整贴近，坚持教学内容与职业需求贴近，坚持实践教学与职业岗位需求贴近。

(4) 科研是校企融合的提升。通过紧密型基地的建设，采取联办应用型研究所、合建学科性公司等方式促成资源共享，解决高校科研与经济建设之间的目标隔离、人员隔离、经费隔离和成果隔离等问题。

(5) 就业是校企双赢的硕果。通过校企双方共同把握市场人才需求，共同实施个性化就业指导，共同实施市场化动作，全面推进学生就业，畅通毕业生的就业渠道，使学校与企业获得双赢的硕果。

从总体上看，"五位一体"办学模式符合开门办学、社会办学潮流，有严密的逻辑性和系统的科学性，其主要特征表现为以下几个方面：

(1) 以系统科学理论为依据。基地、教学、科研、招生与就业相互联系、相互影响、相互促进、密不可分，构成了系统化的培养应用型人才的科学体系。

(2) 以经济社会需求为动力。面向地方经济社会发展设置专业，进行教学科研改革，体现开放办学、社会办学的高职办学理念。

(3) 以教育资源整合为前提。着眼于社会大环境，充分利用社会对教育的热心与偏爱，多途径吸收社会资金和资源，弥补政府投入的不足。

(4) 以紧密型基地建设为重点。突破传统基地是学生实习的单一功能，着重建设多功能的紧密型基地，使其成为实施"五位一体"办学模式的重要基础。

(5) 以拓展多元利益为驱动。从思想感情和文化成分上，加强学校与企业的糅合，实现互惠互利、文化融通、互相促进、共同发展，保持长期的合作关系。

(6) 以提升综合素质为目的。合作形式不拘一格、灵活多样，为学生提供全面

---

① 杜世禄. 五位一体：高职教育办学模式新探[M]. 石家庄：河北教育出版社，2005：11.

的教育服务，为学生养成企业需要的职业能力和综合素质提供理想途径。①

同时，学校将目标责任制考核引入管理范畴，将年度工作目标层层分解，分月度、学期和年度进行考核，并将考核结果作为评先评优、奖优罚劣、晋升晋级和用岗用人的依据。其中，将二级学院工作业绩考核体系分为基地、招生、教学、科研、就业5个一级指标实施动态考核；自主开发了二级学院动态考核管理系统，有效提高了考核工作效率。（具体见第三章）

经过多年的探索与实践，该模式取得了丰硕的成果，并引起了社会各界的广泛关注。2004年，《高职院校"五位一体"办学模式研究》获省哲学社会科学课题立项。2006年，《"五位一体"高职教育校企合作模式研究》获全国教育科学规划教育部重点课题立项；课题组成员在《教育发展研究》等杂志发表《五位一体：高职教育校企合作的新模式》《五位一体 校企合作 打造统筹地方经济社会发展的办学模式》等论文30余篇。

2004年12月18日，《中国教育报》以醒目的标题、较长的篇幅全面报道了金华职业技术学院"五位一体"的办学特色和所取得的成效，并予以充分肯定。

2005年2月2日，《人民日报》第十一版以较大篇幅介绍了学校办学特色。

2005年11月5日，《中国教育报》头版头条刊登了《校企深层合作 魔力如此神奇》一文，全面报道了"五位一体"特色办学经验。

2005年11月12—13日，为期两天的2005年中国高职教育校企合作模式创新论坛在金华职业技术学院隆重举行，该校"五位一体"育人模式得到与会专家的充分肯定；专著《五位一体：高职教育办学模式新探》进行首发仪式。

2005年12月12日，2005年第50期《瞭望》新闻周刊，刊发《五位一体：开创校企合作新模式》一文，聚焦金华职业技术学院"五位一体"特色办学（见图5-1）。

2005年底，该校率先通过人才培养工作水平优秀评估，专家组认为该模式"是一种科学的、行之有效的人才培养模式"。

2005年12月26日下午15时15分，中国教育电视台播出了金华职业技术学院"五位一体"特色办学专题片。

2006年3月1日，中共中央机关刊物《求是》杂志（2006年第5期）刊登了理论文章：《积极探索校企合作的新模式——金华职业技术学院办学的实践与思考》，高度评价了金华职业技术学院成功探索实践的基地、招生、教学、科研、就业"五位一体"办学模式，认为金华职业技术学院"探索出了一条高职教育教学、科研改革之路"。

在这短短的三年左右时间里，学校聚焦"五位一体"办学特色，强化顶层设计，围绕"校企合作"这个关键环节，做足了文章，对内扎扎实实推进教育教学改革；对

① 杜世禄.努力探求"五位一体"高职教育办学新模式[J].金华职业技术学院学报，2005(4):1-3.

图 5-1　2005 年第 50 期《瞭望》周刊

外充分利用各种媒体平台展示学校改革创新的做法和取得的成效，不仅在基地建设、招生工作、教学改革、科学研究、就业工作等各方面都取得了很大成就，使学校办学进入了良性循环，而且显著提升了“金华职院”在全国的影响力和知名度。

二、基地两化[①]

工学结合是高职教育人才培养模式改革的重要切入点。《教育部关于职业院校试行工学结合、半工半读的意见》(教职成〔2006〕4 号)提出，职业院校要进一步深化职业教育教学改革，大力推行工学结合、校企合作的培养模式。在确定教学目标时，要注重培养学生具备适应企业工作岗位的实践能力、专业技能、敬业精神和严谨求实作风以及综合职业素质。工学结合模式的重点是教学过程的实践性、开放性和职业性。这就要求职业院校改善办学条件，特别是要加强实训、实习基地建设。为此，《教育部关于全面提高高等职业教育教学质量的若干意见》(教高〔2006〕16 号)强调：高等职业院校要紧密联系行业企业，厂校合作，不断改善实训、实习基地条件；要积极探索校内生产性实训基地建设的校企组合新模式，由学校提供场地和管理，企业提供设备、技术和师资支持，以企业为主组织实训；加强和推进校外顶岗实习力度，使校内生产性实训、校外顶岗实习比例逐步加大，提高学生的实际动手能力。

这所学校的“五位一体”育人模式倡导以基地为核心开展多元化的校企合作，

① 杜世禄. 五位一体育人模式深化纵览[M]. 北京：文化艺术出版社，2011：85.

是学校在走中国特色高职教育办学之路中的实践选择，与国家倡导的工学结合改革理念在内在逻辑上具有高度的一致性。

针对以往校内实训基地生产化程度不高，基地的建设规划、环境布置和项目设计与生产管理一线的对接、与企业真实环境的匹配、与工作过程的一致性不够；校外实训基地功能单一，没有将专业实训、顶岗实习切实地融入教学中，对企业实践任务与课程内容之间的融合，校内外资源配置之间的衔接系统考虑不够等问题，学校提出了“校内基地生产化、校外基地教学化”的建设理念。学校从校企合作加强基地建设入手，针对基地建设标准是什么，如何建立基地，如何为工学结合实施和实践教学系统化提供支撑等问题，提出了“校内基地生产化、校外基地教学化”的基地建设理念，力求校内基地融入职业、生产要素，校外基地赋予教学、理论要素，二者形成良性互补，以此作为实施工学结合的重要突破口。“基地两化”即建设“具有真实或仿真的职业环境，不仅能开展生产性实训，同时还可以承担生产任务或参与对外技术服务”的校内基地，实现“校内基地生产化”；建设“具有稳定的教学车间、先进的设备和产品、规范的生产（服务、工艺）流程以及技艺精湛的指导师傅，能批量安排学生实训乃至顶岗实习，并承担一定课时的课程教学”的校外基地，实现“校外基地教学化”。

学校以《高等学校专业实验室评估标准（试行）》《浙江省高职高专校内实训基地验收标准（试行）》等教育主管部门实训基地或实验室评估标准为基础，从基地建设的基本要素出发，融入产业、行业、企业、职业和实践要素，分类分层确立建设指标，于 2007 年 10 月下发《金华职业技术学院校内实训基地建设标准》和《金华职业技术学院校外实训基地建设标准》，明确了生产化校内基地的建设要求和工程技术、设计制作、管理服务、公共教育四类示范性校外基地的建设标准，形成了基地“两化”建设的标准体系。其中，校内实训基地按一般、生产化两个层次建设，分类制定校内基地生产化标准；教学化校外实训基地分一般、紧密、示范逐级建设。

（一）学校建设生产化校内基地的主要途径

1. 改造原有基地

将具备传统实训流程但较为分散的原有校内基地在资源组合优化后进行全面改造，按生产要求调整设备选型，融入企业的操作规范、产品流程、工艺和管理模式，营造企业文化氛围和仿真生产环境，如数控加工车间按照不同功能分为车削、铣削和综合加工三个区，分别承担相应的实训项目；采用企业管理机制与考核办法，实训设备按产品生产工艺布局，企业产品作为实训项目的载体，学生在实训过程中为企业加工零件，提高解决问题的能力。

2. 引企入校

学校提供场地，企业投入生产设备、技术和生产流水线，绝大部分岗位由经过培训的学生承担，企业只派驻生产管理人员进行现场管理。如金华南天计量技术有限公司在学校建立“数字传感器”和“电子秤”装配生产线2条，40%的生产能力供学生开展生产实训，校企双方共同开发实训项目，有效缩短学生与职业岗位之间的差距，实现基地优质资源的有效开发和效益的最大化。这类基地生产化程度高，主要适合机械制造、电子信息等专业，用于学生轮岗实训、顶岗实习。

3. 政府资源配置

金华市政府为进一步促进政校企合作、优化资源配置，以5万平方米的金华市科教实训基地为载体，组建金华市生产力促进中心，作为学校与行业企业不断联系的纽带。学校在此平台上不断提升校内实训基地设施设备的生产化程度，并将教学实训内容的更新和企业经济技术发展紧密结合起来。

4. 组建“工作室”或“专业性公司”

将具备完整生产或工作流程的校内基地组建为“工作室”或“专业性公司”。如艺术设计学院的金美科技服务中心，从社会上承接相关业务，按照相应的业务流程对接课程改造成为系列实训项目，在教师指导下由学生完成设计、策划或制作，其成果交由市场或客户检验。实训与经营性生产融合，学生能够在完全真实的生产环境中通过项目化实训培养技能，体验劳动价值。

（二）学校建设教学化校外基地的主要途径

1. 紧密型基地提升

在育人模式的第一阶段，学校依靠主动走出校门，多方寻求支持与合作，建立了一批紧密型的校外实训基地。学校十分珍惜这来之不易的成果，积极追求校企之间更深层次的合作，在合作中逐步将企业项目、案例引入课程，开辟教学场所，承担部分课程的教学，以此来巩固和发展现有的实习基地，密切校企之间的感情。进而，双方介入精细化管理，开展轮岗实训、顶岗实习和课程教学，最终上升为教学化的示范性基地。

2. 科技合作搭台

在与校外基地的合作中，利用高职院校的人才、科技、信息等方面的优势为企业提供智力上的支持，与企业联合建立研究所、学会、技术网站等互动交流平台。学校参与企业的科学研究、技术开发和技术革新，联合申报课题，合作开发产品，解决技术、管理、经营方面的难题，合作中教师与企业技术人员建立良好合作关系。通过科技合作带动全面合作，形成利益共同体，以利益双赢推动持久发展，逐步将教学、课程等要素融入企业，为学生实训创造更多的机会，深化校外基地的教学化功能。

3. 对接企业需求

学校认真、全面地研究合作企业的生产经营特点和发展规划，对接企业生产、员工培训、文化建设等需要，选择企业自身不具备条件的项目作为校企合作的切入点，利用学校人才、科技、设备、信息、文化等优势，整合优质资源，以无偿服务或不以营利为目的的形式服务企业。在为企业服务，建立适应该企业员工学习的立体化学习平台的同时，将人才培养要素引入企业，稳固、提升与基地的合作关系，为学校在企业建立"教学化"基地创造有利条件。

4. 政府支持引导

学校与企业一同积极、主动、不断地与政府主管部门加强联系，争取得到当地政府在政策、法规以及财政上的支持。地方政府一方面与有关部门设立校企合作领导小组，通过建立专项基金、出台税收政策等积极引导企业与学校合作；另一方面在资源共享、就业准入机制、人员互聘等方面积极协调，推动公共事业单位与学校建立战略合作，引导学校完善校企合作的运行机制，为管理服务类、公共教育类专业建立教学化的校外基地破解难题。

5. 课程建设为载体

学校在课程建设上，一方面引导教师深入企业，从生产管理一线选取课程载体和素材，充实课程内容，提高课程的实用性；积极吸纳企业工程技术和管理人员参与开发校本教材，课程教材同时作为企业员工的培训教材，实现课程资源的共享。另一方面在企事业单位设立国家省精品课程工作室，以精品课程建设项目拓展校企双方的合作领域，并以此为平台系统展示课程资源，为深入开展课程教学与实训创造更加优质的条件，提高校外基地的教学化层次。

在基地"两化"建设过程中，学校采取多种形式，利用行业、人缘、地域、新农村建设项目等优势，积极主动地与企业联系，实现校企联姻、文化融通，为企业提供员工培训和技术支持，引导企业专家和技术骨干参与学校的人才培养模式改革、基地建设、课程开发和课程教学、实训指导等专业建设工作。企业为学校提供足量的生产实践岗位，接受学生参加生产实践，接受教师实践锻炼，提供技术开发、产品研发条件，共同推进工学结合的高职教育发展。

通过校内基地生产化建设，进一步明确目标、清晰定位，充分挖掘和完善校内实训基地的教学实训、技能考证、社会培训、技术研发和成果展示等五大功能，把人才培养和社会服务结合起来，发挥学校资源的最大化效益。

学校通过发挥自身应有的社会服务功能，服务当地经济社会发展，将实训基地建设、技能型紧缺人才培养、应用研究和技术开发等工作有机结合起来，充分发挥实训基地的系统功能和作用。基地"两化"建设，特别是校内基地生产化建设，使学校能紧密联系经济社会发展实际，把教学活动与开展社会服务结合起来，不断提升服务能力，建立基地可持续发展的良性循环机制，达到利益共享、文化融通的目的。

通过基地"两化"建设，让学生在直接面向生产、建设、管理和服务一线的真实环境中，先“真刀真枪”地实战，使其了解现代企业的组织结构与经营规则，了解企业工作过程，让学生逐步形成职业实践所需的社会归属感、责任意识和职业创造性，这些经历作为学生求职时的“工作经验”，可以缩短毕业生就业适应期。

学校通过深化基地“两化”建设，全方位“引企入教”，使企业成为学校育人要素的有机组成部分，进而全面促进内涵建设，搭建校企融合的实践教学管理平台，有力保障工学结合的有效实施和人才培养质量的持续提高。

2009 年 8 月，学校相关成果《建设实践教学管理平台：“校内基地生产化、校外基地教学化”的探索》获国家级教学成果二等奖。

三、校企利益共同体

伴随着高职教育的发展和社会经济环境的变化，校企合作的模式逐步演变，并呈现出较为明显的阶段特征。20 世纪 80 年代到 21 世纪初，是我国高职教育校企合作的初起阶段，主要是“企业配合”的单向性浅层次合作。2002 年至 2008 年，是我国高职教育校企合作的快速发展阶段，校企合作主要是“校企联合”的双向性的中层次合作。2009 年后，我国高职教育校企合作在不断的反思和创新中逐步走向深化，主要是“校企一体”的交互性深层次合作。通过实施国家以及省级示范性高等职业院校建设计划，校企合作在深化高职院校教育教学改革、创新人才培养模式、建设高水平专兼结合专业教学团队、提高社会服务能力和培育办学特色等方面发挥了很大的作用。企业在多年的合作过程中感受到高职院校在培养高技能人才、应用研究等方面的优势，参与校企合作的积极性逐步提高。在这一阶段，高职教育界围绕校企合作的体制、政策、动力机制、运行机制、合作平台和教育模式等问题，进行广泛的探讨和研究；广大高职院校在原有合作基础上，探索新的合作模式和运行机制，试图在校企合作方面取得突破。如广东岭南职业技术学院和中兴通讯股份有限公司共建“岭南中兴通讯 3G 学院”，浙江金融职业学院与金融机构共同组建独立设置的银领学院等。高职教育校企合作开始呈现出百花齐放、千帆竞技的态势，其深度和广度都逐渐加强，校企合作趋向于一种“校企一体”或双主体型的、互动性强的深层次合作模式。①

这所学校在原有合作的基础上，紧紧抓住国家加快转变经济发展方式的难得机遇，根据不同产业集群特点、专业群特点及不同类型人才培养途径的差异，深入开展不同层次的校企合作，建设具有“超企业”性质的校企利益共同体，积极探寻校企深度合作的模式和机制，全面推进校企深度合作，共同努力为高职教育的可持续发展和企业转型升级提供强有力的支撑。

---

① 王振洪. 我国高职教育校企合作的演变趋势与深化策略[J]. 浙江师范大学学报(社会科学版)，2011(1)：94-99.

所谓校企利益共同体就是有相互认同的价值观念、共同的目标和利益诉求的职业院校和企业，以校企双方利益为基础并按照一定方式联结而成的技能型人才培养的有机整体。换而言之，就是校企双方为了共同目标而形成的相互依赖、责任共担、利益共享、兴衰与共而又彼此制约的利益结合体。[①]

校企利益共同体不同于以往其他类型的校企合作，它是在校企利益共享、互利双赢的合作理念指导下的新型校企合作方式。根据不同产业集群特点、专业群特点及不同类型人才培养途径的差异，通过在组织、管理、制度、队伍和文化等方面的创新，把职业院校和企业的利益很好地统一起来，并最大限度地满足校企双方的利益诉求，建设具有“人才共育、过程共管、成果共享、责任共担”的校企利益共同体，充分发挥双方的优势，真正实现“合作办学、合作育人、合作就业、合作发展”，形成具有中国特色、地方产业集群烙印的校企合作模式体系。

校企利益共同体成员通常由学校和企业构成，但成员中学校和企业的数量并不确定，合作形式也不局限，可能是一所学校与一家企业的合作，也可能是一所学校与多家企业的合作，或者是多所学校与多家企业的合作等。无论是哪种合作形式，一个共同体是否能形成整体合力，能否努力实现共同目标，要看成员能不能兼顾他人的利益，是否具有统筹自身利益和集体利益的能力。

校企利益共同体的设计基于系统的哲学思考，统筹考虑了各利益主体局部与全面、短期与长期、单项与多项、面上与深度、单赢与共赢、独立与协同等关系。校企利益共同体与以往一般性的校企合作或校企共同体相比较，在合作主体、合作目标、合作领域、体制机制等方面都有较大的不同，主要呈现以下特征：合作主体优势互补、合作目标互惠多赢、合作领域多元拓展、合作体制科学合理、合作机制灵活高效。[②]

校企利益共同体是一种校企深度合作的新模式。学校在建设过程中树立基于利益考量的合作理念，认识到共同体各成员的利益是维系合作关系的内核，通过整合校企资源，优势互补，使双方获得更大的竞争优势，努力实现差异化的利益诉求和利益最大化。学校对接产业集群，在综合考虑相关合作主体利益诉求以及愿景、成长性、规模、资源、能力等要素的基础上，通过深入的沟通交流，选择合适的合作单位，采用“1＋1”“N＋1”“N＋N”等多元合作模式，形成利益共同体。校企利益共同体搭建决策、执行和咨询三层组织构架，合作双方共同组建理事会，实行理事会领导下的院长负责制，并成立由行业企业专家、专业带头人、教育管理专家组成的专业指导委员会，健全管理、制度、经费、政策等支撑共同体规范运作的保障。校企利益共同体在校企合作过程中坚持“双主体”理念，完善校企全程合作的

---

① 李秋华，王振洪．构建高职教育校企利益共同体育人机制[M]．北京：西苑出版社，2011：72.

② 王振洪．基于校企利益共同体的高职育人机制探索[J]．教育研究，2011(10)：59-63.

育人机制，强化合作的制度设计，努力把企业运行与学校办学诸要素有机结合起来，使学校与企业共同成为人才培养主体，让企业发挥学校人才培养的另一阵地作用，真正承担起人才培养的责任。众泰汽车学院挂牌仪式如图 5-2 所示。

图 5-2　众泰汽车学院挂牌仪式

经过几年努力，该校建成“众泰汽车学院”“皇冠学院”“高新 IT 学院”“现代农业技术培训学院”“浙中建筑装饰技术联盟”“创业学院”“尖峰药业金职院药物研发中心”“国际商贸园”“学前教育学教研共同体”“金华旅游研究院”“小学教育教师发展学校联盟”等 11 个校企利益共同体。在各合作主体的共同努力下，该校“校企利益共同体”的建设和运行取得了明显的实践成效，不仅拓展了学校办学功能，而且提升了总体办学水平。

一是有效整合了教育教学资源。通过“校企利益共同体”的运作，把校企双方各种开展人才培养所需要的资源和条件都充分利用起来。通过“引企入校”或联合组建“工作室”“专业性公司”等途径，引进企业标准、规范、环境等要素，提高校内生产性实训比例。利用校企利益共同体的平台，组建专兼职教师互动合作的专业教学团队，为高质量地实施人才培养奠定良好基础。

二是有效提升了人才培养质量。通过“校企利益共同体”的运作，全面促进了相关专业的内涵建设，有效提升了专业的人才培养质量。为了适应企业不断变化的人才需求，在校企利益共同体的平台上，学校与企业共同对市场做出研判，适时调整专业方向或者新设专业，突出专业与产业的对接。学校依托校企利益共同体，树立系统培养理念，培养过程落实“双高管、双专业主任、双班主任、双课程负责人、双指导教师”人员配备，实施“双主体”育人模式。

三是有效增强了社会服务能力。通过"校企利益共同体"的运作，学校与区域经济社会发展的联系更加紧密，社会服务能力明显增强。校企利益共同体在专业办学上，对产业发展的接轨除了紧跟或者伴生之外，还逐步走向主动引领。依托专业优势主持制定编写相关国家职业标准；依托校企共建的专业性公司和应用性研究中心等平台，以迎合新兴产业、伴生支柱产业、引领传统产业转型升级的总体设想，加强应用性的研究、新产品开发和管理流程优化。

四是有效促进了教师专业发展。通过"校企利益共同体"的运作，学校专任教师在企业实践以及与兼职教师互动的过程中，实现了自身专业发展的可持续。学校专任教师到企业实践或当访问工程师，了解本专业的社会需求及其就业岗位对学生的要求，了解典型产品的工艺、流程，掌握新技术和操作技能等，同时习得工作过程知识和实践经验，加深对专业的理解。针对企业产品生产过程中遇到的真实问题和困难，专任教师与企业技术骨干或研究人员联合开展科技攻关，进行新产品的研制开发、新技术成果的转化等，增强了研究项目的针对性。①

2014 年 9 月，学校相关成果《基于"校企利益共同体"的高职合作育人探索实践》获国家级教学成果二等奖。

四、高端合作

2008 年金融危机以后，美、英、日、德、法等发达国家意识到强大的实体经济对于稳定经济和就业至关重要，纷纷实施再工业化等战略，促进制造业回流。2015 年，国务院印发《中国制造 2025》，部署全面推进实施制造强国战略，以期实现"中国制造向中国创造转变、中国速度向中国质量转变、中国产品向中国品牌转变"。"十三五"时期及未来很长一个阶段，我国产业转型升级以及高端装备制造业等高度信息化、自动化、智能化的生产，迫切需要大批高端应用型技术技能人才。

《国务院关于加快发展现代职业教育的决定》(国发〔2014〕19 号)进一步提出：要建立健全产教融合制度；行业部门和组织要制订与产业发展规划配套的人才同步培养计划；职业院校要制订与产业发展对接的教育教学同步改革措施；各地的产业集聚区、科技创新区等要把职业教育作为重要支撑，推进产教融合机制建设。所谓的产教融合，主要是指专业与产业、职业岗位对接，专业课程内容与职业标准对接，教学过程与生产过程对接，学历证书与职业资格证书对接，职业教育与终身学习对接。

这些年来，这所学校紧紧围绕"十三五"规划、省重点校建设目标和国家产教融合战略要求，坚持"夯实基础、做优增量、拓展高端"的工作目标，不断拓展产教

① 王振洪，邵建东，成军.探索建立有效推进校企深度合作的新模式[J].中国高等教育，2012(17)：52-54.

融合高端平台，促进专业建设、学科建设和学生实习就业等工作。2015 年，学校制定《关于进一步推进校企合作的实施方案》，围绕金华五大千亿和浙江七大万亿产业布局，以高端企业合作为抓手，立足校企协同育人，加强产教融合平台建设，通过深化政府、学校、行业、企业合作，实现校企合作机制和人才培养模式的协同创新。学校主动联系世界(品牌)500 强、国内 500 强、浙江省百强企业和大型央(省)企、行业龙头企业、上市企业等一批高端企业，开展高端合作，打造校企合作新高地。学校先后与获"四个强省"领军企业奖的物产中大和获"2017 年全球浙商金奖"的西子联合控股、铁牛集团、海南亚洲制药等高端企业，合作共建实训室、共定培养方案、共育高技能人才等。

学校从 2009 年开始与世界 500 强企业美国德州仪器公司(简称 TI，全球领先的半导体跨国公司，也是世界上较大的模拟电路技术部件制造商)合作，校企共建创新实验室、DSP 应用开发实训室、嵌入式综合应用实训平台等，联合开发"电子电路调试与应用""电子创新设计与制作""嵌入式系统应用""电力电子技术""DSP 技术应用"等实训项目。TI 公司给予器件、开发板、教材、教学资源、软件、综合训练套件、嵌入式开发板、多功能自巡航小车等支持。校企共同开展教育部产学合作专业综合改革项目"基于 TI 器件的模拟电子技术教材教案开发与教师技术培训"、浙江省教育教学改革项目"基于成果为本的四年制高职'1＋N'导师制研究与实践"等项目研究，承办电子信息类专业骨干教师国培项目和全省嵌入式技术与应用开发技能大赛。

学校联合国内 500 强西子联合集团、工业机器人四大家族之一库卡等 2 家高端企业，成功申报了国家发改委"十三五"产教融合工程规划项目——智能化精密制造实训中心，校企合作共同建设岗位专业技能实训基地。该实训中心占地 63 亩，项目预算总投资 1.252 亿元，其中西子航空精密制造实训车间的设备投入为 3213.5 万元，库卡机器人应用实训车间的设备投入为 1571 万元。实训中心以培养高端制造人才为第一要务，校企共同开发智能制造、精密制造、精益化生产的课程与实训项目，开展新产品、新工艺、新装备研发以及智能制造与精密制造的共性技术研究，解决企业生产过程中具体工艺、设备、技术等方面的问题。项目建成后具备生产、教学、培训、研发等功能，同时可向周边企业和职业院校开放。

学校与物产中大签署战略合作协议，主动对接集团需求，在落实人才需求预测、专业调整与设置、人才目标定位、课程开发、教材建设、实习实训、毕业生就业、基层党建、师徒结对、项目研发、实习就业等方面开展深度合作。

学校与金华市经济和信息化委员会(简称经信委)联合，以新能源汽车产业链为纽带，整合政府、学校、新能源企业等单位优势资源，共同发起成立金华市新能源汽车产教联盟。产教联盟推进校企之间技术共享、协同创新、应用推广的范围，全面做强产业链，加快发展浙中新能源汽车产业，培育新经济增长极，抢占高端产业制高点，全力推进关键核心技术的攻关，推动产业化发展，积极培育和扩大市场需求，加快新能源汽车应用配套设施建设，加强国际产业和技术合作，构建大开放、大合作、大创新的发展格局。

此外，学校还与杭钢集团等 3 家公司共同组建幼教集团，学校以学前教育专业的优势资源入股，打造幼教连锁品牌；与贝因美集团合作，探索筹建混合所有制的贝因美亲子教育学院；与华东医药签约，双方将在健康服务人才培养、师资培养、健康产品开发、人力资源和社会培训、课题攻关、共建共享实践基地等方面展开合作，携手推进健康服务校企利益共同体建设。

第六章　专业建设为重点的教育教学改革

专业建设与教育教学改革是高职院校内涵发展的重点。专业建设水平是高职院校最核心的竞争力，直接影响学校的人才培养质量和社会服务能力，反映学校对社会经济发展和产业转型升级的适应程度。这所学校高度重视专业建设和教育教学改革工作。如前所述，这所学校在对二级学院的年度目标责任制考核中，教学工作业绩和专业建设重点突破与特色创新项目是最主要的部分，占 60% 的权重。多年来，学校紧紧抓住专业建设这个“牛鼻子”，以优势专业、特色专业、骨干专业建设项目为依托，带动教师队伍、实训条件、课程资源、校企合作、教学管理等整体建设，全面提升办学水平、人才培养质量和服务经济社会发展能力。本章主要从专业建设、人才培养模式改革、课程建设与改革、教学管理创新、学生职业技能竞赛等方面论述这所学校专业建设与教育教学改革的简要情况。学校各专业的师资队伍、校企合作、实训基地建设等内容参见本书前面相关章节。

一、专业建设

建校初期，因为学校主要由一些中专升格而来，专业建设的主要任务是改造原有的专业以及增设新建专业。[①] 从 2001 年完成 6 校合并之初的 26 个专业起步，学校抓住我国高职教育规模发展的重要机遇，在此之后的几年间平均每年新设专业 5 个，到 2010 年实际招生专业达到了 79 个，覆盖了 19 个专业大类中的 15 个，与区域电子信息、机械制造、新能源汽车、网络经济、生物医药等新兴产业、优势产业、支柱产业，以及包括卫生、教育等社会事业在内的现代服务业形成了有效对接，基本形成了面向区域产业链或岗位群的专业体系。学校规模快速扩大，招收学生数从 1998 年的 700 人逐年增加到 2008 年的 8800 人，此后每年稳定在 8000 以上。但一所学校的专业并不是越多越好，规模也不是越大越好，关键是既

---

① 1994 年，学校设置机械制造与制造自动化、涉外文秘、房屋建筑工程等 3 个专业；1998 年，学校独立招生，在原有理工学院专业基础上，筹建汽车制造与维修、市场营销 2 个专业；1999 年增设护理学（高职）、畜牧兽医（高职）2 个专业；2000 年增设计算机技术与应用、装潢艺术设计、投资理财与经纪、园艺、农林经济管理、全科医学、医学检验、服装设计等 8 个专业；2001 年增设通信与信息技术应用、电子商务（技术方向）、律师事务、学前教育、音乐表演、现代农业、妇幼卫生保健、天然药物、环境保护与治理、初等教育（专科）、实用英语等 11 个专业。

要适应区域经济社会发展需要，又要形成自己的办学特色，能够实现可持续发展。因此，这所学校在专业建设过程中，逐步建立了专业动态调整机制，并强化了重点专业建设。

（一）专业动态调整

学校明确高职专业与现代产业体系建设接轨的指导理念，2005年设立专业规划与发展指导委员会，主动服务区域经济社会发展和产业结构转型升级，动态优化专业结构，积极构建与区域产业体系相适应的专业体系。示范建设以来，学校进一步聚焦内涵发展，开始主动调整专业设置，开展“从调研找差距、从数据看质量、从内涵谈发展”的专业深度剖析，建立专业综合评价模型。

学校专业如何实现动态调整？设置新专业的风险如何控制？这所学校坚持需求导向和市场导向，根据地方产业布局，对接新兴产业、政府支持产业设置新专业，适应产业转型升级和人力资源市场对人才需求的需要，加大专业调整和资源整合的力度，逐步建立起了“增、调、稳、退”相结合的专业设置、调整、良性发展机制。首先，对于处于上升发展周期的朝阳产业、新兴产业、国家或地方重点扶持的产业，及时增设或重点支持其对应的专业，如2008年依托义乌商贸市场开办了应用阿拉伯语专业，2012年物联网专业开始招生。其次，面对地方支柱产业的转型升级，及时调整原有专业的培养方向，如将机械制造与自动化专业逐步调整为电动工具方向和自动化两个方向。再次，对产业之间通用性较强、就业状态良好的医学、师范、管理服务类专业基本稳定其规模；对处于产业发展的衰退期、不能升级换代的专业则压缩规模，乃至退出。最后，科学预测产业发展趋势，根据会展经济、传媒产业蓬勃发展的情况，在高职院校内较早设置了传媒策划与管理、会展策划与管理等专业；依托艺术类专业，为地方文化传承、地方古建筑保护等开展了人才培养和服务。

2015年，学校制定了《金华职业技术学院2015—2018年专业发展规划》，依据“做大产业核心专业，做实产业相关专业，缩减产业末端专业，停招产业淘汰专业”的建设思路，适应浙江省七大万亿、金华五大千亿产业以及现代农业、文化教育等的发展布局，组织各专业群开展了新一轮“从调研找差距，从数据看质量，从内涵谈发展”的人才需求调研和专业深度剖析，进一步加快专业结构优化。2014级停招4个专业，2015级停招了道路桥梁工程技术、动物防疫与检疫、生物技术及应用、印刷图文信息处理、旅游英语等7个专业，招生专业控制到了63个；积极改造一批老专业，如以电子商务专业为主体，成立浙江省第一家网络经济学院——金义网络经济学院，着力培养复合型、应用型的技术技能人才。同时，认真开展浙江省首批高职四年制人才培养试点，恢复与浙江师范大学合作的小学教育专业本科教学点。

为加快专业结构调整，学校在二级管理和分配体系内，实行了招生指标与专业需求状况及办学质量的挂钩机制，在招生指标的分配上留出10%的额度，经过综合评价后进行调配，进一步完善专业动态调整的激励机制。

（二）品牌专业建设

一流学科是世界一流大学的关键要素，同样，品牌专业是高职院校提升培养质量、强化办学特色的关键。这所学校根据原有办学基础和区域经济社会发展需求，合理进行资源调配，把优势、特色专业做精做强，打造一批有社会影响力的专业品牌。

学校积极推进国家、省、校三级品牌专业建设，促进专业内涵发展的全面升级。机械制造与自动化、应用电子技术、护理为中央财政支持的国家示范建设专业，机械制造与自动化、学前教育、护理为省优势专业；有省特色专业11个，国家教改试点专业1个，教育部高职高专教育紧缺技能型人才培养计划建设项目专业和教育部、卫生部卓越医生教育培养试点项目专业各1个，中央财政支持的提升专业服务产业能力建设专业2个，校级特色专业9个，开展中高职衔接教育的专业17个。同时，临床医学专业定向培养农村社区医生，并入选全国第一批卓越医生教育培养计划试点项目；学前教育专业主持编制全国高职高专学前教育专业教学标准、主持国家资源库建设，成为专业同行的“领头羊”；护理、机械制造与自动化、艺术设计、电气自动化技术、环境监测与节能减排技术等专业获批中央职教实训基地；小学教育、畜牧兽医等专业传承了深厚的历史底蕴，是目前区域小学教师、基层畜牧人才的主要培养点；2014年成立的“金义网络经济学院”，对接金华网络经济“一号产业”整合相关专业，以更加开放的姿态培养急需人才。学校重点建设专业一览表如表6-1所示。

表6-1 学校重点建设专业一览表

类 别	专业名称	所属二级学院
中央财政重点支持建设专业	应用电子技术	信息工程学院
	机械制造与自动化（电动工具）	机电工程学院
	护理	医学院
地方财政重点支持建设专业	市场营销	经济管理学院
	畜牧兽医	农业与生物工程学院
	艺术设计	艺术设计学院
	药品生产技术	制药与材料工程学院
国家教改试点专业	应用电子技术	信息工程学院
教育部高职高专教育紧缺技能型人才培养计划建设项目	护理	医学院

续表

类　　别	专 业 名 称	所属二级学院
教育部、卫生部卓越医生教育培养试点项目	临床医学	医学院
教育部首批现代学徒制试点	汽车制造与装配技术	机电工程学院
	酒店管理	旅游与酒店管理学院
首批全国职业院校养老服务类示范专业点	护理	医学院
中央财政支持高等职业学校提升专业服务产业发展能力项目	电子商务	经济管理学院
	畜牧兽医	农业与生物工程学院
浙江省四年制高等职业教育人才培养试点	电子信息科学与技术（电力电子技术）	信息工程学院
	机械设计制造及其自动化（工艺装备自动化技术）	机电工程学院
浙江省重点专业	应用电子技术	信息工程学院
	护理	医学院
	旅游管理	旅游与酒店管理学院
浙江省高职高专院校优势专业	机械制造与自动化(电动工具)	信息工程学院
	学前教育	师范学院
	护理	医学院
	应用电子技术	信息工程学院
	畜牧兽医	农业与生物工程学院
	艺术设计	艺术设计学院
浙江省高职高专院校特色专业	应用电子技术	信息工程学院
	机械制造与自动化(电动工具)	机电工程学院
	汽车检测与维修技术	机电工程学院
	会计	经济管理学院
	电子商务	经济管理学院
	学前教育	师范学院
	畜牧兽医	农业与生物工程学院
	园艺技术	农业与生物工程学院
	护理	医学院
	艺术设计	艺术设计学院
	药品生产技术	制药与材料工程学院

二、人才培养模式改革

高职院校的专业有特定的人才培养目标和培养规格，需要有特定的人才培养方案[①]，需要有实现这些培养目标和培养规格的特有方法或手段，即专业人才培养模式。这所学校树立以学生为本的核心理念，整合与优化校内外各类教育资源，做好顶层设计，指导各重点专业将区域行业企业特征和专业自身优势进行对接，以职业能力培养为主线构建基于工作过程的课程体系，以工学结合课程实施和实践教学组织为重点形成具有专业个性的人才培养模式。

（一）机械制造与自动化专业："互换式"人才培养模式

该专业构建了围绕电动工具设计、制造、检测三条能力主线，串接公共基础、专业平台、电动工具方向、综合训练四类课程，兼顾职业规划和职业拓展两翼的"342"课程体系。学校借助企业的技术资源、智力资源、设备资源和职业环境培养高素质技能型人才；企业利用学校的师资优势、设备优势和教学环境开展职工培训、新产品研制、技术交流和行业资源库建设，创设以校企"智力、技术、资源、角色"互换为特点的"互换式"人才培养模式。

1. 校企智力"互换"

构建区域电动工具技术联盟，将专任教师与企业技术人员纳入同一个管理平台。专任教师进入产品研发团队，参与新产品开发和技术服务；企业技术人员承担专业课程教学，指导实践教学，举办专业讲座。

2. 校企技术"互换"

在课程与资源库建设上，采用校企共建共享的方式，每门专业课程都确定相应的共建企业，校企共商课程内容，共编实训教材，共同实施教学。建立中国电动工具技术联盟网站，校企共同收集产品技术资料、标准、工艺文件等行业资源，建设教学资源库和共享型行业资源库。

3. 校企资源"互换"

通过引入企业、合作共建、车间化改造等多种方式，建设可承担企业生产任务的校内实训基地，强化校外实习实训基地的教学功能，不仅解决了实训条件不足

---

① 学校依据高技能人才培养的目标定位，从职业岗位要求出发，围绕"岗位、能力、课程体系、培养途径和方法、考核评价"五大要素，归纳总结出人才培养方案系统设计路径：从社会、行业企业、毕业生、兄弟院校等调研入手，明确专业预期的职业岗位，确定培养目标；从岗位工作任务与职业能力分析入手，明确毕业生知识、能力、态度要求，确定专业核心能力，以此形成专业培养规格；根据培养目标和规格，构建工作过程系统化的课程体系，开发支撑专业核心能力的核心课程，设计层次清晰的专业实践教学系统；根据专业对应的产业特色与自身特点，构建具有专业个性的人才培养模式，着眼于人才培养途径和方法的设计与优化；制定科学的评价方案，合理设定毕业条件，构建教育教学质量保证体系。

的问题，而且企业的生产场所也得到了扩展，并真正达成了在真实职业环境中开展课程教学的要求，实现了校内外培养的优势互补。

4. 学生与员工角色“互换”

在顶岗实习过程中，学生作为企业准员工，真正进入职场；同时企业员工作为学员，由专任教师进行培训，提升其专业素质。在此过程中，校企相互协商确定实习计划及培训计划，共同承担学生实习与员工培训过程的管理和考核，保证顶岗实习与技术培训的效果。

（二）应用电子技术专业：“能力递进、角色转换”模式

适应区域电子信息产业“小企业、大集群”的特点，行业、学校与企业共建教学资源，开发以“测控电子产品开发、生产、销售过程贯通式”为主要特征的学习领域课程方案，按照从电路识读与组装、电路设计与装调到产品设计与制作的“能力递进”轴线落实课程衔接，系统组织课程教学、实习实训和顶岗实践，使学生完成从“新员工”“技术工人”到“高技能人才”的角色转换。

1. 入企培训和环境熏陶，学生成为“新员工”

第一阶段，结合始业教育、“员工职业规划与入企培训”等课程的教学，开展员工职业规划，依托校内外基地开展入企培训，学生在具有企业职业氛围的环境熏陶下逐步增强职业认同感；以典型电子产品为对象的单一性工作任务贯穿专业基础课教学，学生通过仿真实训培养电路识读、仪器使用和组装测量等基本技能，逐步成为“新员工”。

2. 反复训练和岗位轮转，学生成为“技术工人”

第二阶段，以包含复合性、隐含性工作任务的学习领域课程为主体，实施教学做一体的“工作化”教学模式，对学生进行专业技能的反复训练；依托校内生产线和产品类型各异的生产企业，学生通过岗位轮转掌握 PCB 设计、电路调试、产品质检和产品维修等专业技能，完成从新员工到“技术工人”的转变。

3. 综合训练和顶岗实践，学生成为“高技能人才”

第三阶段，在暑期专业实践的基础上，系统安排以真实产品为载体、突出实物制作的“智能电子产品设计与制作”“PLC 控制系统设计与调试”等专业课程和拓展课程，学生在“职业化”环境中进行产品开发、方案设计和整机联调的综合性训练；半年顶岗实习和毕业设计相结合，进一步强化综合职业能力和职业素质，学生逐步成为“高技能人才”。

（三）护理专业：“院校融通、学做一体”模式

适应医护教育发展新趋势和医疗服务市场新变化，以“仿真医院”和“虚拟学院”建设为载体，实现医院和学校在环境、文化、管理、课程和师资上的融通；以人

的生命周期为主线架构通用护理课程，以重要工作任务为依据设立专门护理课程，系统设计学习性工作任务；以病案教学为主开展“教学做评”一体化教学，全面提升学生的综合职业能力。

1. 基于护理工作过程，重构课程体系和实践体系

以护理岗位需求为导向，以护理工作任务为主线架构“知识、能力、素质三线并进，基本护理、专科护理、综合护理能力三能合一”的课程体系，形成“单项实训—仿真实训—教学实习—毕业实习”阶梯深入、能力递进的实践教学链，让学生在职业实践过程中形成综合职业能力。

2. 建设“仿真医院”，搭建“教学做评”一体化平台

将校内华夏护理实训基地升格打造成为“仿真医院”，作为学习性工作任务和临床工作任务有机融合的载体，开展实境化教学。通过专业教育与职业文化熏陶全程融合、环境适应与素质培养院校相通、教师与护师专兼团队双向流动、知识学习与技能提高整合交互、书面考核与计算机模拟考核的有机结合，搭建“教学做评”一体化平台。

3. 建立“虚拟学院”，健全网络化临床实习管理

依托校外基地，建立机构健全、管理严密、职责明确的“虚拟学院”——福音临床学院。通过开发实习管理网络系统，实施以协作委员会为主体，以临床管理办公室、专业学组和区域工作站为架构的临床实习分级管理，构建实习生双重指导制、多元评价制与多重监督制的指导、督查、考核、评价机制，实现“学做一体”和全程监控，显著提高了工作效能和管理质量。

此外，学前教育专业致力于全面提升幼儿教师培养质量，针对传统实践教学存在的问题，对专业实践教学体系进行了重构，形成了“见习—课程实训—跟班实习—顶岗实习”渐进式的、集中与分散相结合的“走园”实践教学模式，相关成果获得国家级教学成果二等奖。① 2014 年学校获得的四项国家级教学成果奖证书如图 6-1 所示。

汽车制造与装配技术专业和酒店管理专业在校企利益共同体建设经验的基础上，分别与众泰控股集团、浙江南苑集团两家优势“产业链”骨干企业合作开展基于“双基地轮训、分阶段培养”的现代学徒制试点探索，建立起一套企业全程参与的有效教学管理制度和教学组织实施流程，解决目前高职院校人才培养中普遍存在的职业技能不精、职业素养不高、无法胜任岗位工作的问题。

---

① 学校教务处一方面高度重视教育教学改革的探索与实践，另一方面也非常注重相关的研究和成果凝练，指导相关教学团队做好顶层设计和前期培育工作。学校多项教学成果获省级以上教学成果奖，仅 2014 年就有《基于“校企利益共同体”的高职合作育人探索实践》《基于现代信息技术的“四方参与、四类评价”高职教学质量管理及平台建设》《“走园”教学——学前教育专业实践教学模式的构建与实践》《高职园艺植物生产类课程“真实生产 模拟经营”的教学实施》等四项成果获得国家级教学成果二等奖。

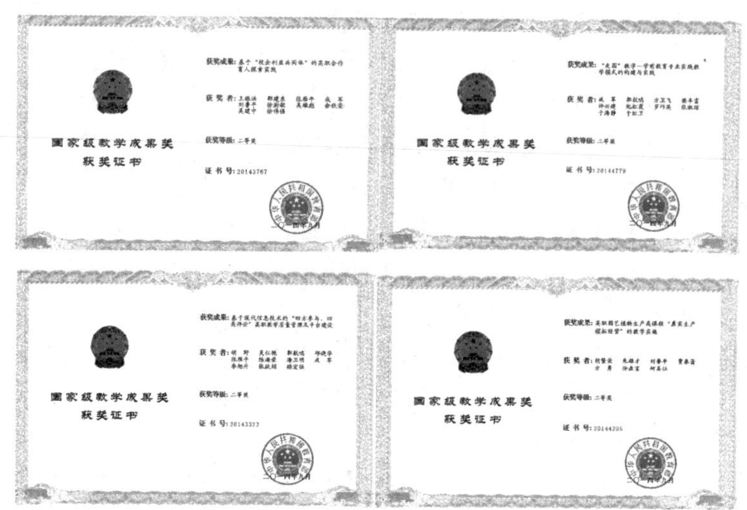

图 6-1 2014 年学校获得的四项国家级教学成果奖证书

三、课程建设与改革

课程是对教育目标、教学内容、教学活动方式的规划和设计，是培养方案、教学标准等诸方面实施过程的总和。课程是高职院校人才培养的主要载体和重要基础，也是体现高职人才培养特色的关键。这所学校在专业建设过程中非常重视专业课程体系重构和专业课程开发，多次邀请姜大源、赵志群、徐国庆等全国知名职教专家来校指导课程建设。学校各专业依托区域优势产业及骨干企业，遵循职业导向的课程开发路径，对课程进行工作过程系统化改造和配套建设。在专业课程改革的同时，逐步推进公共基础课改革以及教学资源库建设。

（一）基于工作过程系统化的专业课程建设

学校提出“职业导向的课程开发与建设”理念，通过研究、实践，归纳总结出专业课程开发路径：根据产业、行业、职业和专业特点，依托区域优势产业及骨干企业，确定专业核心能力与关键技能，由企业专家参与确定“基于工作过程、定于工学结合”的专业课程体系和核心课程；依据行业、企业、职业标准，以工作过程为参照系确定教学内容、制定课程标准；遵循学生职业能力培养的基本规律，以真实工作任务及其工作过程为依据整合、序化教学内容；科学设计学习性工作任务，灵活设计项目教学、案例教学、情境教学等教学方法和手段；与行业企业共同开发实训教材、课程网站、教学及评价量表等教学资源。

围绕“精心建设”和“精细运行”两个重心，抓住构建校、省、国家精品课程梯队，组建开发、技术、指导和管理多元团队，强化校企、校校和校内合作三个关键，落实“学习辅导先行、示范专业引领、重点苗子培育、竞争机制推进、课程资源成库、课程运行验证”等六个方面的课程建设工作举措，全面提高建设成效。

机械制造与自动化专业借助行业企业的优势资源，融入企业的产品和标准等元素，校企共建体现工作任务导向的专业课程；应用电子技术专业通过选择典型电子产品为载体设计学习情境，开发了基于工作过程系统化的课程；护理专业适应社会健康服务需求的转变，按照护理工作岗位、工作过程设置课程，7 个重点专业课程建设成效显著。2003—2016 年，学校有病原生物与免疫学基础、蔬菜生产技术、成型设备操作与调试、电工电子技术、宴会策划与设计等 33 门课程，获批成为浙江省精品课程。2006—2010 年，学校的 CAD&CAM 软件应用、研究性学习、小学语文新课程教学法、电子商务实务、智能电子产品设计与制作、蔬菜生产技术、成型设备操作与调试、急危重症护理、围手术护理技术、电子电路调试与应用、电动工具检验与测试、电动工具结构设计与制作、药物化学与工艺、VI 设计、小学班级经营等 15 门课程，先后获批成为国家精品课程。2013 年，上述 15 门课程全部升级为国家资源共享课，同时，幼儿教师音乐技能和教育活动的设计与实施也成为国家资源共享课，共计有 17 门国家资源共享课。

（二）“职业导向、融入专业”的公共基础课改革

以“职业导向、融入专业”为原则进行公共基础课程的改革，从符合职业要求、体现岗位特点出发，将公共基础课置于整个专业中考虑教学内容、课时分配和教学要求。在各专业指导委员会的指导下，从学生职业素养培养和知识实用性要求出发，确定公共基础课程教学内容；按照不同课程的特点，采用分类分层、显性与隐性相结合、案例教学、选项制、模块化等灵活多样的教学方法精心组织教学；运用阶段评价、目标评价和理实一体化评价等多元评价手段，使基础课教学能够全面促进专业人才培养目标的达成。其中，思想政治课着眼于构建“大思政”课程体系，采用“专题＋项目”方式；体育采用“选项＋俱乐部”方式；英语采用“基础英语＋行业英语”方式，行业英语分 IT 行业英语、电子信息行业英语、机械行业英语、医护英语等 8 类进行课程开设；计算机基础则采用“基础＋模块”方式；而语文、数学等由专业指导委员会在内容菜单中进行选择。针对学生学习基础的不同，英语、计算机等课程均在摸底考试后采用分层教学。

例如，“思想道德修养与法律基础”设计主题突出、特色鲜明的若干专题，配合专题设计实践项目，教学内容针对不同的专业群有所侧重。针对文秘专业，本课程以活动为载体，设计了“职业生活体验”“人际协作改善”等 12 个教学专题和“走进职业”“追寻职业榜样”等 4 个实践项目，对学生开展素质教育。又如，“机械行业英语”面向机械制造类专业开设，以职场交际为目标，选用机械制造行业工作背景材料设计教学内容，语言交际体现机械制造行业特色，着重培养学生实际应用

英语的能力。

（三）教学资源库建设

学校着眼于数字化校园规划与建设，建成了信息门户、统一身份认证和共享数据中心三大基础平台，校园网出口带宽达到了 2130 Mb/s。学校与得实信息科技（深圳）有限公司合作开发共享型专业教学资源库平台，该平台分为子库导航、主题导航、课程导航等三大模块。经过充分论证，架设专业教学资源库层级，各专业设置专业概览、专业师资、两化基地、课程标准、行业资源、网络课程、电子教案、教学课件、教学案例、教学录像、习题试题、实践指导、电子教材和特色资源子库。其中，专业概览主要是人才培养方案、专业标准、专业建设方案等内容；课程标准、行业资源主要是课程与职业标准；专业师资、两化基地主要是教学条件展示；网络课程为各课程网站链接；特色资源为各专业的特色内容；其余各栏目为课程素材与学生指导。平台可按照基地、招生、教学、科研、就业进行主题导航，也可按课程进行导航，查找、检索方便。通过校企多方联动建设，不断拓展资源内容，提高资源质量。同时，搭建网络教学平台，结合精品课程建设与实施，制定《网络教学评定标准》，开展专项评价，使专业教学资源真正起到辅助教学、促进自主学习的作用。

2012 年，面对学前教育专业优质教学资源缺乏且分散等突出问题，学校发挥专业优势，以 5 项浙江省高等教育教改项目（含课改项目）、5 项校级成果为基础，依托全国教科规（重点）课题“构建一体化的学前教育专业教学资源体系研究”和国家专业教学资源库建设项目，创新构建了以“能学、辅教、开放、共享”为功能定位的“学前教育专业教学资源库”。资源库依据“颗粒化资源、结构化课程、系统化设计”的建构思路，聚焦教学难点、重点，取材于幼儿园真实案例，通过将资源碎化成以知识点、技能点为最小单元的“颗粒”，再对接《教师教育课程标准》等标准进行“重构”，实现整体开发。2015 年，学前教育专业教学资源库以优异的成绩一举通过国家教育部门验收。截至 2017 年底，资源库已收纳 3 万余个颗粒化资源，涉及 7 种媒体类型，24 种应用类型；形成了学习中心、教育研究、特色资源等 6 大资源模块，24 门结构化示范性课程，10 个虚拟实训特色系统。

此外，学校参与了国家级专业教学资源库建设任务 9 项，其中核心参与 2 项，主体承担 4 项，评选校级优秀专业教学资源库 11 个。2017 年 1 月，学校与宁波卫生职业技术学院、全国卫生职业教育教学指导委员会联合主持的职业教育康复治疗技术专业教学资源库被确定为 2016 年度职业教育专业教学资源库立项建设项目；2017 年 9 月，学校制药与材料工程学院和徐州工业职业技术学院联合主持申报的药品生产技术专业教学资源库被列入国家级备选资源库。

四、教学管理创新

高职院校在短短20年左右的发展阶段，承担了一系列的教育教学改革任务，在专业设置、课程建设、校企合作、实训基地建设、人才培养模式、教学方式改革等方面，都需要根据职业教育的类型特色去策划、设计，同时也需要教学管理创新以适应初始阶段的高职教育发展改革进程。这所学校通过深化内部管理体制改革，再造教学管理流程，创新教学管理制度和方法，完善了以实践教学管理为重点、贯穿教学工作全过程的教学管理体系，确保了工学结合的有效实施和教学过程的高效、灵活运转。

（一）完善适应工学结合的教学管理制度

学校组织制定(修订)了决策、执行和操作层面的一系列制度和作业文件，确立了教学管理各环节的工作流程、标准和细则，保证工学结合落实到位。

1. 决策层面

制定了《关于深化工学结合人才培养模式改革的实施意见》《关于进一步加强专业建设的若干意见》《工学结合课程和教材建设的实施意见》《关于加强校企合作实践教学管理工作的补充规定》《关于颁发工学结合工作经历证书的管理办法》等制度，明确了工学结合改革和实施的要求、规范。

2. 执行层面

由教务处、基地管理办公室牵头修订《教学工作两级管理实施细则》《教师教学工作基本规范》《实训教学管理细则》《实习教学工作管理规程》《毕业教学环节工作规范》《学生顶岗实践管理规定》等制度，对生产性实训、顶岗实习等实践教学环节的兼职教师实践指导和学生职业规范、劳动安全等加以重点管理。

3. 操作层面

二级学院、专业和基地引入相关企业管理标准和流程，共同制定管理细则和教学实施方案，设计一体化课程教学、生产性实训、顶岗实习等环节的作业文件，包含实施计划表、任务单、咨询单、分组单、项目任务报告单、检查单、结果评价单、教师反思单等系列量表，有效控制实践教学的过程质量。

（二）以信息化建设推进教学运行的精细管理

在原有教务管理系统的基础上，自主开发教学计划管理、教学改革项目申报、状态数据收集、教材申报与征订管理等系统，合作开发适合工学结合实施要求的网络化教务排课系统，实现了学生评教、学生选课、考务组织和学籍管理等信息的同步更新和网络化运行。

在排课系统中，采用“按周排课制”，即按照不同课程和实践教学的时间、场所、师资、分组要求，全校统一安排流动教室、校内外实训场所与师资等教学资源，将各个班级的阶段性教学内容落实到各周的课务安排中，并可按班级、教师、教学场所等查询全学期任何一节课的教学安排，重点解决了企业生产复杂性给学校教学安排与管理带来的困难。

（三）开展“四说”“四重”“四接”“四促”活动

针对后示范时期，如何深化专业内涵建设，特别是如何推进特色专业建设等问题，学校通过开展“专业主任说专业，课程组长说课程，骨干教师说课堂，专兼团队说项目”的“四说”活动，以专业为单位的“重点观摩三堂示范课，重点推进三项教学改革项目，重点做好三项社会服务项目，重点建好三个规范化实训基地”的“四重”活动，针对重点专业的“课程研究对接应用型学科的发展，课堂管理对接示范课堂的设计，实训运行对接高素质养成的要求，专业提升对接高端产业的需求”的“四接”活动，以及全校层面的“以微课、精品课建设促课程载体多元，以平台课程建设促专业群转型升级，以示范课堂建设促课堂教学质量提高，以课题招标与自选结合促教改效率优化”的“四促”活动，建立了循序渐进、多层次、人人有项目的主题教研活动内容体系，活跃教学创新的氛围，推动教师教育教学能力的全面提升。通过在国家示范专业和省级、校级特色专业重点试行，带动全校专业建设，各专业积极探索行动导向教学，突出学生主体作用，倡导探究式、团队合作式、任务驱动式项目教学，切实提升课程教学的有效性。

（四）聚焦课堂教学启动“六个一批”工程

2013 年以来，学校开展了校、院、专业三级“百门示范课堂”评选，由“学生投票、学院推荐、推门听课、专家审核”遴选出在教学资源应用、教学组织与教学方法、教师教学风范、双语教学、教学课件等方面各具特色的示范课堂，发挥优秀教师的示范作用，引领和带动优质、高效课堂的建设。经过两年四个轮次的分层分类遴选，共有 700 多位教师参与，共评选出校级示范课堂 98 门、院级示范课堂 300 门左右、专业级示范课堂 500 门左右。2014—2015 学年第一学期完成了最后一批“示范课堂”建设，并通过教学视频在线观摩、教师宣讲、教研活动研讨等方式，开展典型课堂教学经验的全校性推广。

在“示范课堂”建设的基础上，开展课堂教学“六个一批”项目建设，进一步推进课堂教学创新。2014—2015 学年，校级层面共遴选出 17 门平台课程、20 门实训课程、39 门系列微课、24 门资源共享课、26 门创新课堂，遵循“学院验收，学校抽检；注重实施，边建边用；个性创新，体现成果”的建设原则，培育了一批教育教学改革和课堂教学改革研究与实践项目。为推动优质课程建设，要求各二级学院参照学校做法，建设不少于推荐校级数量 2 倍的院级优质课程。以“六个一批”项目为抓手，探索形成了一批典型课堂教学模式，如"基础英语"课程实施激发高职生英语学习情感"正能量"的"九步曲"教学法，"外贸核算"等课程实施基于微课的翻转课堂教学，"机电产品造型设计"等设计类课程基于创客理念进行课程教学设计和实施，"汽车电路与电子系统检修"探索游戏闯关模式的实训教学与评价改革，等等。

（五）强化顶岗实习的组织与管理

学校明确了学生半年以上顶岗实习要求，推行顶岗实习手册和指导教师工作手册制度，对顶岗实习的组织管理进行综合考核和评价，并要求各专业系统设计顶岗实习内容，细化顶岗实习安排，校企双向介入加强顶岗实习管理，全面提升顶岗实习效果。

1. "12345"顶岗实习管理模式

电子信息类专业为突破分散实习管理难的瓶颈，建立了1个顶岗实习管理网，围绕职业素养和岗位技能提升2个目标，关注工作、指导、就业3种状态，通过现场、电话、E-mail、Web交互4种手段进行指导与跟踪，设置出勤、工作质量、工作量、工作日志、总结答辩等5个考核点，形成了"12345"顶岗实习管理模式。网络化管理符合青年学生的心理，便于教师与学生及时沟通，有利于掌控学生状况和顶岗实习质量的提高。

2. "滚动式"顶岗实习模式

化工制药类专业按照化工医药企业安全生产以及岗位持续用工的特点，与能批量安排学生实训的区域内大中型企业合作，将平行班级的学生进行分批，一批在校内上课，另一批在企业顶岗，并定期滚动轮换，这一"滚动式"顶岗实习模式保证了企业岗位始终有学生顶岗、学生始终有固定岗位实习，破解了化工制药类学生顶岗实习难的问题。

3. "双向选择、三方协议"模式

旅游与酒店管理类专业根据服务性行业有星级差异与季节性用工需求的特点，在顶岗实习前将高星级的企业请到学校，举行"双向选择"招聘会，实现学生与基地的对接；学校、企业、学生签订"三方协议"，明确各方职责；学校派出教师担任巡回指导，企业支付一定的薪酬，学生除完成日常工作外，还接受企业按照学校要求的培训，在工作中提高技能。

五、学生职业技能竞赛

学校高度重视学生学科技能竞赛工作，建立了选拔和组织工作机制，搭建竞赛参赛平台，将竞赛组织与教学转化作为对接先进技术技能、培养学生创新能力和"工匠精神"、改革实践教学组织形态的重要抓手，建立了一支优秀的指导教师队伍，形成了一批竞赛项目教学化典型案例，有效推动了专业教育教学改革，提升了技术技能训练水平。

为充分发挥大学生科技竞赛在技术技能人才培养中的作用，促进科技竞赛管理工作更加科学化、规范化和制度化，推动教学创新，提高人才培养质量，学校还专门制定了《学生科技竞赛管理办法》，规定由教务处负责学生科技竞赛管理工作（包括制订参赛计划，组织申报年度计划，审核参赛方案，确定参赛规模，负责与竞赛有关组织部门的协调联系工作，负责组织校级科技竞赛命题、评审等）；对在国家一类、国家二类、省一类竞赛中获奖的学院进行经费补助，其中获得国家一类竞赛一等奖给予 50 000 元的经费补助；健全竞赛组织体系，通过建立“初赛人人参与、省赛选拔参与、国赛集训参与”的三层参与体系、专兼融合的教练体系、制度推动的保障体系，激励和支持师生广泛参与创新实践。通过以赛促学、以赛促教，强化学生职业能力的培养，发挥了竞赛工作的人才培养成效，竞赛成绩不断获得突破，有力提升了人才培养质量。学生竞赛从“第二课堂”走入“第一课堂”，竞赛辐射的专业面超过 80%，竞赛成绩连续保持全国前茅的优势地位。

2012 年，学校获教育部主办的国家级学科技能竞赛一等奖 11 项、二等奖 15 项，获省级技能竞赛奖 160 多项，在省内高职处于领先位置。2017 年，学校有 26 支队伍代表浙江省参加了全国职业院校技能大赛 24 个赛项比赛，共取得一等奖 9 项、二等奖 11 项、三等奖 4 项的佳绩，其中，学前教育专业教育技能、电子商务技能两个项目获得第一名。[①] 2017 年学校全国职业院校技能大赛获一等奖名单如表 6-2 所示。

表 6-2　2017 年学校全国职业院校技能大赛获一等奖名单

序号	赛项名称	获奖学生	指导教师	所在学院
1	风光互补发电系统安装与调试	朱勤鑫、马宣刚、陈钦杰	马汝星、李瑞东	信息学院
2	自动化生产线安装与调试	郭明超、胡浩海	花有清、楼蔚松	信息学院
3	物联网技术应用	金茂鑫、朱杰、陈国锋	王静、余玮	信息学院
4	工业产品数字化设计与制造	车陆飞、沈思聪	李银海、诸葛俊科	机电学院
5	学前教育专业教育技能	李晟恺、施燕璐	吴海珍、宋淑阳	师范学院
6	护理技能	吴飞飞	王丽华	医学院
7	中药技能	骆依灿	张慧芳	医学院
8	中餐主题宴会设计	沈明月、金佳雷、邱彬彬	谭春霞、顾敏艳	旅游学院

① 2017 年全国职业院校技能大赛共设 45 个赛项，涉及 15 个专业大类。全国职业院校技能大赛已经连续举办了十届，是专业覆盖面广、赛项先进性强、参赛选手多、社会影响大的国家级品牌赛事，在引领职业院校专业建设、促进职业教育产教融合、展现改革发展成果、提升人才培养质量等方面发挥了重要的作用。

续表

序号	赛项名称	获奖学生	指导教师	所在学院
9	电子商务技能	吕铁城、金律、李晓墙、王大胜	朱合圣、张函	金义学院

2018年2月2日，中国高等教育学会《高校竞赛评估与管理体系研究》专家工作组正式发布2013—2017年中国高校创新人才培养暨学科竞赛评估结果和《中国高校创新人才培养暨学科竞赛评估(2012—2017)》。2013—2017年全国普通高校学科竞赛评估结果(高职)，这所学校获奖次数为228次，名列全国高职院校第一；2017年全国普通高校学科竞赛评估结果(高职)，这所学校获奖次数为46次，名列全国高职院校第一；2017年浙江省普通高校学科竞赛状态数据(高职)，这所学校获奖次数为250次，名列浙江省高职院校第一。

第七章　追求卓越的重点项目建设

高职院校的办学一方面要适应经济社会的发展，另一方面也需要适时抓住机遇充分利用外部的资源，尤其是各级政府的政策资源。这所学校在近10年的发展过程中，比较好地抓住了一些机遇，开展了一些重点建设项目，实现了学校超常规的发展。本章专就国家示范性高等职业院校建设项目、优质暨重点校建设、本科（四年制高职）专业建设做简要的考察。

一、国家示范性高等职业院校建设项目

2005年，《国务院关于大力发展职业教育的决定》（国发〔2005〕35号）提出要加强示范性职业院校建设，实施职业教育示范性院校建设计划，在整合资源、深化改革、创新机制的基础上，重点建设高水平的培养高素质技能型人才的1000所示范性中等职业学校和100所示范性高等职业院校；大力提升这些学校培养高素质技能型人才的能力，促使它们在深化改革、创新体制和机制中起到示范作用，带动全国职业院校办出特色，提高水平。

2006年，教育部、财政部发布《教育部、财政部关于实施国家示范性高等职业院校建设计划　加快高等职业教育改革与发展的意见》（教高〔2006〕14号），经国务院同意，在"十一五"期间实施国家示范性高等职业院校建设计划，按照地方为主、中央引导、突出重点、协调发展的原则，选择办学定位准确、产学结合紧密、改革成绩突出、制度环境良好、辐射能力较强的100所高等职业院校[①]，进行重点支持。该计划的总体目标是通过实施国家示范性高等职业院校建设计划，使示范院校在办学实力、教学质量、管理水平、办学效益和辐射能力等方面有较大提高，特别是在深化教育教学改革、创新人才培养模式、建设高水平专兼结合专业教学团队、提高社会服务能力和创建办学特色等方面取得明显进展；发挥示范院校的示范作用，带动高等职业教育加快改革与发展，逐步形成结构合理、功能完善、质量优良的高等职业教育体系，更好地为经济建设和社会发展服务。其主要内容是提

---

①　2006年，国家首批示范性高职院校包括深圳职业技术学院等28所学校；2007年，国家第二批示范性高职院校包括金华职业技术学院等42所学校；2008年，国家第三批示范性高职院校包括包头职业技术学院等30所学校，另有安徽机电职业技术学院等8所拟培育示范性高职院校。

高示范院校整体水平，推进教学建设和教学改革，加强重点专业领域建设，增强社会服务能力，创建共享型专业教学资源库等。

2005 年 12 月，金华职业技术学院通过国家高职高专人才培养优秀评估。2006 年，该校立即进入国家示范性高等职业院校建设争创活动，并于当年进行了申报，但没有成功。首批国家示范性高等职业院校建设计划全国仅立项 28 所，浙江省是浙江金融职业学院、宁波职业技术学院两所。

2007 年，该校继续申报，在与全国 1000 多所高职院校的竞争中脱颖而出，顺利跨入国家示范性高职院校建设行列，机械制造与自动化、应用电子技术、护理三个专业被列为重点建设专业。这是学校办学历史上具有里程碑意义的事件，标志着该校办学又跃上了一个崭新的平台。国家财政划拨数千万元资金支持学校的重点专业建设，这为学校的快速发展提供了强大的财力支撑。此外，学校还可以享受自主招生等国家特殊政策。

学校非常珍惜这个历史性的机遇，立即成立了学校国家示范性高等职业院校建设领导小组，时任学校党委书记、院长的杜世禄任组长，下设项目管理办公室；还专门举行国家示范性高职院校建设动员大会，院长做了题为“对照标准 寻找差距 整改提高 为把我校建设成为国家示范性高职院校而努力”的动员报告，指出国家示范性高职院校建设任务的重要性、艰巨性和紧迫性；号召全校教职员工站在这个新的历史发展起点上，齐心协力、锐意进取，进一步增强责任感和使命感，积极做好国家示范性高职院校建设的各项工作，通过三个示范重点专业的建设，全面推动学校改革、发展和管理等工作再上一个新的台阶，彰显示范的作用。

在三年的建设过程中，学校根据教育部相关要求，针对浙江省产业布局尤其是金华地区“小企业大集群、小商品大市场”的产业特点，主动融入区域经济社会发展，通过全方位“引企入教”，携手行业企业共建示范。学校共设 15 个一级建设项目，中央财政重点支持的机械制造与自动化、应用电子技术和护理专业及专业群等建设项目 3 个，地方财政支持的畜牧兽医、生物制药技术、艺术设计和市场营销专业等建设项目 4 个，以及教学建设与管理创新、专业教学团队建设、就业创业指导服务体系建设、优质专业教学资源服务平台建设、社会服务及对口支援、对外交流与合作、工业中心基本建设和校园文化建设等其他项目 8 个；然后分解为 61 个二级项目，并细化为 541 个建设点。学校成立由学校领导、相关职能处室和二级学院负责人、专业主任等组成的一级项目建设小组，负责项目指导与检查。由二级学院领导、专业主任、实训室主任和骨干教师等组成二级项目建设小组，具体负责项目建设与实施。

历经三年的改革与建设，学校全面如期完成各项建设任务，在高技能人才培养的系统设计、工学结合人才培养模式改革、职业导向的课程改革与建设、“校内基地生产化、校外基地教学化”的基地建设、专兼结合一体化管理的专业教学团队建设、以实践教学为重点的教学管理改革、由校内延伸到校外的教学质量监控、职业素质的培养和就业创业服务平台建设等方面取得了较好的建设成效(具体参见本书其他相关章节)。学校充分利用地方办学、政府全力支持的优势,建立了校企紧密合作的有效体制和机制,全面整合学校、行业企业和政府资源,实现"引企入教",为地方高职院校开展校企合作办学提供了成功的案例;为地方培养了大批高技能人才,成为区域社会经济又好又快发展的助推器;科研实力全面提升,成为地方中小企业应用技术服务中心。

项目实际到位资金 11 719 万元,其中:中央财政投入 2200 万元,地方财政投入 4400 万元,行业企业投入 388 万元,学校自筹 4731 万元。政府投入资金并不多,但产生了很好的效益。2010 年,学校以优异的成绩通过国家示范性高等职业院校建设验收。

二、优质暨重点校建设

2006—2010 年,109 所示范建设院校在探索校企合作办学体制机制、工学结合人才培养模式、单独招生试点、增强社会服务能力、跨区域共享优质教育资源等方面取得了显著成效,引领了全国高职院校的改革与发展方向。2010 年 7 月,教育部和财政部发布《教育部、财政部关于进一步推进"国家示范性高等职业院校建设计划"实施工作的通知》,决定继续推进"国家示范性高等职业院校建设计划"实施工作,新增 100 所左右骨干高职建设院校,加快高等职业教育改革与发展,全面提高人才培养质量和办学水平,更好地发挥高职院校在培养高素质高级技能型专门人才,促进就业、改善民生,构建终身教育体系和建设学习型社会等方面的重要作用。2010 年遴选 40 所高职院校立项建设,2011 年、2012 年分别遴选 30 所,2015 年完成全部项目验收工作。

经过近十年的示范(骨干)院校建设,中国高职教育顶层设计初具雏形,逐步转向内涵建设、突出质量和特色发展阶段,高职院校办学权自主逐步扩大。后示范阶段,高职教育如何发展?为贯彻落实 2014 年全国职业教育工作会议和《国务院关于加快发展现代职业教育的决定》的精神,实现高等职业教育整体实力显著增强、人才培养质量持续提高、服务经济社会发展水平显著提升、高等教育结构优化成效更加明显、推动现代职业教育体系日臻完善的目标,2015 年 10 月,教育部印发《高等职业教育创新发展行动计划(2015—2018 年)》(教职成〔2015〕9 号),制定了深入推进高职教育改革发展的路线图,着力推进高等职业教育创新发展,主要任务与举措是扩大优质教育资源,增强院校办学活力,加强技术技能积累,完善质量保障机制,提升思想政治教育质量等。扩大优质教育资源方面有很重要的一条是"开展优质学校建设",提出"坚持以示范建设引领发展,鼓励支持地方建设一批办学定位准确、专业特色鲜明、社会服务能力强、综合办学水平领先、与地方经济社会发展需要契合度高、行业优势突出的优质专科高等职业院校，持续深化教育教学改革，大幅提升技术创新服务能力，实质性扩大国际交流合作，培养杰出技术技能人才，增强专业教师和毕业生在行业企业的影响力，提升学校对产业发展的贡献度，争创国际先进水平”。

《高等职业教育创新发展行动计划（2015—2018年）》印发后，各地高度重视，纷纷制定《高等职业教育创新发展行动计划（2015—2018年）》实施方案。2016年6月，广东省率先实施一流高职院校建设计划，支持部分办学实力强、社会认可度高的高职院校，汇聚优质资源，打造一流师资，建设一流专业，培养一流人才，产出一流成果，全力创建全国一流、世界有影响的高职院校。2016年9月，浙江省教育厅、浙江省财政厅发布《浙江省教育厅、浙江省财政厅关于在高职院校实施优质暨重点校建设计划的通知》（浙教高教〔2016〕144号），决定在全省高职院校实施优质暨重点校建设计划。

2017年6月12日，浙江省教育厅、浙江省财政厅发文公布高职重点暨优质建设校名单，确定金华职业技术学院等5所学院为省重点建设高职院校，对浙江经济职业技术学院等15所学院进行优质高职院校建设（见表7-1）。财政对列入重点建设的高职院校平均每校每年安排建设资金5000万元。重点暨优质建设校是浙江省推进高职院校新一轮改革创新的建设项目，旨在提升全省高职教育办学水平和综合竞争力，力争有若干所高职院校跻身全国先进行列。

在后示范阶段，金华职业技术学院紧扣国家和区域产业发展战略，勇立全国高职教育改革发展的潮头，深入推进创新发展，校企利益共同体建设开创了堪称我国高职教育产教融合、校企合作的“金华模式”；先后开展了现代学徒制等6项全国首批试点改革项目，入选全国高校毕业生就业典型经验50强、服务贡献50强和浙江省国际化特色高校；在全国职业院校职业技能大赛中，获奖总数连续三年位列全国前3；在浙江省高职高专院校教学工作及业绩考核中，成为省内唯一3年考核均位列前三的院校，整体办学实力位居浙江省高职院校前茅和全国百所示范性高职院校的第一方阵。因此，该校凭借显著的办学成效成功入围省重点建设高职院校，并在5所全省高职重点校中排名第一。

表7-1　浙江省高职重点暨优质建设校名单

重点建设校	
1	金华职业技术学院
2	浙江机电职业技术学院
3	浙江金融职业学院
4	宁波职业技术学院
5	温州职业技术学院

续表

优质建设校	
6	浙江经济职业技术学院
7	浙江经贸职业技术学院
8	浙江旅游职业学院
9	杭州职业技术学院
10	浙江建设职业技术学院
11	浙江交通职业技术学院
12	浙江商业职业技术学院
13	浙江工贸职业技术学院
14	浙江工商职业技术学院
15	浙江警官职业学院
16	浙江工业职业技术学院
17	浙江纺织服装职业技术学院
18	丽水职业技术学院
19	义乌工商职业技术学院
20	浙江艺术职业学院

金华职业技术学院根据《高等职业教育创新发展行动计划(2015—2018年)》和《浙江省人民政府关于加快发展现代职业教育的实施意见》等文件精神,制定了优质暨重点校建设方案。方案围绕建设特色鲜明、优势突出、国内领先、国际先进的综合性优质高职院校的总体目标,在分析区域经济社会发展对高素质技术技能人才的需求,盘点学校面临的挑战和谋划学校未来发展的基础上,以创新、协调、绿色、开放、共享五大发展理念为引领,科学制定建设目标、建设内容和任务举措。学校以省优质暨重点校建设为契机,继续深化人才培养改革,积极开展体制机制创新与综合改革、高水平教师队伍建设、技术技能积累与服务、国际交流与合作等建设任务,重点建设装备制造、电子信息、文化教育、健康服务、网络经济、现代农业等6个优势特色专业群,推进创新创业教育和内部质量保证体系建设,持续推动学校特色与创新发展。

学校专门成立重点校建设项目领导小组和重点校建设工作领导小组,下设重点高校建设办公室,负责优质暨重点校建设的组织、协调、统筹、指导和督查等工作,每月召开一次重点校建设工作例会,重点校建设各项目组副组长、财务小组副组长、各优势专业群负责人以及重点办相关人员等参加研讨,扎实推进相关建设工作。

学校入围浙江省重点建设高职院校并排名第一，进一步提升了学校在全省乃至全国的知名度和影响力。全国各地的兄弟院校纷纷前来考察交流，仅 2017 年就达 140 余批。2017 年，学校生源质量大幅提升，共招收本科二段线 480 分及以上学生 1000 余人，占当年招收学生数的 15%左右。

比较遗憾的是，浙江省级财政只对列入重点建设高职院校中的省属高职院校，平均每校每年安排建设资金 5000 万元；地方属高职院校按照省级财政支持标准，按隶属关系由地方财政落实资金。由于发展的不平衡，这对宁波、温州等财政比较好的地市没有问题，而金华市由于财政情况相对较弱，相关建设资金的支持就不是很顺利，一定程度上会影响建设成效。

2017 年 12 月，为深化产教融合，促进教育链、人才链与产业链、创新链有机衔接，推进人力资源供给侧结构性改革，国务院办公厅颁布了《国务院办公厅关于深化产教融合的若干意见》(国办发〔2017〕95 号)。2018 年 2 月 5 日，为完善职业教育和培训体系，深化产教融合、校企合作，教育部会同国家发展改革委、工业和信息化部、财政部、人力资源和社会保障部、国家税务总局制定并印发了《职业学校校企合作促进办法》。根据教育部工作安排，于 2018 年启动中国特色高水平高职学校和专业建设计划。国家这些重大政策和改革举措对金华职业技术学院来说又是一个千载难逢的历史性机遇，当然也是一个非常大的挑战，毕竟浙江省的许多高职院校都很有特色和优势。

三、本科(四年制高职)专业建设

随着经济社会的发展，发展本科层次的职业教育，既是我国产业转型升级的迫切要求，也是我国调整高等教育结构和完善现代职业教育体系的必然选择。是采用疏的方式还是堵的方式？十多年来，国家对这个事情一直采取比较审慎的态度，国家一系列政策均规定公办专科高等职业院校原则上不升格为本科院校，[①]但是鼓励国家示范(骨干)高职院校在有社会需求与学生愿望的前提下，通过课程体系衔接做本科层次的职业教育。

为适应地方经济转型发展的新要求，加快构建现代职业教育体系，培养高端

① 2004 年 9 月，教育部联合其他六部委下达通知，2007 年前专科层次的职业院校不再升格为本科院校。2005 年 10 月，国务院再次重申："2010 年以前，原则上专科层次的职业院校不升格为本科院校。"2014 年，《国务院关于加快发展现代职业教育的决定》(国发〔2014〕19 号)再次明确，原则上中等职业学校不升格为或并入高等职业院校，专科高等职业院校不升格为或并入本科高等学校，形成定位清晰、科学合理的职业教育层次结构；采取试点推动、示范引领等方式，引导一批普通本科高等学校向应用技术类型高等学校转型，重点举办本科职业教育。2017 年，《教育部关于"十三五"时期高等学校设置工作的意见》(教发〔2017〕3 号)，继续坚持中等职业学校原则上不升格为高等职业学校，也不与高等职业学校合并；高等职业学校原则上不升格为本科学校，不与本科学校合并，也不更名为高等专科学校的基本政策，努力建成一批高水平的职业学校和骨干专业。

技能型人才，辽宁、天津、江苏、贵州、四川、广东、浙江、安徽等省市先后支持一批示范（骨干）高职院校与相关本科院校合作，试点培养四年制高职本科专业人才（见表7-2）。

表7-2　2015年前全国开展四年制高职教育试点情况统计表

省　份	院　校	起始时间	国家示范（骨干）	专　业
辽宁	辽宁省交通高等专科学校	2011	示范	10个
	辽宁农业职业技术学院		示范	
	辽宁职业学院		骨干	
	辽宁石化职业技术学院		骨干	
	沈阳职业技术学院		示范	
	渤海船舶职业学院		骨干	
	大连职业技术学院		示范	
天津	天津职业大学	2012	示范	10个
	天津中德职业技术学院		示范	
	天津电子信息职业技术学院		示范	
	天津交通职业学院		骨干	
	天津轻工职业技术学院		骨干	
	天津现代职业技术学院		骨干	
江苏	南京工业职业技术学院	2012	示范	4个
	无锡职业技术学院		示范	
贵州	贵州交通职业技术学院	2012	示范	4个
	铜仁职业技术学院		骨干	
四川	成都纺织高等专科学校	2013	骨干	10个
	四川工程职业技术学院		示范	
	四川建筑职业技术学院		示范	
	四川交通职业技术学院		示范	
	绵阳职业技术学院		示范	
	成都航空职业技术学院		示范	
广东	深圳职业技术学院	2013	示范	4个
安徽	安徽职业技术学院	2014	示范	6个
	芜湖职业技术学院		示范	
	安徽水利水电职业技术学院		示范	

续表

省　　份	院　　校	起始时间	国家示范(骨干)	专　　业
浙江	浙江机电职业技术学院	2015	示范	6个
	浙江金融职业学院		示范	
	浙江经济职业技术学院		骨干	
	温州职业技术学院		示范	
	金华职业技术学院		示范	

注:根据相关省市教育部门公布文件不完全统计,截至2015年5月,共有8个省市32所院校54个专业开展四年制高职教育试点;山东、江苏等省采用"3+2"分阶段的人才培养试点未纳入统计范围。

早在1993年,金华就开始筹办金华大学。1994年,民办金华理工学院创办,当年9月第一届学生正式开课;1998年经教育部批准成立金华职业技术学院(民办);2003年,金华职业技术学院转为公办。

在浙江省除了金华以外的各个地级市(包括丽水、衢州、舟山等)都有若干所本科院校。可以说在金华办一所自己的本科院校是金华人共同的梦想。示范院校建设以后,金华职业技术学院在专注内涵建设、培养技术技能人才的同时,积极谋划本科层次的人才培养。

1. 小学教育本科专业①

2009年5月,经教育部批准,在金华职业技术学院师范学院设立浙江师范大学金华职业技术学院教学点,开展本科层次小学教育师资培养(按浙江师范大学招生计划招生,毕业颁发浙江师范大学本科文凭);当年招收教育学(初等教育方向)学生80名(语文方向41人、数学方向39人)。2010年,招收小学教育专业学生82名(语文和数学方向各41人)。2011—2014年,因故停招。2015年恢复招生,至今每年招收80人(语文和数学各一个班)。

教学点根据浙江师范大学本科教育人才培养的总目标,结合师范百年小学教师培养经验和小学教育发展对师资的新需要,确定人才培养的具体目标。其课程目标定"性"在教育,定"向"在小学,定"格"在本科,定"位"在综合型小学教师培养,使学生全面发展,通教理、强教技、兼文理、长语数、能科研、懂教管,有一定的艺术特长。

教学点先后制定《本科生综合素质测评细则》《本科导师制计划》《本科教师培养方案》《加强和提升本科生科研能力行动计划》《四年早知道、一年有计划》等系列制度,规范教育教学。落实教师赴高校听课计划,聘请浙师大优秀教师上示范

① 《金华职业技术学院志》编纂委员会. 金华职业技术学院志:1907—2013[M]. 杭州:浙江教育出版社,2014:556-567.

课，施行教师与浙师大教授科研结对，每年暑期召开本科教育教学专题研讨会，组织教师赴南京晓庄师范、南京师范大学、上海大学、杭州师范大学等高校考察学习，多途径提升教师学术水平和教研水平，促进教学改革。

教学点探索“双核双线、多平台、螺旋递进”培养模式，双核（教育、语或数）同修，多能（多读书、多实践、多讨论、多研究）共进；完善“双实习制”，探索“短学期制”“论文双导师制”；实施本科教学质量调控，明确提出师范本科课堂教学有效性评价的主要指标，确保培养质量和特色；教学强调示范性、学科意识和实践性，培养学生自主学习和科研能力；坚持督学随堂听课制度；逐步实施教考分离，形成相对有效的本科课堂文化。

教学点强化师性修养，注重性情陶冶，实施导师制。建构实训、见习、实习和研习一体化的实践教学体系；统筹技能类课程教学，完善考核体系，明确特长培养路径，强化特长意识，形成教育技能文化。同时，通过讲座、社会公益、艺术节、辩论赛、朗读节、沙龙、游学、视频研习等系列活动，形成平台，提升培养质量。

教学点小学教育本科教学探索虽历时不长，但由于有百余年师范办学传统和经验，同时注重培养目标、培养模式、考核评价等环节的顶层设计，发挥课程、师资、实训基地建设等方面的优势互补，强化过程管理，本科师范人才培养取得了较大实效，尤其是师范实践能力培养方面的优势非常突出。学生在教师编制录用考试、外语等级考试、师范生学科技能竞赛等方面表现良好。2013 年，教学点首批学生毕业，计算机、普通话二级甲等通过率 100%，英语四级通过率 95%，17 人通过六级。毕业生初次教师编制考取率 75%以上，共有 18 人次在浙江省各地激烈的教师编制考试中（与本科院校的研究生、本科生一起考试）获得第一名。

2. 四年制高职人才培养

2015 年，浙江省教育厅发布《浙江省教育厅关于开展四年制高等职业教育人才培养试点工作的通知》（浙教高教〔2015〕40 号），确定浙江机电职业技术学院、浙江金融职业学院、浙江经济职业技术学院、温州职业技术学院、金华职业技术学院等 5 所高职院校的自动化（机电一体化技术）等 6 个专业，先行开展四年制高等职业教育人才培养试点（在浙江省的相关文件中非常谨慎地使用“四年制高等职业教育”，而不提或回避“四年制本科”）。所选专业主要是浙江省产业升级需求迫切、行业岗位技术含量高、省内本科院校培养条件特别是实习实训条件相对薄弱、高职院校具有优势、适合长学制培养的应用技术类专业。

金华职业技术学院选择与专业有很强互补性的浙江理工大学合作，共同举办电子信息科学与技术专业（电力电子技术方向），依托学校信息学院应用电子技术专业的办学基础，面向能源变换和高效利用领域，培养具备电力电子技术和单片机技术应用能力，从事电力电子产品的调试、维护、设计和技术支持等岗位工作的应用型技术技能人才。该专业招生面向职业高中（包括中专、技校）学生，纳入单独考试招生模式；教学组织管理和学生日常管理由金华职业技术学院负责，学生学籍和学历学位管理由浙江理工大学负责。两校以及相关行业企业，根据四年制高等职业教育人才培养特点，共同商议制定四年制高等职业教育人才培养方案，科学设置理论课程体系和技术技能实践训练体系，共同制定学历文凭和学位证书发放标准。对完成学业达到毕业相应要求的学生，由挂靠合作本科院校颁发毕业证书及学位证书。金华职业技术学院信息学院从专业建设、教学改革和学生管理与服务等方面精心安排，选拔优秀教师担任教学工作，重视课程教学的反馈及改进，不断提高课程教学效果，并根据学生的学情和个性特长，积极探索“多元结合、分层递进”的人才培养模式，通过试行项目化教学、多元导师制、小班化教学、分层分类教学等措施，努力提高学生的实践与创新能力。

2016 年 4 月，浙江省扩大了四年制高等职业教育人才培养的试点院校与专业范围。浙江省教育厅下发《浙江省教育厅办公室关于公布 2016 年四年制高等职业教育人才培养试点专业的通知》(浙教办高教〔2016〕45 号)文件，正式公布了第二批浙江省开展四年制高等职业教育人才培养试点的学校和专业名单，共有金华职业技术学院、浙江经济职业技术学院、浙江经贸职业技术学院、浙江工贸职业技术学院、浙江交通职业技术学院、浙江工业职业技术学院、浙江建设职业技术学院、杭州职业技术学院、宁波职业技术学院等 10 所学校 10 个专业获批开展试点工作。其中，金华职业技术学院与中国计量大学合作的是机械设计制造及其自动化专业(工艺装备自动化方向，这是该校第二个四年制高等职业教育人才培养试点专业)，主要培养具备机械制造工艺装备自动化技术应用能力，能从事自动化专机设计与改造、制造工艺及工夹具设计、自动化设备运行技术支持的高素质技术应用型人才。

经过两年多的运行，四年制高职专业总体比三年制专科学生的教学效果要好些，特别是实践技能方面有比较明显的优势。但除了依托本科院校的本科文凭以外，四年制高职专业所利用的本科院校的优势资源实际并不是很多。同时，由于是面向中职学校招生，生源的特殊性导致这些学生部分课程学习有一定的困难，预计离培养高端技术技能人才的目标还有些差距。四川等部分省市的四年制高职教育试点招收的是普通高中生源，情况可能会好点，但因为还没有毕业生，具体实际效果还有待几年后考察。

此外，“十三五”期间，浙江省规划将在金华新建一所高水平应用型高等学校。金华市政府正在筹建过程中，可能的路径有“完全新建”“与浙江师范大学合作，依托其工学院的相关资源”“整合金华职业技术学院的相关资源”等。无论通过哪种路径，这所高水平应用型高等学校建成后，对完善金华乃至浙江现代职业教育体系、培养高端技术技能人才都有重要意义。

第八章　精益求精的质量监控与评价

教育教学质量监控与评价，是衡量高职院校办学质量和办学水平的重要依据，也是高职教育在不同发展阶段需要用不同方式去破解的命题。作为国家示范性高职院校，这所学校的质量管理意识较为强烈，质量监控与评价工作起步较早，也根据学校发展的特点做了许多探索和尝试。本章主要从质量监控与评价机构、督导队伍建设及管理、教师教学质量评价、教学检查、调查研究、教学质量管理等方面着手，简要分析质量监控与评价工作情况。

一、质量监控与评价机构

在教育领域，由于培养对象的多样性与复杂性，质量管理的标准相对较难统一，对质量的管理和评价更为复杂。我们通常说的教育教学质量，一般是指教育水平高低和效果优劣的程度，其衡量的标准要与教育目标和学校的培养目标相对应，并最终体现在学生的培养质量上。[①] 高职教育教学质量主要体现在两个层面：一是满足学生个人需求的程度，即高职院校的专业设置、师资水平等要满足受教育者的求学和就业需求以及可持续发展的需求；二是满足经济社会需求的程度，即教学内容、教学大纲、课程安排、教学过程等要满足用人单位的需求以及高职院校自身可持续发展的需求。可以说，满足了经济社会和学生个人的双重需求，即体现了高职教育教学的质量内涵。

1996 年 9 月，这所学校就成立了教学督导小组，承担教学质量监管、师资培养等职责。2002 年 3 月，学校设立了教学督导机构，隶属于教务处，走在全省高职院校的前列。2006 年，教育部出台《教育部关于全面提高高等职业教育教学质量的若干意见》(教高〔2006〕16 号)，明确提出了对高职教育的“质量”要求。为了顺应质量管理发展的要求，也为了避免出现“既是运动员又是裁判员”的局面，将督查监管职能与日常教学管理进一步剥离，2006 年 9 月，学校将教育督导处从教务处分离出来，成为独立建制的职能部门。教育督导工作实施校院二级管理体系，教学管理与质量监控实现了主体分离。

2002 年，学校成立教育督导委员会，负责全校的教学检查和指导工作。教育

---

① 顾明远.教育大辞典(第一卷)[M].上海：上海教育出版社，1990：24.

督导处在校领导和教育督导委员会的指导下开展督导工作。2010年，学校修订了《教育督导工作规程》，明确规定了督导工作的组织与机构，督导员的基本条件、主要职责和职权，督导工作的实施，督导结果的应用等内容，为教育督导工作的开展提供了规范和依据。

根据高职教育的类型特征，这所学校的教育督导管理定位在“督教、导学、促管”，以“教学质量是关键，内涵建设是重点”为指导思想，确立教育督导的“跨界”与“延伸”理念，明确定位教育督导的使命与任务，不断完善教育督导评价体系建设，突破传统教学质量管理和评价模式。教育督导处通过开展课程教学的实时评价、以第三方督导为主体的过程评价以及以毕业生就业质量和职业发展潜力为核心的结果评价，完善校内外多方参与的质量评价与管理机制，使质量监控与评价贯通人才培养全过程，有效实现教学过程的质量控制，提升人才培养质量，并促进学校工作更趋科学化、规范化和制度化。

二、督导队伍建设及管理

教育督导人员是督导工作开展的主体，教育督导队伍的素质对督导工作开展的成效有着重要的影响。这所学校的教育督导队伍是基于校企合作、专兼结合的多元化原则组建的，从两个层面组建了三支教育督导队伍：校企合作层面组成了由行业、企业、学校专家组成的学校专职督导和企业现场督导；学校层面组成了由学院领导、专业主任、资深教师和教学管理人员组成的学院兼职督导，有效地将校内、校外实践教学环节和质量管理融为一体。

学校专职督导由行业、企业高级专业技术人员组成，通常聘请的对象是企业和行业单位退休高级管理人员和技术专家，以及部分高校退休教授，专职督导的年龄通常为55～65岁。一般每个二级学院聘请一位专职督导，专门负责该学院的教学质量督查、教师评价。此外，学校专职督导也会参与教育督导处组织的一些专项检查和专项调研。专职督导与学校或者学院签订协议，全职投入督导工作，每周工作4～5天，每个学期需要听完所在学院一轮的课程。这支督导队伍的优势是，对专业和行业状况较为了解，对专业课程、实践课程的评价比较到位，而且均为校外人员，不存在偏颇与袒护，评价比较客观公正。

企业现场督导主要由校外实训基地的技术主管或管理人员组成。高职院校的校外实践教学占较大比重，而学校管理人员和督导老师的时间和精力有限，很难及时奔赴各个校外实践教学单位开展教学督查。为了更好地掌握学生校外实践的状况，提升校外实践教学质量，学校聘请了实践单位的技术管理人员及人力资源管理部门负责人担任企业现场督导。这些督导对本单位实践状况较为清楚。

学院兼职督导由学院领导、专业主任、资深教师和教学管理人员组成。这支督导队伍的优势是对学院情况了解，对教学方法、课堂教学内容与规律比较熟悉，对教师的状况也比较清楚，因此常常可以有针对性地开展督导和评价工作。

督导的主要职责和任务是对教育教学活动进行督查和引导，并提出相关的意见和建议。教学活动是督导最关注的内容，包括课堂教学状态，教师教学水平、教学态度，学生学习态度、学习效果等，都由督导负责了解掌握和记录。除课堂教学之外，与教学工作相关的一些状态，例如教学场地安排、教学设备、课表安排、课时安排、实践教学、人才培养方案等，督导也有权力提出意见和建议。

大部分督导由二级学院聘请，二级学院负责人会提出一个学期听课评价要求或者督导工作的侧重点，二级学院的教学管理部门一般负责将督导的评价资料收集、汇总。督导的业务管理由教育督导处负责，比如每月听课情况汇总、教学检查、专项检查、调研活动等工作任务也由教育督导处统一安排。

这所学校的领导对督导工作比较重视，会定期召开督导例会，了解督导工作情况和状态，并且有时会亲自参与教学检查。

三、教师教学质量评价

这所学校对教师的评价主要有两种方式：一是听课评价，包括督导、同行和学生评价；二是教师年度教学业绩考核。

（一）听课评价

听课和评价是督导的主要工作内容，专职督导原则上每学期对每位教师进行听课。督导听课根据实际情况，可提前与老师预约，也可随机推门听课，每天听课数量为3～5节，听课的范围涵盖学院内的每一位教师，听课包括理论课程，也包括实验、实训课程。督导听课时会做好纸质听课记录，根据评价指标对教师的课堂教学情况做出评价，并根据需要在课后进行沟通、交流、评议。督导会重点听取教学比较薄弱教师的授课情况，并进行实时评课，帮助指导其提高教学水平。对于一些比较突出的、共性的问题，督导们会汇总起来，集中反馈在教育督导处网站上的“每周教学状态督导点评”栏内，发挥课程教学评价的导向作用。

关于听课，这所学校还出台了《听课评课暂行规定》，将听课评课定位为“进行教学研究、学习交流、推行课堂教学公开、提高教师教学水平和教学质量的一项重要工作”。这里的听课评课除了督导听课之外，也包括领导听课、老师之间互相听课等。教务处、教育督导处负责检查和督促各学院听课评课活动的开展，关注点主要放在课堂教学改革、教学创新，希望以此来带动教学质量。规定中对不同角色教师和管理人员的听课提出了具体要求，如“专业级机构负责人每学期听课不少于8节，专任教师每学期听课不少于4节；教学工作未满3周年的助教（含未定级)每周听课不少于 2 节,其他教学工作未满 3 周年的教师每学期听课不少于 12 节”。

在这所学校,督导是普遍受到尊重的。由于督导具有一定程度的评价权,因此不少老师对督导会存在敬与畏并存的情感状态。然而给出评价分数和让教师敬畏督导以加强自律并不是最终目的所在,最根本的目标还是要提高教师的教学水平。为了更好地加强督导与教师之间的沟通交流,教育督导处要求督导们听课之后更加注重以平等交流的形式与教师进行沟通,有针对性地帮助教师开展课堂回顾和教学反思,提升教学水平。

督导们一般听完课、填写评价表之后,便开始与教师的交流工作。督导与教师的交流时间通常是在听完课之后的课间 20 分钟之内,如果教师要赶着上下一堂课,他们也会另外约时间交流。交流的内容一般是课堂教学中的教学内容安排、教学形式、教学效果、与学生互动等,督导会针对教师在这堂课中的亮点、不足分别进行耐心的交流,教师也会介绍教学设计的思路,提出教学中存在的困惑,交流的氛围是友好而平等的,并非批评或者居高临下的指导。经过一段时间的交流,许多督导与教师都建立了良好的关系,教师有疑问也会直接请教督导。在接近千人的教师队伍中,也会存在个别教师与教育督导闹情绪或者不听从督导的情况存在,针对这样的教师,教育督导处会将其列入重点帮扶对象名单,与二级学院共同开展帮扶工作,通过一系列的听课、帮扶、引导和个别交流,最终帮助其提高认识,提升教学水平。

学校建立各项教学评价指标,通过在指标中渗透先进的教育理念和要求,推动教学质量的提高,部分教学评价指标通过听课评价表来呈现。督导、同行和学生的听课评价都通过听课评价表来反馈,不同类型的课程、不同的评价对象之间,测评工具也不一样。督导和教师均填写《教师教学质量听课评价表》,该表格分为“理论教学”和“实践教学”两种类型,评价指标主要是教学项目选取、教学重点把握、教学方法、教学规范、教态、表达、媒体应用、师生互动等 10 个方面,但两种类型有相应区别,课堂教学评价注重师生的互动性和内容的实效性,实践教学强调过程的学生参与和实验的综合性。

学生则填写《教师教学情况学生测评表》,对不同课程的每位老师分别填写一份测评表(见表 8-1)。

榜样的激励作用是毋庸置疑的。为了给教师们提供学习参照榜样,这所学校还定期组织“十佳教师”“学生最喜爱的老师”等评选,并在督导网站等公共空间介绍他们的事迹,组织教学观摩,实行开放课堂,为教师们提供交流学习平台。

表 8-1　金华职业技术学院教师教学情况学生测评表

班级		测评日期		总体评价（百分制）	
授课教师		课程名称			

序号	评价内容(课堂教学)	满意	基本满意	不满意
1	老师上课精神饱满,富有激情			
2	老师讲解条理清楚,利于记笔记			
3	老师善于调节课堂气氛,吸引我的注意力			
4	老师能紧密结合实际,讲授内容实用			
5	老师能引导学生发言和思考,我喜欢上这门课			
6	无论坐在哪,都觉得老师在看着我们,和我们交流			
7	老师使用多媒体教学,使我更好地理解内容			
8	我对老师授课水平的评价			

序号	评价内容(实践教学)	满意	基本满意	不满意
1	老师能坚守岗位,耐心指导			
2	老师的示范操作准确熟练			
3	每次实践后,老师都会进行点评或批改作业(产品)			
4	老师能及时指出和纠正我操作中的不足			
5	老师考核严格、公平、公正			
6	我的实际操作能力有明显的提高,感觉收获很大			
7	实践操作活动能激发我的学习热情,增强我的自信心			
8	我对老师带教水平的评价			
最希望老师改进的是:				

(二) 教师年度教学业绩考核

教师年度教学业绩考核是对教师评价的另外一种主要方式。这项考核评价比听课评价更加全面,内容更加丰富,评价指标涵盖了教师课堂教学、专业建设、科研论文、学生竞赛指导等各个方面的教学业绩。教学业绩考核的结果与奖金发放、评奖评优以及职称评定挂钩，是老师们最为在意的考核评价项目。在这项评价中，教育督导仅对教师的教学部分业绩进行评价，评价结果还会兼顾同行评价、学生评教的情况，相对较为客观。教师年度教学业绩考核的相关情况在第四章有详细阐述，本章不再赘述。

四、教学检查

（一）常规检查

常规教学检查一般从教学状态（教风和学风）、教学水平与质量、实践教学、教学档案四个层面着手，在期初、期中、期末阶段与教务处合作开展。常规教学检查通常以随机抽查的方式进行，事先不通知各二级学院检查时间，每个二级学院随机抽查一定数量的班级，查看到课率、师生的出勤时间、教与学的课堂状态、教学场所的规范整齐程度等。教学检查方案由教务处和教育督导处合作拟订，事先确定好检查时间、检查人员、检查分组以及重点检查的方向，检查方案在实施之前为保密状态，参与人员不允许泄露相关检查信息。这种方式在校内最为常用，检查效果也较好，但是在上课过程中进入教室检查会对课堂造成一定干扰，人工检查方式效率也相对低下，而且由于检查人员有限，各教学场地的检查无法同时进行，检查时间点有一定的出入，在统计各二级学院到课率时在某种程度上存在一定的不公平。另一种检查方式是通过标准化考场的监控设备，在监控室随机抽查一部分教室，检查某个时间点的出勤人数、课堂状态、教学秩序、课堂状态、教学环境等。这种方式的好处是，对课堂不造成干扰，不会影响课堂秩序，但是监控视频清晰度不够，有时候也会造成检查差错。这两种形式会根据实际检查需求和人员状况来进行安排。

全校性教学检查的结果一般通过《督查简报》反馈给各二级学院，《督查简报》上会公布被抽查的班级数量、学生数量、到课率，还会将比较集中的问题梳理反馈，起到监督和导向性作用。

除了全校教学检查之外，二级学院也会定期安排内部常规教学检查，检查频率一般为每周一次，有的二级学院甚至每天进行内部抽查。《督查简报》、《每周督导点评》和《实践教学半月谈》等平台也会定期介绍一些实践教学及管理的一些改革和创新的做法，交流各个二级学院实践教学及管理中的典型案例、经验，让大家及时了解学校整体教学的基本状态及教学改革中管理上的一些做法，促进相互之间的学习交流。

（二）专项检查

除了定期开展常规教学检查之外，这所学校还会根据特定的时段和特定的需求，针对一些项目开展专项督查。相对比较固定、开展频率较高的专项检查主要有学生职业素养检查、教师赴企业社会实践专项检查、学生顶岗实习专项检查、毕业设计（论文）检查等。

1. 学生职业素养检查

高职院校学生的学习目的主要是为毕业之后进入职场做准备，培养学生的职业素养是学习的重要内容之一。这所学校根据不同专业特点，对不同专业类别的学生进行不同形式的职业素养培养。为了提升职业素养培养的质量，教育督导处定期组织专项督查，从实践教学安排、实践教学场地、服装、职业道德教育、职业安全教育、职业文化氛围的营造等内容着手，评价学生职业素养培养的质量和有效性。检查人员在检查过程中会与学生进行交流，了解他们对于本专业领域的专业素养、职业认知和对职业的情感。学生职业素养检查的结果列入每年的二级学院年度考核，因此各二级学院比较重视该项检查。

2. 教师赴企业社会实践专项检查

这所学校有一项坚持了十多年的传统工作，要求专任教师在暑假期间去专业相关的企业参加社会实践，以持续更新教师的专业知识，与行业实践接轨。教育督导处每年暑假均会配合人事处走访各实践单位，在分类分层设置考核目标的基础上，制定督查工作流程，现场抽查和绩效评价相结合，对专业教师企业实践的组织落实、过程管理、工作实绩等情况实施校院二级督查。教育督导处还及时与二级学院沟通反馈，形成总结报告。学校领导对这项工作也非常重视，有时候会亲自参加检查工作。

3. 学生顶岗实习专项检查

这所学校对学生半年以上顶岗实习有着明确要求，推行顶岗实习手册和指导教师工作手册制度，对顶岗实习的组织管理进行综合考核和评价，并要求各专业系统设计顶岗实习内容，细化顶岗实习安排，校企双向介入加强顶岗实习管理，全面提升顶岗实习效果。但是顶岗实习的场所在校外，而且学生分散在多个实习场所，因此顶岗实习的质量也变得更难要求和控制。针对这种状况，教育督导部门依托校外兼职督导队伍，充分发挥他们在企业担任技术和人力资源管理岗位的优势，将学校对顶岗学习的质量要求进行贯彻和日常检查。此外，学校还不定期组织专职督导采用查阅材料、现场走访、电话访谈、社会评价等方式，对毕业生顶岗实习的过程材料进行检查。专项检查以教育督导简报和检查报告的形式进行总结、反馈。检查部门通常从顶岗实习时间安排合理性、实习岗位落实是否到位、实习信息的准确性、岗位与专业的对口率、校内校外指导教师的配备、专兼教师的指导力度、学生在岗情况、学生自我评价及企业评价情况等方面对学生顶岗实习的效果和顶岗实习的过程管理进行分析，从学院管理、社会评价、学生满意度、三年的横纵向比较等多角度分析，形成顶岗实习的专项督导简报，带动并推进各二级学院的顶岗实习质量分析工作，寻求真正解决问题的策略与路径，为二级学院相关工作的开展和职能部门修改完善相关制度提供科学的依据。近几年，随着信息化程度的提升，这所学校的顶岗实习工作的很大一部分过程材料逐渐开始通过系统平台进行记录，顶岗实习专项检查也随之转变形式，采用系统检查和实地检查相结合的方式。

4. 毕业设计(论文)检查

毕业设计是学生毕业前需要完成的一项综合性成果，反映三年学习成果和教学质量。这所学校的教育督导处每年会同教务处对各二级学院的毕业设计（论文）的选题、指导教师配备、毕业设计（论文）成绩情况进行检查；随机在各二级学院抽取2～3个专业，每个专业10名左右学生的毕业设计（论文）材料进行抽查，对二级学院毕业设计（论文）的组织安排、选题质量、指导过程、答辩过程及成绩评定、过程材料等进行检查与现场反馈。教育督导处根据检查情况撰写《毕业设计（论文）质量和过程管理质量分析报告》。

五、调查研究

调查研究工作是通过实地调查获取一手数据信息的有效形式，也是教育督查部门对各个教学环节开展质量监控的一种重要方式。学校不同的职能部门会开展不同目的的调研，对于教育督导部门来说，调研的目的是发现问题、了解问题、收集数据、分析原因、提供参考解决方案。

1. 确定调研主题

调研主题的来源主要有几类：一是学校需要对某个主题进行决策，决策之前需要通过调研收集信息；二是在日常检查过程中发现的比较集中的问题，需要进一步深入了解情况、收集数据；三是学校发展中与教育教学相关的重点项目，需要了解和督查开展情况。近几年该校教育督导类的调研主题，针对日常教育教学状况的调研有职业素养养成调研、实验室管理调研、双语教学调研、公共基础课教学状态调研、教研活动调研等；针对项目类的调研主要有四年制办学调研、中外合作办学调研、创新创业教育调研等。

2. 调研的实施

调研通常采用问卷调查、集体座谈、个别访谈、查看资料等形式来开展。在调研主题确定之后，通常由教育督导处来制定调研方案，拟定调研需要了解的问题提纲，然后围绕提纲来拟定调研问卷和访谈提纲。有时候同一个调研项目既需要针对学生也需要针对教师进行调研，则分别针对不同的调研对象，制定两份调研问卷和访谈提纲分别进行调研。调研问卷最初通过纸质问卷进行，发放、回收和统计全部通过人工方式进行，效率比较低，尤其是学生问卷一般都在2000份以上，工作量更大；后来逐渐采用问卷星等调研平台实现网上问卷，系统可以自动实现数据汇总和统计，大大提高了调研效率。集体座谈和个别访谈一般由教育督导处与相关的职能部门和二级学院联系，确定访谈对象、访谈时间和访谈地点。访谈通常由教育督导处工作人员主持和记录，形成访谈原始资料。

3. 调研结果呈现及应用

教育督导处在整理问卷调查数据和访谈资料的基础上，形成调研结论和调研报告，调研报告中会如实呈现调查形式、调查过程、数据统计结果、存在的问题以及改进建议。调查问卷数据统计结果和调查报告会提交反馈给学校领导和对应的职能部门、二级学院，作为工作改进的借鉴和参考。

六、"四方参与、四类评价"教学质量管理

为了拓展质量评价主体，全方位地反映办学质量，这所学校创新性地构建了由"学生、教师、督导、社会（毕业生、家长、用人单位）"等评价主体参与，涵盖"教学运行过程控制、课堂教学实时测评、顶岗实习环节监控、毕业生职业发展反馈"等评价环节的"四方参与、四类评价"教学质量管理体系（见图8-1），让人才培养各环节利益相关者全面参与评价，质量评价从封闭式自我评价转向开放式多元评价，教学质量管理从静态转向动态，评价质量信息从主观模糊转向客观真实。

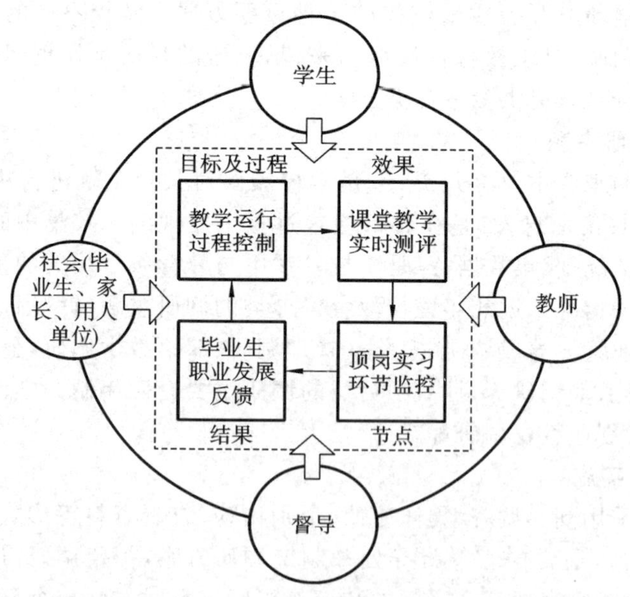

图8-1 "四方参与、四类评价"教学质量管理体系

这所学校的信息工程学院自主研发了“教学质量管理平台”，通过听课评课等模块，实时了解教师课堂状况，并在职能部门的推动下，逐步推广到全校。部分二级学院还在系统中推行了“课堂评价”，学生可以通过网络对教师提出建议，软件后台根据评价情况形成课程满意度柱状图和走势曲线。同一时间，任课教师也能在平台上看到相关评价和数据，据此开始修改自己的教案。每个类别生成的大数据可以让学校了解大量信息，变一次性评价为过程性评价，从而指导并服务教学。

同时，学院将现代信息技术运用于教学质量管理和评价，将教与学互动的课堂教学实时评价、第三方督导的过程评价、就业质量的结果评价和毕业生职业发展潜力的发展性评价进行一体化设计和运行，开发了由多个在线系统组成的质量管理平台，以全面的结果数据促进培养过程的优化。其中，听课评课和教研活动这两个与教学质量保障相关的模块由教育督导处负责。

听课评课模块能实现听课预约、听课评价，都在系统平台上进行，并有后台数据统计功能。听课评课系统包括督导听课、教师互相听课等，不同角色的听课评课流程设置有所区别。普通教师听取同事的课属于同行交流，听课前需要预约并告知对方，学院领导和督导听课属于质量把控和检查性质，无须提前预约，只需要听课后将评价结果上传到系统平台即可。

教研活动模块能实现教研活动每学期计划、活动前事先登记、活动结束后填写记录，便于职能部门掌握教研活动的安排和开展情况，并对其进行考核，督导处不定期抽查或参与教研活动。

2014 年，相关成果《基于现代信息技术的“四方参与、四类评价”高职教学质量管理及平台建设》获国家级教学成果二等奖。

七、全要素、网络化的内部质量保证体系

2015 年，教育部出台了《高等职业教育创新发展行动计划（2015—2018 年）》，下发了《教育部办公厅关于建立职业院校教学工作诊断与改进制度的通知》（教职成厅〔2015〕2 号），逐步在全国职业院校推进建立教学工作诊断与改进制度，全面开展教学诊断与改进工作。浙江省教育厅办公室先后下发了《浙江省教育厅办公室关于印发〈浙江省高职院校内部质量保证体系诊断与改进实施方案〉的通知》（浙教办高教〔2016〕81 号）、《浙江省教育厅办公室关于全面推进高职院校教学工作诊断与改进制度建设的通知》（浙教办高教〔2017〕78 号），并于 2017 年 12 月 11 至 12 日，在杭州召开了浙江省高职院校内部质量保证体系诊断与改进制度建设研讨会。学校内部质量诊断与改进工作从以往的外部质量评价转向常态化的内部质量诊断、改进和提升，将质量管理从被动转向主动，对高职院校的质量管理能力、质量意识和质量文化提出了更高的要求。这所学校作为浙江省高职院校教学诊断与改进工作试点单位，在内部质量诊断与改进工作上开展了全新的探索与

尝试。

1. 设计“诊改”体系

学校在原有“四方参与、四类评价”的质量管理基础上，结合内部质量诊断与改进要求与学校办学实际，设计了内部质量保证体系框架。内部质量保证体系本着“坚持标准与注重特色相结合，日常工作与重点诊改相结合，自主诊断与抽样复核相结合，整体提升与分步改进相结合”的原则，着重加强“决策指挥、质量生成、资源建设、支持服务、监督控制”五个系统的建设，过程中体现目标、制度、流程、标准、职责五大要素。内部质量保证体系的设计特别注重常态化自查的概念，以循序渐进的方式，将诊断与改进工作融入日常教育教学，以专业发展评估、课程全过程评估、教师发展评估和学生成长评估四大载体为平台，运用课堂教学测评、教学质量检测、毕业生跟踪调查、学生学业评价、用人单位满意度评价等质量测评方式开展质量诊断。

2. 设计观测指标

在国家观测指标基础上，学校根据工作实际拟定了校、院两级内部质量诊断与改进观测指标。学校层面以教育部观测指标为基础制定了《内部质量保证体系诊断与改进工作任务分解表》，把各诊断点分解落实到相关单位，提供了参考影响因素并分别明确了工作载体。基于学校二级管理的特点，针对二级学院单独制定了《二级学院内部质量保证体系诊断与改进工作观测点》，分 6 个诊断项目、17 个诊断要素、34 个诊断点，给出了影响因素参考提示。二级学院观测点指标涵盖了学院主要工作，每个学院的“诊改”都可以形成完整的内部闭环。

3. 建设标准体系

“诊改”的关键是设立“标准”，除了教育管理部门的标准要求之外，还要有适合学校自身实际和发展的标准，包括工作具体操作流程和工作要求等。学校以研究课题的形式，设立二级学院质量保证体系诊断与改进操作手册、高职教育课程全过程评估操作手册等 13 个项目，促进二级学院从自身角度更深入去思考和研究如何推进“诊改”工作。

4. 升级系统平台

学校在原有的教学质量管理平台基础上自主开发了教学质量管理系统，将课程教学、毕业教学、教学评价、教研实践等环节通过系统平台进行管理。该系统经过几轮改进和完善，系统功能得到了拓展，部分系统运行数据已作为“诊改”和质量评价分析的依据。但是目前该系统在数据采集的完整性和自动统计方面，功能还不够完善，仍然在持续改进中。

5. 渗透质量文化

学生与老师是学校内部的两大质量主体，转变师生的质量意识是内部质量诊断与改进的重要环节。这所学校通过专家讲座、骨干培训、教学研讨等形式，多途径加强师生质量意识，使主动提升教学和学习质量的观念深入人心。例如，教务处和教育督导处联合组织了内部质量诊断与改进工作试点交流会、内部质量“诊改”标准研讨会等教研活动，通过研讨、互动和观念的碰撞来引导教师不断提升质量意识。

中国高职教育已处于内涵发展阶段，教育主管部门在着力推进高等职业教育高质量发展，完善质量保障机制，持续推进职业院校教学工作诊断与改进制度建设，推进职业学校管理水平提升行动计划，拟分类遴选职业院校管理500强工作案例等。高职院校的质量建设、质量评价、质量管理、质量保障等都还有待进一步的探索与实践。

第九章　以生为本的管理与就业创业服务

人才培养是高职院校最重要的职能，“以学生发展为本”应该是高职院校办学的第一理念。除了专业建设、课程改革、校企合作、教育教学等直接的教学育人工作外，学生管理对学生成长成才也非常重要。高职院校需要着眼于提高学生的综合素质、促进学生全面发展，坚持全员育人、全过程育人、全方位育人，通过加强学生管理与就业创业服务，为学生的发展创造理想的学习、生活、创业环境，实现管理育人、服务育人。

这所学校秉承一百多年的优良办学传统，注重学生管理创新，积极为学生发展创造良好的环境，服务学生成长成才。本章主要从多元化招生、学生日常管理、学生自我管理、学生资助、学生评优、就业服务、创新创业指导等方面，论述这所学校具有高职院校特点的学生管理与就业创业服务的简要情况。

一、多元化招生

招生是学校教育教学工作的起点。高职院校承担了我国高等教育大众化、普及化的重任，院校数和招生人数都占半壁江山，但招收的学生都是分数相对较低的学生。这所学校“五位一体”育人模式的第一个环节就是招生。学校设招生办公室，与学生处合署办公，招生办主任兼学生处副处长。1998 年，学校只招了 700 名学生，之后招生数量逐年递增，2013 年招生数达到顶峰，一年招了 9834 人，在校学生数达到近 25 000 人。之后，学校强化内涵发展，主动撤并专业，减少招生计划，每年稳定在 8000 左右。2017 年，学校共招收新生 7805 人，其中本科 84 人、四年制高职 100 人。生源质量大幅提升，招收本科二段线 480 分及以上共 1086 人。为了尽可能招收适合相关专业学习的学生，充分发挥学生的多元智能，提高教育教学的有效性，这所学校积极采取多元化的招生方式。

1. 统一招生

和其他大部分高职院校一样，普通高等学校全国统一考试招生是这所学校最主要的招生方式，在最后一个批次录取，每年统招学生数为 700～7500，占全校招生数的 68%～100%。由于学校办学水平较高，在社会上有较好的知名度，大部分专业的录取分数都超出省控线 50 多分。这一类招生方式有普高生和中职生两种生源。普高类生源招生中又包含面向金丽衢的基层卫生定向生，其中 2009 年开始招收临床医学专业学生,2013 年开始招收护理专业学生。中职生参加单独考试招生,涉及电子与电工类、机械类、建筑类、商业类、财会类、文秘类、农艺类、其他类(学前教育)、医学护理类、旅游服务类、艺术类、化工(环保)类、外贸类等,每年 11—12 月,学生参加全省统一组织的职业技能考试,第二年 4 月参加文化考试。中职生源学生在这所学校每年招生中都占较大的比例,一般在 15%左右,最多的是 2003 年,有 1919 人,占当年招生数的 57%。[①] 此外,这所学校 2005 年开始招收外省学生,国家示范性高职院校建设以来,按照有关政策要求,增加省外招生人数,面向河南、山西、安徽、福建、江西、贵州、广西、云南、四川、甘肃、青海、广东、河北、湖北等 10 多个省(市、自治区)招生,每年招收外省学生 700～1600 人。[②] 学校历年招生情况一览表如表 9-1 所示。

表 9-1　学校历年招生情况一览表

年份	计划总数/人	报到总数/人	普高报到数/人	单招单考报到数/人	五年制报到数/人	自主招生报到数/人	三位一体报到数/人
1998	700	643	349	294			
1999	1060	974	635	339			
2000	1662	1533	870	663			
2001	3120	2804	1284	1520			
2002	3300	3224	1893	1284	47		
2003	3800	3351	1432	1411	508		
2004	4300	4120	1937	1495	688		
2005	5000	4886	2879	1202	805		
2006	5750	5556	3836	643	1077		
2007	6328	6302	4495	601	1206		
2008	8800	8404	6790	619	619	376	
2009	8829	7980	5851	1156	127	846	
2010	9046	8034	5703	1194	163	974	
2011	9129	8210	4921	1503	238	1548	

① 《金华职业技术学院志》编纂委员会. 金华职业技术学院志:1907—2013[M]. 杭州:浙江教育出版社,2014:447.

② 这所学校还有三个专业比较特殊,是联合本科院校招生,其中小学教育专业(师范)与浙江师范大学联合招生(2009 年开始),安排在第二批招生,录取文、理科生各 40 人,电子信息科学与技术(电力电子技术方向)与浙江理工大学联合招 50 人(2015 年开始),机械设计制造及其自动化(工艺装备自动化技术)与中国计量大学联合招 50 人(2016 年开始),均安排在单考单招中招生。

续表

年份	计划总数/人	报到总数/人	普高报到数/人	单招单考报到数/人	五年制报到数/人	自主招生报到数/人	三位一体报到数/人
2012	9272	8418	4896	1373	249	1699	
2013	9834	9241	5235	1433	714	1674	
2014	9200	8547	4677	1313	620	1745	
2015	8867	8334	4225	961	953	1789	
2016	8381	8004	4238	845	1133	1275	
2017	8555	8088	4457	1125	1084	1120	19
合计	124 933	116 653	70 603	20 974	10 231	13 046	19

注：此表根据学校学生处（招生办公室）历年招生统计情况汇总，2012—2017 年的计划总数和报到总数含浙江科贸职业技术学院挂靠的招生数。

2. 五年制招生

这所学校从 2002 年开始五年制招生，当年招了 47 名学生。之后，随着学校办学规模的扩大，学校加强与有关中职学校的联系，建立了一些稳定的生源基地，联合招生办学，其中又分为“3＋2”、五年一贯制、五年制学前教育大专班三种形式。这类生源快速增加，2003 年 508 人，2004 年 688 人，2005 年 805 人，2006 年 1077 人，2007 年 1206 人。国家示范性高职院校建设期间，学校统招人数增加，五年制招生数缩小到 200～300 人。① 示范建设后，五年制招生有所增加。到 2013 年，五年制招生为 1494 人，为历年之最，涉及学校 13 个专业，与 29 所中职学校合作。2016 年，学校对这批学生按照平时成绩、抽考成绩、选拔考试成绩三个部分进行择优录取，最后录取了 1179 人，报到了 1133 人。为更好地服务区域经济社会发展，在这种方式的招生过程中，学校尽量与本地中职学校合作，把招生指标多安排在金华本地（约 60％以上）。

3. 高职提前招生（自主招生）

自主招生是扩大高校自主权、深化高校招生录取制度改革的重要举措，试点学校进行综合评价、自主选拔录取。这所学校部分专业从 2008 年开始面向中职学生实行自主招生。普高学生（要求综合素质测评 B 等以上）根据会考（学考）成绩综合排名，确定入围名单，然后再参加学校组织的综合测评（技能测试或职业适应性笔试）；单独考试招生考生根据省高校招生职业技能考试成绩确定入围名单，然后再参加学校组织的综合测评（文化素质笔试）；再加上素质特长分（划分为证

① 《金华职业技术学院志》编纂委员会. 金华职业技术学院志：1907—2013[M]. 杭州：浙江教育出版社，2014：447.

书荣誉类和体育现场测试类)，综合成总成绩。最后在符合录取资格的考生中，从高分到低分按各专业各科类实际招生计划的100%确定拟录取名单。2015年，这所学校自主招生计划1920人，网上报名人数10 575人，首次突破了万人报考记录。自主招生涵盖28个专业(类)，平均的招生与报考人数比超过1∶5，最高的传媒策划与管理专业比例达1∶13，成为当年最受考生追捧的专业；其次是会计(中美合作)、建筑设计技术、电子商务、宠物医学、国际商务等专业。2016年，浙江省高职院校的自主招生改为高职提前招生。该校高职提前招生计划数1325人，分科类共涵盖30个专业，报名数8673人，有效报名数8646人，平均计划报考率为653%，其中动物医学专业报名比例高达1∶25，是当年最受追捧的专业，其次是国际经济与贸易、药品生产技术、财务会计类(中外合作办学)等专业。按分专业分科类计划数的300%确定入围名单，末位同分者同时入围，共入围了4013人，实际缴费为3050人，实际参加考试数为2958人，在“一档多投”环节，最终录取1324人。在高职提前招生考试方案中，共有职业适应性测试、文化素质笔试、专业基础技能测试、面试4种考试类型7种不同的组合模式。

4. “三位一体”综合评价招生

“三位一体”综合评价招生，就是将成长性评价和一次性评价相结合，融学业水平测试、综合素质评价(包括中学综合素质评价和高校综合素质测试)和高考三方面评价要素为一体(以一定比例合成综合成绩，并按综合成绩择优录取)的多元化招生考试评价体系。[①] 实施“三位一体”综合评价招生制度，是落实《国家中长期教育改革和发展规划纲要(2010—2020年)》的一项重要举措。为深入实施浙江省招生制度综合改革试点方案，优化师范类专业人才选拔机制，根据《浙江省教育厅关于深化教师教育改革的实施意见》和《浙江省普通高校三位一体综合评价招生试点管理暂行办法》等有关政策与规定，这所学校的小学教育和学前教育两个专业从2017年开始实行“三位一体”综合评价招生，主要选拔身心健康、素质全面、专业意向明确、适教乐教的优秀学生。这所学校是目前浙江省唯一一所实行“三位一体”综合评价招生的高职院校。小学教育综合素质测试(面试)，主要考核考生的仪表仪态、口头表达、书写展示、思维品质、特长展示等；学前教育综合素质测试(面试)，主要考核考生的仪表仪态、口头表达、专业素养与潜质、特长展示等。2017年，两个专业入围考生共计41人，其中小学教育(师范)专业32人，学前教育(师范)专业9人。

---

① 浙江省从2011年开始在浙江工业大学、杭州师范大学和中国美术学院率先试行“三位一体”招生，后续逐年扩大试点范围。2014年有34所普通高校开展了“三位一体”招生。高校跟踪调查发现，通过“三位一体”招的学生在活跃度和心理调适能力上明显高于其他学生；他们的学习成绩、社会活动能力、适应性普遍较好。

5. 技能优秀中职毕业生免试入学

根据《浙江省教育考试院关于技能优秀中职毕业生免试升学有关事项的通知》(浙教试院〔2012〕49号)的有关精神,结合学校的实际情况,获得教育部等国家部委举办的全国职业院校技能大赛,全国数控技能大赛一、二、三等奖的本省籍应届中职毕业生,由本人向所在中学申请并经中学审核公示后,可以免试保送到学校相近专业学习。近年来,学校共招收了技能优秀中职毕业生28人。学校发挥这些学生的技能长处,进行重点训练,组织他们参加全省乃至全国的职业院校技能大赛。

二、学生日常管理①

学生既是学校的培养对象,也是学校的服务对象,为学生成长成才提供高效化、优质化、人性化服务是学校工作的重要任务。高职院校的学生相对比较难以管理,所以需要老师付出更多的心血,采取更多的措施,引导学生把时间和精力用于学习。这所学校的老师秉承原先重点中专时期的敬业精神,对学生的日常管理与其他高职院校相比较,总体更为严格,非常负责任。学校编印了《金华职业技术学院学生手册》,制定了50多项学生管理制度。

1999年6月,学校设立教育处,2名副处长分别负责教学管理和学生管理工作。随着学校的发展和办学规模的不断扩大,2001年7月,学校单独设立学生处(学工部),同时把招生就业工作纳入学生处(学工部),设招生就业办,招生就业办主任由学生处处长(部长)兼任。随着学校规模不断扩大,学生处的工作职能越来越多,需要逐步增设一些新的内部机构。2003年10月,学生处设教育管理科和宣传教育科。2005年4月,学校设立心理健康教育中心,挂靠学生处,设主任1名,并成立就业指导与服务中心。2006年10月,在学生处设立宿舍管理中心,设主任1名。2007年12月,学校成立校勤工助学管理中心。经过多年的发展,学校逐步形成集学生管理、招生就业、人民武装、团学工作于一体的“大学工”模式。截至2013年10月,学生处共有在编干部17名,内设学生管理科、宣传教育科、招生科、就业科、心理健康教育中心、宿舍管理中心、学生勤工助学管理中心、就业指导与服务中心等,实现了“招生—学生管理—就业”一条龙的服务与管理模式。2014年,学校机构调整,独立设置就业创业指导服务中心。

1. 学生事务服务中心

为了更好地贯彻“以生为本”的理念,学校建立了面积逾800平方米的学生事务服务中心,为全校20 000多名学生提供一站式服务。学生处副处长兼任中心主

① 《金华职业技术学院志》编纂委员会. 金华职业技术学院志:1907—2013[M]. 杭州:浙江教育出版社,2014:451.

任，设立1名专职副主任具体负责中心的日常管理工作。学生事务服务中心开设了学校职能部门、政府及校外企业等12个办事窗口，提供85项与学生日常学习生活密切相关的事项，努力实现学生日常事务管理的智能化、便捷化、规范化，着力将学生事务服务中心打造成“学生之家、问事之处、解疑之所、服务之窗”。该中心秉承“方便学生办事，解决学生困难，维护学生权益，促进学生成长”的服务宗旨，按照“原则科学、标准严谨、目标长效”的要求，进一步把与学生密切相关的管理和服务事项逐渐纳入中心，为广大学生提供方便、快捷、高效和满意的“一站式”服务。中心提供28个志愿者岗位及32个勤工助学岗位，让一批青年学生参与到自我教育、自我管理、自我服务当中。通过窗口服务及开展的一系列的志愿者活动，使中心学生在工作中“出真知、长才干、出成果”，提高中心青年学生的整体素养。

2. 学生宿舍管理

办学初，学校各二级学院的学生宿舍相对比较集中，主要由各二级学院学工办分别管理。学校安排一线专职辅导员进驻学生公寓。2005年，学校制定《金华职业技术学院学生政治辅导员工作考核办法》《金华职业技术学院学生辅导员进学生公寓试行办法(修订)》《金华职业技术学院学生辅导员公寓工作考核细则(试行)》。2006年10月，学校成立宿舍管理中心，设主任1名，并配备3名工作人员，分设思想教育部、运行保障部、安全保卫部等，主要负责指导、协调、协助相关部门和各二级学院做好学生宿舍的管理，深入开展文明寝室创建工作。学校开始全面实施辅导员入驻学生公寓制度，实行校院二级管理体制，并对入驻学生公寓辅导员工作进行月考核。辅导员进驻学生公寓，建立公寓学生动态信息收集系统。2006年11月，学校举办首届宿舍文化节。此后每年定期举办。2006年12月，成立首届学生自我管理委员会，简称“自管会”，设办公室、宣传策划部、期刊部、安全生活部、学生维权中心5个部门，配合宿舍管理中心开展学生“自我教育、自我管理、自我服务”。2010年11月并入校学生会，并更名为“宿管会”。2007年3月，开始正式编制《学生宿舍管理工作简报》(简称《简报》)，该《简报》分“公寓日常管理”“辅导员展台”“学院风采”“简讯”“下月工作要点”等5个板块。2007年6月，学校成立了学生公寓临时党总支，以楼幢为单位设置了21个公寓临时党支部，制定了《学生党建工作进学生公寓的实施方案》《金华职业技术学院公寓文明监督岗方案》《学生预备党员、入党积极分子公寓表现评价办法》，在公寓开展党建知识宣传、学生公寓文明监督、志愿者服务等工作，逐步建立了集学生公寓党建、学生宿舍管理、安全保卫、后勤服务于一体的学生宿舍管理与服务模式。2009年，学校制定《学生公寓用电管理规定》，规范了学生在公寓使用大功率电器的要求，保障了学生的用电安全。2012年4月，学校加大了对公寓硬件的投入，仅在2012年就投入了300多万元，用于改善宿舍的住宿条件，着重改造学生寝室、辅导员值班寝室、公寓值班室等场所的内部设施。2012年6月，校长在全省高校校长参加的省文明寝室建设现场会上，作为唯一一所高职院校的代表进行了宿舍管理典型经验介绍；同年11月，学校接受省文明寝室建设评估组的评估，并取得了优异成绩。2012年9月，学校开始实施领导干部联系寝室制度。2013年初，学生处牵头实施公寓的网格化管理与服务工作。每个网格建立起"一库、二簿、三账"。一库即入住学生住宿信息库；二簿即学生干部、党员走访"生情调查簿""网格管理服务记录簿"；三账即学生日常管理台账，党员、入党积极分子管理台账，特殊学生管理台账。通过网格化管理，激活了学生公寓资源，强化了精细和组团服务功能，多部门联动效应得以增强，学工、保卫、后勤、信息中心紧密配合，形成一张"大网"，把问题"网"起来共同解决。

3. 心理健康教育

2003年，学校成立大学生心理健康教育指导领导小组；2005年成立心理健康教育指导中心，建立教师办公室、咨询室、团体辅导室；二级学院成立心理健康教育指导室，心理健康教育全面铺开并逐步走向规范。历年开展"心理健康教育宣传月"大型系列教育累计18次。学校心理健康教育工作重点在于预防，建立了学校（校心理健康教育中心）、学院（院心理健康教育指导室、心理辅导员）、班级（班主任、心理委员）、寝室（辅导员、寝室长、信息员）四级管理网络运行体系。2005年，心理健康列入大学生选修课程，每年为400余名学生提供学习心理知识的机会。2006年初，校园心理网站正式投入运行，实现了学校大学生心理普查建档工作网络化，大学生人人建有心理健康档案。同时，该网站也成为学生了解学校心理教育工作动态、自主参与心理教育活动、学习心理知识的窗口。2010年，学校成为浙江省高职高专心理健康教育委员会委员单位。2011年，学校获得"全国高职院校心理健康教育工作先进集体奖"荣誉称号。2011年，心理健康教育小报《心路》开始出刊。2012年，大学生心理健康课程正式列入必修课，在一年级学生中全面开展心理课程。2013年，编写的校本教材《大学生心理健康读本》获得学生一致好评。2014年，学校"心理健康教育指导中心"更名为"心理健康咨询中心"。目前，学校有专职心理咨询师3人，兼职心理辅导员12人；40余名教师具备国家二级、三级心理咨询师资格。

三、学生自我管理

自我管理能力是高职学生有必要具备的关键能力之一，是终生学习能力、适应时代发展能力和实践创新能力的基础。高职院校除了通过共青团和学生会等常规组织开展活动，实现学生自我管理外，还可以通过具有高职特色的学生社团和服务团队，引导学生锻炼才能，提升素质。

学校成立社团联合会，挂靠校团委，负责全校社团日常管理工作，对全校学生社团进行注册登记；制定《金华职业技术学院社团管理手册》，明确社团运行、评奖评优、星级调整、宣传管理等细则，规范社团活动的申请、审核、备案、评估等程序，为学生社团在社团组织发展、社团品牌运作、内部建设等方面提供方向，使社团工作有章可循、规范有序；推出《金华职业技术学院社团宝典》，集合了社团成立、注册、管理、变更、注销的流程，常用场地借用和宣传方法的攻略等。学生事务服务中心设社团活动管理专窗，建立学生社团活动申请平台和发布终端，提高社团活动的申请效率，节约活动审批时间，简化活动审批流程；推出学生社团年度星级评审和“十佳社团”评比，在校园范围内挖掘了一批组织机构完善、活动内容丰富和社员满意度高的社团，在其活动经费、社团指导力量上给予大力支持，逐步引导这些社团规范化、专业化和精品化发展，打造了一批精品社团。截至 2017 年底，学校共有学生社团 147 个，分为理论学习、职业技能、兴趣爱好和志愿服务等四类，参加社团的同学占全部在校生的 90%左右。其中，家电维修协会、机械工程协会、仁心推拿协会、杏林中药协会、茶艺表演协会、会展协会、手绘社等 7 个社团先后被评为浙江省优秀大学生社团，番茄电脑社、家电维修协会等 10 余个社团先后被评为金华市十佳学生社团。

学校依托相关专业成立学生专业类社团，请专业老师给予指导，积极开展学生学术科技、创新创业活动，培养学生创新精神和职业能力。1999 年，电子系在专业老师的指导下，成立了家用电器修理小组。截至 2017 年，学校已有电子设计协会、机械工程协会、工业设计协会、汽车工程协会、法律协会、市场营销协会、会计协会、金融协会、会展协会、仁心康复协会、音浪环保协会、创客协会、物流协会等 50 多个专业类社团，已成为各类竞赛人才培养基地的摇篮，培育了一大批优秀的创新型、创业型和技能型人才。信息学院的电脑科技文化节、机电学院的先进制造科技节、建工学院的建筑文化科技节、经管学院的创业文化节等二级学院的一院一品活动基本都由专业社团承办，活动中涌现出来的优秀学生在国家、省级竞赛中屡获重奖。

学校开展“一社一品”的培育工作。例如，绿之韵环保协会、星之绿环保协会立足于环保主题开展的各种具有金华地方特色的环保服务活动，仁心推拿协会、家电维修协会围绕专业特长开展的下乡实践活动，梦想之星艺术团、雷雨剧社开展的话剧和小品大赛，翼天演辩社、激扬辩论社开展的学校辩论赛活动，英语俱乐部的“新生杯”英语口语大赛，会展协会开展的魅力旅游商品展，黄山书画社开展的书画大赛，轩辕棋社承办的金华市棋艺比赛。还有一些表演类社团的文艺节目经常参与学校各类演出活动。

2004 年，学校积极响应团中央的号召，成立了青年志愿者组织——青年志愿者服务总队。十多年来，学校遵照“组织青年志愿者活动，推动校园精神文明建设，服务金华地方发展，促进社会全面进步”的建设目标，不断提升志愿服务工作质量，拓展志愿服务发展思路，在校注册志愿者达 20 000 多名。近年来，学校针对高职学生的特点，结合学校特色，重点发掘、完善、提升精品活动，培育大学生志愿服务品牌，打造了“金台两岸大学生志工交流”“社区主任助理”“周末服务广场”“驻企少年宫”“雷锋服务队”“爱心诚信伞”等32个品牌项目。同时，学校还积极探索社会实践与专业学习紧密结合的有效形式，提升了学生的综合素养，共组建了国宴接待服务团、法制宣传服务队、科技助农团等具有专业特色的志愿者服务队25支。

国宴接待服务团。学校旅游与酒店管理学院根据高职旅游类专业的特点，提出了“厚文化、高素养，多才艺、精技能，善创意、重发展”的人才培养理念，并通过“环境育人、教化育人、实践育人”予以落实。酒店管理专业的学生，具有良好的职业操守、过硬的业务能力和学习能力，更难能可贵的是内在涵养、深厚的国学知识、遇事的淡定从容以及优雅的行为举止。在2010年的上海世博会和2014年的亚洲相互协作与信任措施会议上，学校作为全国唯一受邀参与国宴招待服务的高校，派出的酒店管理专业学生志愿者(分别派出65名和80名学生)与其他工作人员一道，顺利圆满地完成了两次国宴接待任务。

法制宣传服务队。学校经管学院法制宣传服务队由法律事务专业师生组成，融合法律事务专业、法律专业党支部和法律协会的资源和条件，以参与“法治中国”建设为己任，每年组织开展“送法下乡，送法进社区”等各类法制(普法)宣传和咨询活动，赢得了良好的社会效益。2006年，法制宣传服务队到金华市婺城区竹马乡开展的送法下乡活动，被新华社网站、中央人民政府网站、网易和《中国教育报》、《金华日报》等媒体连续报道。依托专业优势，设立法律援助工作站开展菜单式的法律服务。2010年，金华市司法局依托学校专业优势设立“金华职业技术学院法律援助工作站”，开展菜单式的法律服务，为社会提供免费法律咨询，为社会弱势群体办理法律援助案件，参加公益活动等。

科技助农团。2010年，农学院成立了科技助农团，科技助农团是一个以“学农爱农，服务三农”为理念，以农业种养殖技术服务为主要内容，以助推教师成长、学生成才、农民致富为目标的校园文化平台。科技助农团是对学院传统社会实践活动、科技下乡、服务农村的继承与发展，是在新形势下的与时俱进，是农业公共服务体系的集成创新和农业服务形式的原始创新。它传承了农学院80多年来的农业教育、科研和社会服务传统，体现了高职院校农业类专业的精神内涵，彰显了办学特色，具有强烈的时代气息感。科技助农团下设动物饲养繁殖、动物疾病诊治及预防、蔬菜、水果、园林、农业经济信息等六个专业团队和一个“一站式”综合专家服务队，实行农科教一体化运行机制，做好“五个结合”，即三农服务与教学、科研、人才培养、社会实践、农民增收相结合，强调“三个联系”，即三农服务与科技特派员工作、农村指导员工作、基层农机人员培训项目相联系，做好工作统筹，实现服务的集成、综合和创新。

四、学生资助

家庭经济困难学生是高职院校较为特殊的群体，由于各种原因导致他们在求学过程中承受着经济、心理等多种压力，需要更多的关心与爱护。这所学校遵循教育发展和学生成长成才规律，针对家庭经济困难学生的群体特点，围绕国家、学校的各项资助政策，开展了一系列层次分明、点面结合、特色凸显的资助工作，助力学生健康成长成才。

1. 构建资助工作体系，力保资助全覆盖

学校形成了以国家励志奖学金、助学金、生源地信用贷款为主，帮困助学基金、勤工助学、困难补助相结合，物质帮助、精神帮助、心理帮扶相结合，奖励与资助相结合，国家资助、学校资助、社会资助与个人自助相结合的较完整的资助体系，为学生顺利完成学业解除了后顾之忧。2007 年以来，学校严格坚持公开、公平和公正的原则，做好各项奖助学金评审，并及时足额发放给学生。每年通过国家奖学金、励志奖学金、国家助学金、生源地助学贷款、校优秀学生奖学金、专业与社会奖学金、临时生活补助、帮困助学基金、学院爱心助学金、勤工助学等多种方式累计资助学生 2 万余人次，资助金额达 2000 余万元，使广大家庭经济困难生的学习、生活得到了有力的保障。

2. 建章立制，强化管理队伍建设

学校结合实际相应出台了《家庭经济困难生认定办法》《经济困难学生学杂费减免的暂行办法》《经济困难学生资助工作条例》《学生勤工助学管理办法》等 7 项规章制度，使学生资助工作更规范、更有效。根据制度客观公正地做好家庭经济困难学生的认定工作，纳入诚信承诺、资格审查、民主评议等 6 项程序，确保认定程序公正、公平、公开，并建立详细的家庭经济困难生档案。学校成立资助工作领导小组，负责资助工作的组织、管理。各二级学院成立以分管家庭经济困难学生资助工作院领导为组长、学生管理部门负责人及学生辅导员为成员的资助工作组，负责资助工作的具体组织和审核工作。各专业以年级为单位，成立以辅导员为组长、班主任及学生代表为成员的家庭经济困难生认定评议小组，负责认定的民主评议工作。

3. 创新资助形式，打造资助工作品牌

学校积极探索资助新举措，逐渐形成品牌化的资助项目，如入选浙江省资助十大创新项目——新生“一个承诺，一声问候，一片爱心，一套措施”的“四个一”无障碍入学通道项目。学校每年为低保户、孤儿、残疾等家庭经济特别困难的新生准备包括被褥、军训服、手机、励志书籍等价值近 1600 元的爱心大礼包，第一时间帮助解决他们的生活、学习等各方面的困难。同时，学校将“绿色通道”设在迎新自助报到系统中，家庭经济困难学生可以在网上轻松便捷地完成报到入学手续。

从2010年起,学校便在寒冬组织开展“棉衣暖人心,针线传真情”暖冬季活动,通过发动老师、学生为家庭经济困难学生编织围巾,购买御寒冬衣,补助返乡交通费等活动形式,活动上发放冬衣500件、围巾440条,给280名家庭经济困难的外省学生每人发放600元的返乡交通费,向134名家庭经济困难学生发放1000～3000元不等的临时生活补助,共计近70万元。通过这些活动,帮助相关学生解决生活困难,同时也让他们感受到学校和师生的温暖,树立自信,克服困难。

4. 开展发展性资助,提升整体素养

在保障经济资助的基础上,注重家庭经济困难学生能力和素质的提高,努力为家庭经济困难学生创造和提供平台、条件和机会,满足他们的发展需求,帮助他们全面、健康成长成才。学校围绕“从经济上帮助学生、从精神上培育学生、从能力上锻炼学生”三个目标,通过感恩季系列活动,强化勤工助学、困难学生社会实践,树立自强自立、积极进取优秀学生典型,困难学生能力培训等一系列举措,努力使家庭经济困难学生摆脱贫困生活,将其培养成心理健康、积极进取、能力过硬、心怀感恩、实现自身价值的有用人才,为学生的全面成长成才提供必要的保障。

5. 充分利用帮困基金,为寒门学子解忧解难

为构建和谐校园,激励家庭经济特别困难的学生勤奋学习、努力进取,切实帮助其顺利完成学业,2005年10月,全校师生在校领导的带领下,自发捐资70万元,成立了学校帮困助学基金会,一些社会热心企业与个人也纷纷加入捐资队伍,壮大了帮困助学基金会。通过10多年的良好运作,目前帮困助学基金本金已达340余万元。帮困助学基金会的宗旨是帮助解决因孤儿、单亲、家人得重病、残疾等因素所造成的家庭经济特别困难学生的生活困难。帮困助学基金会通过爱心卡每月发放生活补助,解决了家庭经济困难学生的校内就餐问题。根据学生的家庭贫困情况,每月给每位受助学生的爱心卡充值100～300元,共10个月。迄今为止,已有近1000名家庭经济特别困难的学生得到了不同程度的爱心资助,累计资助金额近180万元。

五、学生评优

优秀的品质需要大力弘扬,良好的学风需要榜样引领。多年来,学校始终把立德树人作为立身之本,重视表彰品德突出、学习优异、社会活动积极的优秀学生,不仅授予荣誉和物质奖励,而且在学习、就业等方面给予了一定的优先考虑。为加强和改进大学生思想政治教育工作,充分发挥优秀学生在校风、学风建设和人才培养中的示范和榜样作用,形成青年大学生奋发图强、立志成才、奉献社会的良好风尚,自2003年开始,学校相继出台《金华职业技术学院“三好学生”“优秀学生干部”“单项优秀学生”评选办法》《金华职业技术学院优秀毕业生评选办法》,在全校普通全日制专科学生范围内评选"三好学生""优秀学生干部""单项优秀学生"等先进个人荣誉称号，并对评选要求做了比较系统的规定。同时，学校积极推荐其中较优秀的学生参选省十佳大学生、省优秀毕业生、省励志成才优秀学生、国家奖学金等省级以上荣誉。2007 年 12 月，学校组织开展首届"十佳大学生"的评选工作。2011 年 12 月，学校组织开展了首届大学生"创新(创业)之星"的评比，2012 年改名为"十大创新(创业)之星"评比。2012 年 10 月，学校组织开展首次十大"自强之星"评选工作。之后，学校每年组织开展"学生三十佳"评选活动；学校教育发展基金会除了给予奖金奖励外，还组织三十佳学生赴外省的革命圣地以及著名高校开展红色之旅、学习之旅。

1. 公平公正评选

作为树立先进典型、激励全校学生奋发进取的重要载体，学校高度重视"学生三十佳"评选活动，专门成立评审领导小组，并下文组织实施。"十佳大学生"应为学习成绩优异、专业技能突出，具有良好的社会公德意识、现代青年的先进思想观念，热爱集体，勤于奉献，在乐于助人、见义勇为、诚实守信等方面有突出表现者；"十大创新(创业)之星"应为具有强烈的求知欲和上进心，实践动手能力强，有较强的创新意识和能力，或者自主创业，艰苦奋斗，开拓创新，创业事迹具有典型性和示范性等突出表现者；"十大自强之星"应为生活俭朴，能够在逆境中自尊自立，自强不息，奋发成才，能够做到自食其力，顺利完成学业等突出表现者。为了充分展示候选人的优秀事迹，学校专门开设了网页并在学校校报上印制专版进行宣传；同时为广泛征求全校师生的意见，让他们积极参与网络与报纸投票，使三十佳的产生具有较强的民意基础。学校还组织了候选人的现场展示环节，由评审领导小组及专家进行评价。候选人千里挑一，在个人自荐、学院推荐、学工部门审核的基础上，通过综合网络、报纸及现场展示三个环节的评价，最终由评审领导小组审定后产生"学生三十佳"。

2. 隆重热烈表彰

学校每年上半年隆重召开优秀学生表彰大会，学校主要领导为"三十佳"颁发荣誉证书及奖杯。同时作为优秀学生代表，各二级学院围绕他们的事迹，开展学生"三十佳"的事迹宣讲会以及与"榜样面对面"等一系列宣传活动，大力弘扬学生"三十佳"积极进取、自强不息、健康向上、开拓创新的精神，在全校营造崇尚先进、学习先进的良好风气，引导广大学生奋发有为、全面成才。

3. 积极为校争光

"学生三十佳"的评选是学校人才培养成果展示的一个平台，这些优秀学生也为学校争得了荣誉。如第二届"十大自强之星"吕旭红同学，虽然家境贫寒、身体残疾，却从不自卑，一直积极阳光、独立坚强、勤奋好学，付出了比其他人更多的努力，成就了别样精彩的人生。她在成长中收获幸福，获得了浙江省"十佳大学生"

及2013年度“中国大学生自强之星”提名奖等荣誉称号。第二届“十佳大学生”刘瑞同学是四川乐山人，在校期间自强自立，乐于助人，学习刻苦，积极参加学科竞赛和专业实践活动，在老师的指导下设计制造了“四轮四驱探索者机器人”和“双阻尼高楼逃生缓降器”，批量生产后产生经济效益50余万元，获得了浙江省“十佳大学生”称号。“十大自强之星”蓝群芳、严明清以及朱洪强，凭着内心坚强、逆境求学、执着追求、永不服输的精神，先后获得了“中国大学生自强之星”提名奖。

六、就业服务

“以服务为宗旨，以就业为导向”是职业教育基本的办学理念。《教育部关于以就业为导向 深化高等职业教育改革的若干意见》(教高〔2004〕1号)明确提出，以就业为导向，切实深化高等职业教育改革，是满足我国社会发展和经济建设需要、促进高等职业教育持续健康发展、办人民满意教育的关键环节。这所学校在办学之初就非常重视毕业生的就业工作。就业是学校“五位一体”模式的重要一环。1998年，学校正式设立招生就业处；2002年，设立就业科；2003年5月，成立毕业生就业指导与服务中心。学校推行就业工作“全员化”，建有校内外专职就业指导队伍，制定相应职业指导咨询制度，设有职业生涯规划辅导、就业政策程序咨询、面试技巧礼仪咨询、职业适应力训练等专题模块，开通咨询渠道，接受学生面对面、电话和网络咨询。2004年以来，学校与100多家企业建立长期稳定的就业合作关系，为贫困毕业生提供1000元/生的就业补助。2005年开始，学校每年举办毕业答辩、作品展示、现场签约“三结合”毕业生就业招聘现场会。2010年起，学校通过设立“班级就业委员”、成立“学生会就业服务部”、开发“金华职业技术学院就业网”等举措，切实做好大学生就业服务工作。2008年，学校将大学生职业生涯规划与就业指导课列为必修课；2009年，成立大学生职业规划与就业指导课程组；2010年，在原有的职业生涯课程体系上开设生涯成长公选课；2012年，学校荣获“2010—2011年度全国毕业生就业典型经验高校”，是当年省内唯一一家获此荣誉的院校，与复旦大学、中山大学共上榜单。学校通过“三结合”招聘会、就业创业文化节暨职业生涯规划活动月、专场招聘会、周末就业超市、建立就业基地、人才市场合作、知名企业合作、“订单班”、校企利益共同体、就业困难学生帮扶等途径，为学生就业提供更多的机会和渠道，毕业生广受社会认可，初次就业率超过95%。

学校把毕业生就业工作作为“一把手工程”，不断完善工作机制，落实相关措施，确保人员、资金、措施三到位，有力保证了就业服务工作的顺利推进。2014年10月，学校建立专门的就业创业指导与服务中心，下设就业创业服务科和职业发展教育科，全校上下达成共识，形成注重就业创业服务的校园育人文化，真正关爱学生发展。学校以完善就业创业指导与服务中心机构建设为契机，深化“五个转型”，即由目标式管理向过程化管理转型，由追求高就业率向就业率、就业质量双提升转型，由管理为主向指导服务为主转型，由提供基础服务向注重差异性需求和个性化服务转型，由求职指导向职涯发展和创新创业教育转型，助推就业创业服务工作进入“新常态”。

学校深化就业指导和生涯教育，逐步提升学生职业发展能力。学校生涯教育、就业指导从基础教学入手，全校开设了38学时的大学生职业生涯与就业指导必修课，并且狠抓生涯教育与就业指导的师资队伍建设，用请进来、走出去的方法培育师资队伍。组织开展台湾著名生涯教育专家田秀兰讲学内训班、YY语音学习、北森公司EET、仁能达创新创业课程、焦点技术、职业指导等专题师资培训100余次；将央央工作室、珍姐有约、江江训练营作为生涯教育、就业指导的校级品牌进行建设，分别开展生涯发展、创新创业个体咨询团体辅导与职业能力的训练活动。此外，学校把职业生涯规划大赛作为学生职业能力成长的动力点，指导老师陪伴参赛选手共同成长，提升选手们的综合能力，特别是坚强的意志力。大赛从大一学生中开始选拔培养对象，以陪伴学生成长作为核心点，全力打造参赛选手的综合能力。大二假期则让选手们参加专业实习、人物访谈，全面体验职业环境与目标职业岗位，让其职业技能、大赛技能都得到提升。大三则进一步训练PPT制作、现场展示、职业情景模拟等技能，把生涯大赛作为系统工程来抓。职业规划大赛是生涯教育的抓手，更是最实在、最有体验性的新生始业教育活动。

学校注重毕业生就业质量，不断在更广阔的行业领域寻求校企合作，建立就业基地，实现毕业生批量就业。2014年初，学校党委书记胡正明亲自带队前往上海铁路局走访，与上海铁路局商谈合作事宜，建立毕业生长期供求关系。2015年、2016年学校分别组织开展上海铁路局金职院毕业生校园专场招聘会，累计已有500多名学生被录用。2016年，学校与全球规模较大的色纺纱供应商与制造商、中国制造业500强、中国棉纺织行业竞争力10强企业华孚色纺股份有限公司开展战略合作，专门举办华孚色纺金职院校园招聘宣讲会，有200多名毕业生报名，经过企业现场笔试，共有100名同学入围复试环节，最终15名学生被正式录用。

2017年，学校整合各类资源，着力打造以“毕业生回访暖心工程、毕业季服务暖心工程、困难生帮扶暖心工程”为主线的毕业生就业服务和指导“暖心”工程，扩大毕业生就业质量跟踪与指导服务的“朋友圈”。

七、创新创业指导

《国务院关于大力推进大众创业万众创新若干政策措施的意见》(国发〔2015〕32号)提出，推进大众创业、万众创新，是发展的动力之源，也是富民之道、公平之计、强国之策，对于推动经济结构调整、打造发展新引擎、增强发展新动力、走创新驱动发展道路具有重要意义，是稳增长、扩就业、激发亿万群众智慧和创造力，促进社会纵向流动、公平正义的重大举措。这所学校早在2007年就将“双创”教育纳入国家示范性高职院校建设内容；2011年校政企联合建立创业学院，开辟大学生创业园；2014年独立设置就业创业指导与服务中心，成立大学生创新创业实践中心，创建金义大学生电子商务创业园；2015年开始，学校将西大门原先出租的商铺回收，打造“金湖创客汇”；2016年实体化运作创业学院，成立创新创业教育专家指导委员会等，步步深化、统筹推进创新创业教育。

学校结合金华地方经济“小企业大集群、小商品大市场”特点和装备制造、网络经济、健康医药等产业优势，构建了“4＋3”创新创业教育实践体系。“4”指搭建课程平台、实践平台、竞赛平台、活动平台等“四大平台”，承载创新创业教育；“3”指实施启航工程、领航工程、远航工程等“三航工程”，使100％的学生接受创新创业意识和精神教育、15％的学生具备创新创业的经历、5％的学生能成功孵化实现创业。

学校积极培育校园创业文化，激发学生创新创业意识，增加学生创业实践机会，定期向在校生举办创业“公开课”——创新创业大讲堂；与金谷青年创业园签约开展战略合作，在该创业园设“金华职业技术学院学生创业孵化基地”；与就业局、人社局、财政局等政府部门建立联动机制，积极推动资源对接，依托和协同金华市“乐乐小镇”、金华市高新技术产业园区等探索建立北大科技金华创业园、赛伯乐（中国）投资集团等一批校外创新创业实践基地，为学生提供良好的创新创业教育实践平台；校企携手运营“贝腾创新创业学校”，共建开放的创业教育共享平台和合作体系；整合校友创业资源，成立金职院校友创业者联盟，举办首届创业校友嘉年华，为创业校友和在校生搭建信息、项目、资金、人才等互动交流与合作的平台。

学校积极申报浙江省高校创业学院建设试点单位等，按照《浙江省人民政府办公厅关于推进高等学校创新创业教育的实施意见》的精神，于2016年牵头制定《金华职业技术学院创新创业教育改革实施方案》，报省教育厅备案并向社会公布。同时，学校成功申报国家职业院校创新创业教育基地，积极开展创新创业教育研究指导，出版高等职业院校素质教育创新示范教材《大学生职业生涯规划》和创新创业教育普及课程教材《大学生创业导航》；成功举办“专业＋创新创业教育”试点工作研讨会，邀请全国知名创新创业教育专家李肖鸣围绕“专业教育如何融入创新创业教育”专题开展讲座。

2009年以来，学校已成功举办了四届“挑战杯”科技竞赛活动，获省大学生科技创新活动计划（新苗计划）立项63项、省级竞赛荣誉28项、全国竞赛二等奖，多次被评为浙江省“挑战杯”竞赛优秀组织单位；学校成为团中央授予的大学生KAB创业教育基地和大学生KAB创业俱乐部；大学生创业园被授予“金华市首批创业阵地”、市级“青年文明号”和“金华市大学生创业阵地”。

没有规矩，不成方圆。学校管得越严格，家长反而越愿意小孩报读。学校在保障学生学习权利、为学生发展创造良好环境、服务学生成长成才的同时，也制定了严格的管理制度，规定学生的义务以及纪律要求等。如果学生严重或屡次违反相关纪律要求，学校将按照制度规定给予相应的处理。仅 2017 年，学校就有 3 人经补考不及格课程累计达 20 学分且补考不及格课程数累计达 7 门以上，被退学处理；1 人因纪律观念淡薄，累计旷课 50.5 节，班主任、辅导员多次教育后不知悔改，仍有旷课等违纪行为，其行为已严重违反学校有关学生学籍管理相关规定，被给予留校察看处分；1 人在浙江省计算机等级考试中，违反试场纪律，携带与考试有关的教材，构成考试违纪，被给予记过处分；58 人向学校提出退学申请，多次劝说无效，给予自动退学。

第十章　应用技术为导向的科学研究

科学研究是高校的重要职能之一。强大的科研实力是高校办学水平的重要标志,不仅能扩大学校的影响力,增强社会服务能力,还有助于提升学校的人才培养质量。近年来,我国普通本科高校都非常重视科学研究,尤其是研究型大学把科学研究放在优先发展的地位。高职院校最重要的任务是培养生产管理服务一线的技术技能人才,但并不是说高职院校就不要开展科学研究。研究型大学主要研究基础理论问题和高精尖问题,而高职院校主要侧重于开展应用技术研究,开展或参与技术服务及技能应用型改革与创新,更加注重科研成果的转化。

这所学校在办学初期就非常重视科研工作,2003年后,学校顺应高职教育改革与发展趋势,紧密联系与服务区域经济社会,创造性地提出了"五位一体"育人模式,其中特别强调科研是校企融合的提升,要通过建设紧密型基地、联办应用型研究所、合建专业性公司等方式,开展合作研究,坚持科研为教学服务,科研为地方经济社会发展服务。本章主要从科研管理创新、科研平台建设、重点学科、科研创新团队、科研成果及其转化等方面描述这所学校科学研究的主要情况。

一、科研管理创新

历年来,中国有关职业教育的一些重要政策文件,如《国务院关于大力发展职业教育的决定》(2005年)、《教育部关于全面提高高等职业教育教学质量的若干意见》(2006年)、《国务院关于加快发展现代职业教育的决定》(2014年)、《现代职业教育体系建设规划(2014—2020年)》(2014年)、《高等职业教育创新发展行动计划(2015—2018年)》(2015年)等,主要关注专业建设、人才培养模式创新、"双师型"教师队伍建设、技术技能积累、信息化建设、国际交流与合作、职业教育集团化、质量保障体系等,但都几乎没有或很少涉及科学研究问题。《教育部　财政部关于实施国家示范性高等职业院校建设计划　加快高等职业教育改革与发展的意见》(2006年)提到一点科研相关内容,提出国家示范院校要密切与行业企业在技术开发应用领域的合作,积极为社会提供技术开发与服务。《国务院关于加快发展现代职业教育的决定》(2014年)提出,高等职业教育要密切产学研合作,走内涵发展道路,为行业企业创新发展服务。所以,高职院校教师开展科学研究,主要是院校内部的要求。这所学校是少数在办学初就比较重视科学研究的高职院校,陆续出台了一些科研管理制度，引导教师积极开展科学研究。

（一）科研考核

如前所述，这所学校主要通过目标责任制考核的方式实施内部管理，科研就是其中一个重要的方面。

学校每年的目标责任制考核中，对各个二级学院有科研的考核任务，主要是考核科研到款和省部级项目立项数，考核分 5 至 7 分不等。2009—2014 年，学校科研到款目标逐年递增，每年 400 万～750 万元，省部级项目立项数每年都是 13 项。科技处根据各二级学院的专业数、教师数量和职称结构，分解科研考核指标，如科研到款少的学院只有 25 万元，多的学院需要 150 多万元。同时，各二级学院如果不能完成这两项任务，可以由其他科研成果替代，具体原则是：①完成 3 个产品开发；或新成立 1 家试点专业性公司并实现利润 5 万元或者完成到款 10 万元；或已成立的专业性公司在上年度到款基础上增加 10 万元，视为 1 项省部级项目；②国家科技部火炬计划项目、星火计划项目以及软科学项目等无经费的项目，视同完成 2 项省部级项目；③获国家自然科学基金项目或国家社会科学基金项目或国家科技部计划项目且到校经费在 40 万元以上的项目，每项项目相当于 3 项省部级项目，当年考核结余项目可打折转入下年度使用。

2015 年，学校简化科研考核办法，采用科研业绩点的方式，设定科研考核评定指标——科研业绩点人均 50 分。学校参照《金华职业技术学院高层次人才年度科（教）研业绩考核办法（修订）》，计算各二级学院教师的科研业绩点，规定“只有第一申报（完成）单位为金华职业技术学院，且第一负责（完成）人为学校教职工的科研项目、学术论文、专利、成果奖等科研成果方能计算业绩点”。

2016 年，学校分为自然科学类学院和社会科学类学院两大类进行考核，自然科学类学院为信息学院、机电学院、建工学院、农学学院、医学学院、制药学院，社会科学类学院为经管学院、师范学院、旅游学院、艺术学院、国商学院、金义网络学院。科研到款和重点推动项目分别按学院专业排名进行赋分。

各二级学院根据各自的实际情况，再把学校的科研考核指标分解落实到相关专业甚至到具体教师。另外，大部分二级学院在教师的个人年度考核中，都有课题、论文和专利等科研要求，约占 20％的考核分。这样，教师在完成常规教学任务以后，就要主动想办法利用课余的时间去做一些科研工作，否则就会严重影响年度考核的结果，进而影响绩效工资、职称评审和评先评优等。

与其他高校一样，教师晋升各级职称都需要相应的科研成果。这是高职院校教师开展科研最主要的内生动力。职称与教师的收入紧密挂钩，同时也是教师专业水平的重要标志。而这所学校因为教师职称工作抓得比较早，高级职称教师比例较高，教师后续申报职称的科研要求比同类院校更高（见本书第四章相关内容)。

此外,为充分发挥学校高层次人才在科研、教研中的骨干带头作用,提升学校整体水平,这所学校从2008年开始实施高层次人才科(教)研业绩考核,专门出台《高层次人才科(教)研业绩考核办法》,考核人员范围是享受学校副高及以上职称或硕、博士学位津贴的人员,以及享受学校特殊津贴的省"151人才工程"入选者、省高职专业带头人等。上述人员的年度科(教)研业绩点由相应管理部门参照《高层次人才科(教)研业绩点量化考核表》负责考核,职称津贴、学位津贴和各类特殊津贴根据业绩点考核分计发(先按月预发50%,年终根据业绩点考核分多退少补)。

高职院校的教师大部分都需要承担比较多的教学任务,一般不能减少教学课时去从事科研工作,但学校又非常希望教师结合专业教学工作开展科研,一方面是希望通过科研提升教学质量,另一方面是希望通过教师的科研提升学校的社会服务能力以及社会影响力等。上述各类考核对教师来说主要是压力。这所学校的大部分教师(尤其是年轻教师)基本能把这种压力转化为动力,积极利用课余时间去开展一些研究工作。给教师适当的压力是必要的,但仅仅有压力是不够的,或者说是不可持续的。一些教师评上正高职称后,就失去了为申报职称而研究的动力,一些教师到一定年龄后会放弃继续申报职称(年龄偏大的副高职称教师居多)。这样学校就需要通过经费支持、预研制度、专家指导、成果奖励等措施来鼓励、支持教师继续开展科研。

(二)经费支持

教师开展科学研究,不仅需要投入大量的时间和精力,还需要一些必要的经费。高职院校教师申请立项的项目以省部级及以下项目为主,这些项目(尤其是社科类项目)经费有限,一般为0.3万~5万元,超过10万元的很少。如果一个项目要开展较广泛的调研或要出版著作等,教师就需要额外筹集科研经费,这对工资收入并不高的教师又是一种压力,也会较大程度影响教师的科研积极性。为此,这所学校对第一申请单位为金华职业技术学院且项目负责人为学校在册人员申报立项的项目,按相应标准予以上拨经费30%~150%的资助,最高可达到200万元/项。其中,国家自然科学基金项目、国家社会科学基金项目按上拨经费的150%资助,全国教育科学规划课题、教育部人文社会科学研究项目、浙江省哲学社会科学规划课题、浙江省自然科学基金项目按上拨经费的100%资助,其他部级项目和浙江省科技计划项目按上拨经费的80%资助,厅级项目按上拨经费的50%资助,市级项目按上拨经费的30%资助。上级主管部门对项目配套经费有特殊要求的,如学校规定的配套额度低于上级主管部门要求资助标准的,按照上级主管部门的标准进行资助。个别二级学院还在学校资助的基础上,再以科研积分的形式给予一定的科研项目奖励。这样的科研经费资助力度在全国同类院校中是比较大的，基本可以保证教师不用担忧科研经费问题，对提升教师的科研积极性有显著的作用。

（三）预研制度

高层次项目的申报需要较长时间的前期研究以及相关研究成果的积累。为调动学校教师开展科学研究的积极性，加大科研扶持力度，提高高层次项目申报的竞争力和立项率，这所学校于 2010 年专门印发《预研项目管理办法（试行）》，把有重要学术意义和应用前景，具有一定科学性、创新性和社会经济效益，并有望获得省部级或国家级立项的科研项目，立项为学校预研项目进行资助。预研项目分为国家级预研项目和省部级预研项目两种，国家级预研项目研究期限一般为 3 年，省部级预研项目研究期限一般为 2 年，国家级预研项目资助额度为 3 万～5 万元/项，省部级预研项目资助额度为 0.6 万元/项，预研项目经费主要用于项目前期研究的投入和专家指导费。获得预研资助的项目，学校优先向上级单位推荐申报。通过预研，学校一批批项目在正式向上申报前，就较早确定了选题和主要研究内容，较好地完善了项目申报标书，有些还积累了一定的前期研究成果，在正式的项目评审中具有一定的优势，相对容易中标立项。

（四）专家指导

高职院校教师的科研能力与普通本科院校教师相比总体是较弱的，有许多教师（尤其是青年教师）甚至连基本的科研规范知识都很缺乏，不知道从何做起。为有效提高教师的科研能力，特别是项目申报和学术论文写作的水平，这所学校的科研管理部门积极组织或邀请校内外专家开展点面结合的科研指导。第一种是学校层面邀请全国或全省知名的专家给全校教师做科研方面的指导报告。第二种是各二级学院邀请相关专业领域的知名教授或学科评审专家，在小范围内做专题讲座，指导教师如何写项目申报书、如何写学术论文、如何写应用对策建议等。第三种是在相应的省部级以上纵向项目正式申报前一段时间，请本科院校有经验的——曾经立项过国家级项目的教师，给已初步准备好申报书的教师面对面指导，从选题、研究综述、研究内容、创新点到研究方法等整体设计，进行仔细的推敲、修改，有些还要经过多轮的修改完善。相关的指导费用一般由学校或二级学院的经费列支，如果是上面所说的预研项目，则从教师自己的预研项目经费中列支。

（五）成果奖励（资助）

为充分调动广大教师和科研人员的创造性、积极性，培养一支高素质的研究队伍，推动高水平科研成果的产出，除了采取上述措施外，这所学校还非常重视对科研成果的奖励和资助。学校制定《科研成果奖复奖办法(试行)》《学术论文奖励办法(修订)》《专著出版基金管理办法(修订)》《专利工作管理办法(修订)》等制度，对教师的科研成果奖、高层次学术论文、专利、专著等进行奖励或资助。

获奖成果原则上要求第一完成单位为“金华职业技术学院”，且第一完成人为学校教职工(含兼职、退休教师)。市哲学社会科学优秀成果奖、市科学技术奖、省高校科研成果奖、社科联社科研究优秀成果奖、社科联青年社会科学优秀成果奖、其他厅级科研成果奖、省科学技术奖、省哲学社会科学优秀成果奖、国家自然科学奖、国家技术发明奖、国家科学技术进步奖、国家最高科学技术奖等，按奖励的层次和等级分别奖励 0.3 万元至 100 万元不等。

学校在职在岗在编的正式教职工，以“金华职业技术学院”为第一作者和通讯作者单位，在国内外正式期刊上发表的高层次学术论文，参照学校《学术论文奖励办法(修订)》规定的相应标准，给予 0.2 万～10 万元/篇不等的奖励。

学校专门设立专著出版基金，按照择优资助的原则，优先资助学术价值高、具有创新性，并对学校学科、专业建设有促进作用的专著出版。学校教师为第一作者的学术著作，出版时已在封面、扉页或前言中注明“本书获金华职业技术学院专著出版基金资助”，在专著出版后可以提出专著出版基金资助申请。科研管理部门每年两次请校外专家对提出申请资助的专著进行评审，分 A、B、C、D 四类，给予 0.2 万～3 万元/部不等的出版资助。

为激励教师发明创造，学校对获得授权专利的发明人(设计人)予以奖励，奖励额度如下：发明专利 2000 元/件，实用新型专利 800 元/件，外观设计专利和软件著作权 300 元/件。专利权属于学校的授权发明专利，获得上级部门专利申请补助或奖励的经费，学校如数奖励给发明人。学校教师职务发明专利取得专利权转让或实施后取得经济效益的，按如下办法给予奖励：通过中介机构(中介人)转让或实施的，到校经费按 5∶3∶2 的比例分配给发明人(设计人)、中介机构(中介人)、学校；通过专利发明人(设计人)直接转让或实施的，到校经费按 7∶2∶1 的比例分配给发明人(设计人)、谈判人及相关法律事务人员、学校。

虽然在某些具体的方面，其他学校可能会有更大的奖励和支持力度(如有些学校核心期刊论文奖励 8000 元/篇)，但总体来说，这所学校在国内同类院校中，是非常重视教师科研工作的，也采取了多种措施千方百计支持、帮助教师开展科研，所以这所学校近些年的各类科研成果都处于全省前列，总体科研竞争力甚至处于全国同类院校前列(具体见本章第四部分)。

二、科研平台建设

科研平台是高等院校学科建设、人才培养、技术服务的主要载体，是高等院校开展科技创新活动的主要基地，同时也是衡量高等院校发展水平的重要标志之一。高职院校很难建设国家工程技术研究中心、国家重点实验室、2011 协同创新中心等高端平台，但建设一些应用性的研究所、重点实验室、工程研究中心以及省市级部门批准的研究机构还是可行的，或者说是有必要的。

除了前面所述的重视科研制度和管理等软环境建设外，这所学校还非常重视科研硬件——科研平台的建设，紧紧围绕学校重点发展的专业，有序推进相关科研平台建设，加大对科研平台建设资金、设施以及人才资源等多方面的投入力度。

（一）研究所

这所学校最早建设的科研平台是研究所。2002 年 1 月，经学校申报，金华市科学技术局下文同意成立金华职业技术学院特种动物、法律应用、旅游、生化、教育科学等 21 个研究所。2002 年 3 月，学校成立了三维计算机辅助设计、单片机技术应用、建筑技术、动物医学等 4 个研究所。2003 年，学校成立了金华市浙中区域经济研究所和金华猪研究所。

为全面凸显学校“五位一体”的办学特色，进一步提升办学层次和办学水平，2005 年 6 月 28 日，学校下发《关于成立高职教育研究所的通知》（金职院〔2005〕107 号），专门成立高职教育研究所。当时，学校对这个研究所的主要功能定位是学校改革发展的研究中心、高职教育改革的研究中心、提高师资教学科研水平的载体、吸引全国高职研究优秀人才的平台、联系国内外相关职能部门和研究机构的纽带。学校聘请全国知名职教专家石伟平、马树超为研究所顾问，学校时任党委书记、院长的杜世禄亲自担任研究所所长，两位副院长担任副所长，在全校范围内聘请 21 位教师作为研究人员，其常设机构为高职教育研究所办公室与学校办公室合署办公。这个研究所的规格和起点是很高的，在学校发展过程中发挥了很重要的作用。（2012 年，学校在高职教育研究所的基础上与浙江省教科院联合成立了浙江省现代职业教育研究中心。）

2006 年，学校对原有的 28 家研究所进行整合、重组，批准了高职教育研究所、人畜共患病研究所、自动控制与信息工程研究所、三维计算机辅助设计研究所、动力机械与车辆工程研究所、桥梁及结构工程研究所、浙中区域经济研究所、法律应用研究所、旅游研究所、生化研究所、不孕症研究所等 11 家资助研究所。学校每年资助一定的研究经费，并加强对研究所的指导和管理。

（二）专业公司

上述研究所基本上是参照本科院校研究所的运行模式，主要争取纵向研究项目，开展一些基础性的研究。这种主要基于学科的研究模式并不是非常适合高职院校教师，与高职院校的专业建设也不是太切合。

为充分发挥专业科技优势，强化横向项目研究以及应用技术服务，促进科技成果转化和高新技术产业化，同时也为了增强专业活力和凝聚力，强化教师与学生的科技服务能力，更好地促进专业发展，这所学校积极推进专业公司建设。

所谓的专业公司是以学校拥有的科技成果(包括专利技术、非专利技术、计算机软件等)作为无形资产入股，吸引社会资本共同组建的有利于专业发展的成果转化型公司，或以学校专业组成员为基础组建，运用专业技术知识，对外开展横向科技服务的技术服务型公司。专业公司依托专业，发挥专业优势，以科技成果产品化和经营本专业相关技术成果以及为社会提供技术服务为主要业务内容。

有意向的专业根据专业特点，填写专业公司创办申请表，经所在二级学院分管领导审核、学院研究同意后，提交完整材料(公司章程、组成人员股权分配协议、公司董事会成员名单等)报学校科技处审核。学校科技处就公司生产经营范围、成立条件、知识产权等事项进行审核，并报分管校领导审批同意后，正式将其列入校内专业公司。2008 年，金美科技服务中心、金华市装饰装修研发中心、园艺花卉公司、清洁生产中心、音乐文化传播公司等 5 家专业公司成立。学校主要依托专业公司承接技术服务业务并开展相关工作。

为更好地规范专业公司管理，学校还制定《专业公司管理办法(试行)》，就专业公司的申报、组建与运行，经费使用，固定资产管理，科技成果入股权益分配等事宜做出规定。同时，学校在每年年底从公司营业到款、利润、上缴学校经费、科技服务项目数、社会结合度等方面，按考核实施细则对专业公司经营业绩进行考核。

经过几年的运行和拓展，到 2012 年，学校正式成立清洁生产中心、安全科技咨询公司、浙江华宇建筑设计有限公司第四综合所、浙江工商大学旅游规划设计院有限公司金华分院、金湖音乐文化传播中心、金美创意设计公司、金湖翻译社、医学解剖中心等 8 家专业公司。当年，专业公司社会服务总到款就达到 80 余万元。

(三) 浙江省哲学社会科学重点研究基地

随着学校教育教学改革的深化以及学校影响力的进一步扩大，学校主要领导敏锐地意识到，可以把职业教育研究作为学校的一个特色或品牌进行培育。经过多次磋商努力，2012 年 5 月，学校与浙江省教科院联合成立了浙江省现代职业教育研究中心，这是一个面向全省的职业教育研究机构。2013 年 1 月，该中心获批成为浙江省哲学社会科学重点研究基地(见图 10-1)，是浙江省目前唯一依托高职院校的省级社科重点研究基地，2014 年被评为浙江省优秀高等教育研究机构，2017 年被评为全国优秀高等教育研究机构。该中心集聚了全省乃至全国 77 名专兼职研究人员，其中享受国务院政府特殊津贴专家 2 名、浙江省有突出贡献中青年专家1名、省“151人才”6名、省“五个一批人才”1名、正高职称37名、博士18名；石伟平、董刚、姜大源等9名全国知名职教专家被聘为中心学术委员会委员。该中心下设高职教育、信息经济产业发展与服务、装备制造产业发展与服务、健康产业发展与服务、文化传承与创意产业等5个研究所。办公场地300多平方米，中外专业图书2000多册，专家工作室、资料室、图书室等设施基本齐全。学校每年投入基地建设专项经费80万～100万元。

图10-1　浙江省哲学社会科学重点研究基地匾牌

五年多来，该研究中心向各级政府提交对策建议30多项，20多项建议被编入新华社《国内动态清样》、光明日报社《情况反映》、《浙江社科要报》和《浙江领导参考》等重要内参，报中央和省市领导参阅；10多项建议获领导批示，其中《高职院校在“一带一路”建设中可发挥独特作用》入编了新华社主编内参《国内动态清样》，得到了国务院副总理刘延东的批示，并受教育部委托，起草了《职业院校服务国家“一带一路”战略方案》。获得国家级成果奖8项、省级成果奖7项、厅局级成果奖10余项；承担职教类科研项目30余项，其中国家级科研项目3项、省部级科研项目16项、委托课题4项（教育部职成司委托项目“设立专科高等职业教育学位的可行性研究”和“优质高等职业院校建设研究”，省教育厅委托项目“浙江省优质高职院校建设方案”和“浙江省四年制高职人才培养模式研究”）；发表CSSCI等高质量论文100余篇，其中在国家权威期刊发表论文4篇，在国家一级期刊发表论文40余篇，被《新华文摘》《中国社会科学文摘》转载10多篇。学校教育类核心期刊上发表的高等教育科研论文数量，连续六年位居全国高职院校第二名。在《光明日报》《中国教育报》等重要报刊上发表文章20多篇；出版著作10多部，主编系列丛书《现代职业教育研究前沿论丛》，其中《浙江省高职教育发展报告（2006—2015）》

为浙江省第一本全面回顾和总结近十年来浙江高职教育发展的综合性研究报告。创办“浙江省高职教育研究论坛”，成为浙江省高职教育研究交流与对话的专业化、机制化高端平台。与光明日报社联合举办多届“中国高职教育校长微论坛”（见图 10-2）、“教育沙龙”等学术活动。

图 10-2　中国高职教育校长微论坛

这个研究中心为学校搭建了一个很好的平台，进一步拓展了学校与全省乃至全国职业教育界的交流，显著提升了学校在全省的影响力，也提升了浙江高职教育在全国的知名度。下一步，学校如果能进一步加大支持力度，再集聚、培养几名高水平的职教研究人员，这个研究中心有望成为全国职教研究的重地。

（四）浙江省工程实验室和浙江省应用技术协同创新中心

重点实验室（工程技术研究中心）等是组织开展基础研究和应用基础研究，集聚和培养优秀科研人才，开展高水平学术交流，推进科技成果转化应用，具备先进科研装备条件，能为经济社会发展提供科技支撑引领和服务的科研平台，是我国科技创新体系的重要组成部分，也是实施创新驱动发展战略的重要载体。30 多年来，我国一直非常重视这一类科研平台的建设。国家发改委按照《发展改革委关于印发加强区域产业创新基础能力建设工作指导意见的通知》《国家工程研究中心管理办法》《国家工程实验室管理办法（试行）》《国家认定企业技术中心管理办法》等的有关规定，加强对国家工程研究中心、国家工程实验室、国家认定企业技术中心等建设和运行管理的指导，落实相关配套条件，负责组织实施国家地方联合创新平台的建设。浙江省则按照浙江省科技厅的《浙江省省级重点实验室、试验基地建设与管理办法》（浙科发条〔2003〕211 号）和浙江省发改委的《浙江省工程实验室管理办法(试行)》(浙发改高技〔2009〕1023号)、《浙江省工程研究中心管理办法(试行)》(浙发改高技〔2009〕1036号)等文件规定,组织省级重点实验室、工程实验室和工程研究中心建设。

《高等职业教育创新发展行动计划(2015—2018年)》要求"以市场为导向多方共建500个左右应用技术协同创新中心"。与高职院校传统的"校企合作"相比,应用技术协同创新中心的意义不仅在于校企或政校企合作,还突出了1+1>2的协同效应,强调校校、校企、校政、政企等各创新主体间的协同互动,打破原有的体制与制度约束,开放封闭的资源与平台,实现知识、技术、信息等双向流通,政策、资源、成果互相共享。为提升全省高等职业院校技术技能人才培养质量、应用技术研发能力和社会服务水平,浙江省教育厅于2016年启动"浙江省应用技术协同创新中心"申报认定工作。

浙江是农机装备制造大省,产值全国排名第三。金华具有良好的农机装备产业基础,是"浙江省现代农业机械制造产业特色基地",建有全国最早、省内唯一的"省级现代农机装备高新技术园区",省内农机行业3家重点企业研究院都落户在金华,农机生产企业达2800余家,年产值超400亿元,农机产品出口额全国第一,但企业间存在"技术壁垒",校企间"点对点"的合作不能满足产业创新发展,迫切需要搭建协同创新平台,集聚创新要素。

金华职业技术学院有30多年的农机人才培养积淀,联合收割机等方面的研究工作在业界有较大的社会影响力,为更好地服务区域农机装备特色产业,学校积极组建相关领域的创新团队,搭建相应的科研平台,推动专业发展和产业转型升级。2012年6月,学校"现代农业装备与设施产业科技创新团队"获批金华市首届优秀科技创新团队。2017年6月,学校"浙江省现代农机装备应用技术协同创新中心"被省教育厅认定为2016年度浙江省应用技术协同创新中心。[①] 2017年10月16日,学校"农机技术与装备浙江省工程实验室"被浙江省发改委认定为2017年省级工程实验室(工程研究中心)。[②]

(五) 企业研究院等

2008年,学校设立金华市机械设计高新技术研发中心。此外,学校还鼓励和

① 同时被认定的还有温州职业技术学院的浙南轻工装备智能技术协同创新中心、浙江医药高等专科学校的特色原料药及制剂质量提升协同创新中心、浙江交通职业技术学院的长大桥梁安全运营应用技术协同创新中心、杭州职业技术学院的电梯评估与改造应用技术协同创新中心、浙江工商职业技术学院的模塑制品表面装饰与智能成型技术协同创新中心、宁波卫生职业技术学院的健康养老应用技术与标准协同创新中心等6个。

② 浙江省发改委认定了24个项目为2017年省级工程实验室(工程研究中心),其中高职院校有两个,另一个是温州职业技术学院的轻工装备智造技术浙江省工程研究中心。

支持教师积极参与众泰汽车工程研究院、浙江省皇冠电动工具研究院、金华两头乌猪研究院等企业研究院，以及金华市病理成套设备研究开发中心、金华市伸华高端包装材料高新技术研究开发中心等科研平台的建设。这些平台虽然不是建在学校，但学校教师深度参与，也是校企合作、共同研发的重要内容。

相对而言，这所学校所在区域的地市级科研平台很少。浙江省温州、宁波等地市政府支持力度较大，高职院校在政府支持下建立了一批主要服务学校所在区域主导产业发展的地市级科研平台。如温州职业技术学院建有温州市材料成型工艺与模具技术重点实验室、温州市服装行业科技创新服务平台、温州市家具工程技术研究中心、温州市鞋革行业科技创新公共服务平台、温州市阀门技术研发与服务平台等近20个市级科研平台。

三、重点学科

长期以来，高职院校主要把专业作为人才培养的载体。专业是高职教育的基本结构。专业建设是高职教育与社会的契合点，是高职教育办出特色的关键。专业改革与建设是高职院校内涵发展的重点。为了突出职业教育的类型特征，防止高职教育变成普通本科教育的压缩饼干，高职教育界甚至有意回避学科这个概念。政府有关职业教育的政策文件也都不提学科。但其实专业建设与学科建设并不矛盾。学科是构成专业的关键要素，一个专业常常包括多个学科。学科建设是高等学校发展中具有战略性的基础建设，是培养人才、开展科学研究、技术创新和服务经济社会的重要手段。高职院校的专业基本上都是与相关行业的职业或岗位密切联系的。从长远的角度看，只有大力促进学科建设，才能更好地提高专业的整体实力和水平。尤其是在高职教育深化内涵建设、着力培养高端技术技能人才的新阶段，高职院校需要更加注重专业相关学科的建设。

这所学校由于创办之初的特殊原因（见第二章），十多年前就开始重视学科建设。2003年，学校专门召开学科、专业与队伍建设工作会议，提出“发展学科、整合专业、强化师资，进一步凸显办学特色”。2004年，学校在二级学校申报的基础上，遴选设立了24个校级学科和9个校级重点学科（其中理、工、医、农类6个，社科类3个），同时出台了《金华职业技术学院重点学科经费管理办法（试行）》。2005年，机械制造与自动化被评为浙江省高校重点学科（B类），病原生物学和动物遗传育种与繁殖被评为金华市首批市级重点学科。2008年，检测技术与自动化装置、动力机械及工程、机械设计及理论被评为金华市第二批市级重点学科。2012年，职业技术教育学和环境科学与工程被评为金华市第三批市级重点学科。在这所学校，有学科支撑的相关专业基本都是学校的品牌专业，有些是国家示范重点建设专业，有些是省优势或特色专业。如有4个省市重点学科支撑的机械制造与自动化专业，在全国都有较大的影响力。近年来，依托这个专业开展了首批国家教育部现代学徒制试点、四年制高职教育、全国电动工具行业技术标准编制等重大教改项目，获批了浙江省工程实验室、浙江省应用技术协同创新中心等科研平台，凝练了一批获国家级教学成果奖、省科学技术奖等奖项的成果，培育出了省级教学团队、省级教学名师、全省最年轻的首席技师等。

四、科研创新团队

有了良好的科研环境和科研平台后，研究人员的科研能力就成了决定性的因素。前面第四章已经论述，这所学校非常重视教师的专业发展和教学团队建设。

为进一步发挥学校优秀科研人才的团队效应和集聚效应，提升学校科技创新能力和竞争实力，这所学校从 2015 年开始实施“科研创新团队培育计划”。科研创新团队培育计划以入选国家重点领域创新团队、浙江省重点创新团队等省部级创新团队为主要目标，以获批省部级以上项目，发表高层次学术论文，取得标志性、突破性科研成果和获得省部级以上成果奖等为阶段目标。学校计划 5 年左右，培育 10～15 个创新人才集聚、攻克关键共性难题能力强的校级科研创新团队。按照“择优选拔、成熟一个、立项一个、培育一个”的原则，分期分批建设，实行动态管理，规定科研创新团队申报需要有三个基本条件：

(1) 创新团队负责人应是学校科研第一线工作的在职人员，年龄一般在 57 周岁以内，具有副高级(或博士学位)及以上专业技术职务，曾主持省部级以上科研项目，在某一学术领域围绕某一研究方向开展基础研究和应用研究。同时应具有广阔的学术视野、较高的学术造诣和创新性学术思想，品德高尚、治学严谨，具有较好的组织协调能力和合作精神。

(2) 创新团队应是研究方向一致，且长期合作形成的研究团体，创新团队成员人数建议 5～10 人，学科、年龄、学历和职称结构合理，整体实力强。所有成员间应有长期合作的基础，提倡学科交叉、专业多样和能力互补。团队负责人和成员只能申请和参加一个校级创新团队，核心成员必须是校内人员。

(3) 创新团队以省哲学社会科学研究基地、业绩优秀的市级和校级研究机构、市级以上重点学科等为依托，已取得一批具有较大影响的高水平科研成果，能够承担省级以上重大科研任务，具备良好的工作氛围和环境条件。

创新团队经申报、遴选入选后与学校签订《金华职业技术学院创新团队培育计划目标任务书》，在 3 年的培育周期内，创新团队必须完成下列任务中的 2 项：

(1) 主持 1 项国家级或 2 项省部级科研项目，或横向课题经费达到以下额度：工农类 70 万元，医学类 50 万元，理学类 40 万元，人文社科类 30 万元。

(2) 发表一级期刊论文、SCI Ⅳ区以上收录论文 4 篇，或 EI 收录论文 6 篇(会议论文除外)，或发明专利 2 件，或省部级分管领导肯定性批示 2 件。若多种成果混合,可以折算。一级期刊参照浙江大学学术期刊目录最新版标准,SCI分区参照中科院最新分区标准。

(3)获省部级科研成果奖三等奖及以上1项,或获厅级科研成果奖二等奖及以上2项(含金华市科学技术奖),或获金华市社会科学优秀成果奖一等奖2项。

在培育周期内,学校给予每个创新团队15万元的经费资助,首期拨付50%作为入选团队的启动培育经费,后续经费根据团队研究进展和考核情况分期拨付或停止资助并收回结余经费。专项经费由获资助团队负责人按要求统一支配使用,主要用于创新团队培育、科学研究及中青年成员的培养等。

2015年9月,经团队申报、学校初审、校外专家评审,院长办公会、党委会讨论,以及公示等程序,确定“机械装备创新设计与精密制造团队”“环境监控物联网技术创新团队”“土壤环境改良与作物品质提升团队”“人兽共患病研究团队”“早期胃癌综合防治团队”等5个团队作为学校首批校级科研创新团队。2016年度校级科研创新团队是“仔猪腹泻综合防控技术研发团队”“生物与化学催化技术创新团队”。

五、科研成果及其转化

由于比较重视科研工作,采取了一些有效的措施,搭建了一些较好的平台,再加上教师们的不同程度的努力,这所学校科研工作历年来都取得了较好的成效。省部级以上科研项目、成果奖、专利等一些项目指标甚至超过省内部分本科院校。学校总体科研竞争力处于全国前列。2003—2017年,学校承担国家级科研项目17项,省部级立项课题268项,获国家教学成果二等奖5项,省教学成果一等奖4项、二等奖6项,全国教育科学研究优秀成果奖2项,省科学技术二、三等奖各1项,省哲学社会科学优秀成果奖二、三等奖和优秀奖各1项,市级以上科研成果奖300余项;获授权专利659件;获软件著作权120件;年科技服务到款超千万元。

2003—2017年学校纵向科研项目与科研经费一览表如表10-1所示。

表10-1　2003—2017年学校纵向科研项目与科研经费一览表

年份	国家级	省部级	厅局级	市级	纵向项目到款数/万元
2003		3	46	63	122.56
2004		13	65	59	152.80
2005		10	78	108	142.60
2006		22	92	131	205.45
2007		24	87	175	277.75
2008		12	74	188	267.80

续表

年份	国家级	省部级	厅局级	市级	纵向项目到款数/万元
2009	1	14	94	244	130.85
2010	1	22	69	219	221.42
2011	1	19	81	174	250.29
2012	2	26	76	121	290.82
2013	3	24	80	148	341.00
2014	2	15	71	124	267.32
2015	5	28	79	155	332.90
2016		15	76	97	438.70
2017	2	22	60	87	297.75
合计	17	269	1128	2093	3740.01

2003—2017 年学校获批国家级项目一览表如表 10-2 所示。

表 10-2　2003—2017 年学校获批国家级项目一览表

序号	立项年份	项目名称	项目来源	项目负责人	项目类别
1	2009	高职院校兼职教师有效管理的实践与研究	国家社科基金教育学	王振洪	国家一般
2	2010	水果产后商品化处理中心建设	国家科技部	马广	国家星火计划
3	2011	基于根表铁膜控制的水稻耐铝性及调控机理研究	国家自然基金	邢承华	青年基金
4	2012	苦瓜设施栽培土传病害综合防治技术示范与推广	国家科技部	何美仙	国家星火计划
5	2012	灵芝仿野生栽培技术的集成应用与示范	国家科技部	胡繁荣	国家星火计划
6	2013	水稻联合收割机脱分选系统工作机理及设计方法研究	国家自然基金	王志明	青年基金
7	2013	新型过渡金属双七钨磷氧簇化合物的有效可控合成及结构表征	国家自然基金	张必松	专项基金

续表

序号	立项年份	项目名称	项目来源	项目负责人	项目类别
8	2013	高职院校管理文化及其创新策略研究	国家社科基金教育学	王振洪	国家一般
9	2014	高产优质饲用型马棘新品种的推广应用	国家科技部	梅忠	国家星火计划
10	2014	猪圆环病毒病防治关键技术示范与推广	国家科技部	章红兵	国家星火计划
11	2015	液氨熏蒸下黄瓜连作土壤微生物区系特征及其定向调控	国家自然基金	张树生	面上项目
12	2015	全天候紫外烘晒干燥技术集成与推广	国家科技部	杨晓东	国家星火计划
13	2015	大棚草莓高效安全生产关键技术开发与示范	国家科技部	胡繁荣	国家星火计划
14	2015	鱼塘种稻生态种养模式关键技术集成与推广应用	国家科技部	梅淑芳	国家星火计划
15	2015	集约养殖废弃物资源化高值处理技术集成及推广应用	国家科技部	张树生	国家星火计划
16	2017	软磁非晶合金多形相变结构模型建立及机理研究	国家自然基金	葛健芽	面上项目
17	2017	中国民营美术馆现状调查与可持续发展研究	国家社科基金艺术学	张剑	国家一般

学校除了积极推进科研项目、论文、专利、成果奖等工作，还非常重视教师科研成果的转化应用。一是鼓励教师与行业企业的科研人员合作，围绕产业转型升级中面临的技术难题，开展技术攻关和应用研究；二是以获批浙江省第二批高校科技经纪人试点单位为契机，积极构建“线上＋线下”的科技成果转化信息服务体系，主动接轨浙江省网上技术市场推介学校科技成果，利用浙江省科技创新云服务平台创新券进行科技成果转化；三是创设项目载体，开展科技成果教学化案例建设，推进科研反哺教学等。

从历年的科研情况看，学校高级职称教师是科研主体，省部级项目主要由副教授职称教师申报立项，国家级项目主要由正高职称教师和博士申报，但学校博士学位教师偏少，科研后劲缺乏。机电工程学院[①]、农业与生物工程学院[②]、医学院以及现代职业教育研究院等有学科和平台支撑的单位科研成果相对比较多，层次也要高些。

这所学校的科研工作有较好的基础，科研成果总量和竞争力在全国高职院校居于前列。但平均而言，许多科研指标没有优势。与全国大部分高职院校类似，如何调动教师的科研积极性、提升教师的科研能力、有机地结合教学与科研等，都有待进一步的探索。

---

① 该校机电工程学院机械制造与自动化专业教师杨绍荣是一位“发明达人”，拥有圆周运动健身机、带湿度显示保温杯、午睡支撑器、电动剪扩两用钳、金刚石颗粒规则分布装置等50多项授权专利，多项专利产品在紧密型校企合作单位——浙江三锋实业股份有限公司投产。

② 淡水珍珠是我国少数几种能在国际市场起主导作用的出口产品，年产量在1200吨左右，占世界珍珠产量的95%以上，其中浙江淡水珍珠占全国的80%，金华是浙江省淡水珍珠最主要的产地之一。该校农业与生物工程学院张根芳在从事“水产养殖”“动物学”等专业课程教学工作的同时，潜心开展淡水珍珠技术研究，被当地人称为“珍珠之子”。作为中国贝类学会理事、金华市珍珠行业协会理事长，他带领研究团队花十多年时间一举攻破珍珠颜色的定向培育技术，填补了国内该领域的技术空白，有1项国际发明专利在澳洲和日本成功授权；主持制定国家职业标准和省地方标准各1项；主持完成了省自然基金2项、省重大科技专项2项，获得浙江省优秀科技工作者、省优秀科技特派员称号；获省农业科技成果推广奖1项。

第十一章　服务社会为宗旨的继续教育

继续教育是面向学校教育之后所有社会成员特别是成人的教育活动，是终身学习体系的重要组成部分，包括学历继续教育和非学历继续教育。我国高等教育体系中，除了普通高等教育以外，成人高等教育、电大开放教育、网络远程教育、高等教育自学考试都属于学历继续教育范畴。在倡导全民学习、终身学习，着力构建学习型社会的当下，继续教育越来越受到人们的重视。有些人通过继续教育参加技能培训，学习新知识，提升学历层次；一些专业技术人员通过继续教育更新、补充、拓展知识，提升职业能力。

开展继续教育一方面是学校承担的社会服务职能，另一方面也是学校生存发展的需要。当前，绝大部分高职院校都设有继续教育学院（或成人教育学院、服务外包学院、职业技术培训中心、培训与职业技能鉴定中心）等相应机构，开展继续教育工作，服务区域经济社会发展。少部分高职院校由于地方财政较好，办学经费充裕，没有成教创收的压力，对继续教育这项工作重视程度相对较低。这所学校在高职院校里比较早开展继续教育，相关工作有许多创新，继续教育项目比较多，取得了很好的成效，在全国有较大的影响力，探索出了一条具有高职院校特色的继续教育办学之路，一些兄弟院校相继专门到校实地考察学习。

一、初衷

高职院校作为普通高等学校的一种类型，同样肩负着人才培养、科学研究、社会服务和文化传承等职能。继续教育是高职院校社会服务职能的重要形式和路径，也是完善终身教育体系的重点和突破口。高职院校可以依托已有的教师、教室、实训室、课程、科研平台等普通全日制教育资源，开展各种形式的继续教育，服务社会，服务地方，服务企业。

继续教育也是学校专业建设的需要。学校一般都依托相应的专业开展继续教育，专业也需要通过继续教育扩大其影响力，深化与行业企业的合作，甚至共同建设校企利益共同体，进而反哺教学，提升专业的人才培养质量水平。因此，办得好、有特色的专业，其继续教育工作往往也开展得比较好，能承担更多的培训项目。

这所学校成立之初是全国首家采用“民办公助”体制的高等职业学校，由于学校所在地方财政状况不是很好，办学经费相对比较紧张，所以学校非常重视继续教育工作，深入挖掘校内资源，积极寻求与本科院校、政府部门以及行业企业的合作，千方百计拓展继续教育项目，以市场化运作的方式努力增加创收，用以弥补办学经费的不足。某种程度上可以说，这所学校开展继续教育工作是被逼出来的，将经费压力转化为创收动力，相关工作反而走在了许多学校的前列，抢占了先机。

二、工作机构①

正式建校前两年，这所学校没有专门管理继续教育工作的机构，与南京海军电子工程学院联合举办的“全日制自考助学班”(1998 年 6 月 8 日正式开学)、浙江大学远程教育学院金华教学站(1999 年 5 月建立)、国家职业技能鉴定所(1999 年 11 月 1 日，经浙江省劳动厅批准成立)等，依托相关系部或独立开展工作。

2000 年 3 月，该校正式设立成人教育处，对全校成人教育工作进行统筹管理；2001 年 11 月，成人教育处更名为成人教育学院，下设办公室，后陆续增设培训科(2001 年 12 月)、教学科(2002 年 5 月)、网络科(2003 年 3 月)、学工办(2006 年 8 月)等，组织框架基本形成，是负责学校成人学历教育和非学历教育的管理型学院，代表学校管理全校的成教工作。2002 年 9 月，成人教育学院与浙江大学远程教育学院金华教学站实行统一管理，由成人教育学院院长兼任教学站站长。2005 年 6 月，成人教育学院负责理工驾校日常运行工作，成人教育学院院长兼任理工驾校校长。2007 年，为了探索实践成人教育新项目，成人教育学院承担起新项目的引进、设计和试办任务，具有了一定的办学职能，成为“三分办学、七分管理”的综合型学院，有管理人员 25 人。2010 年，学校按照二级学院“三办一部”的设立标准，对成人教育学院各科室名称进行了规范，学历教育科更名为成教管理办，网络教育科更名为教学管理办，撤销培训科。2012 年 4 月，增挂自学考试办公室(副处职建制)牌子。2013 年 10 月，金华农民学院落户学校，成人教育学院牵头负责金华农民学院办公室日常管理工作。成人教育学院的管理职能不断增强，工作范围不断扩大。2014 年，学校机构调整，为强化管理职能，设继续教育处，下设学历教育科、自考科和培训管理科，与成人教育学院合署，有管理人员 15 人，负责管理全校的继续教育工作。

---

① 《金华职业技术学院志》编纂委员会. 金华职业技术学院志：1907—2013[M]. 杭州：浙江教育出版社，2014：422.

该校内部有 11 个二级学院设继续教育部，[①]分别有 3～9 名管理人员，具体管理各个学院的继续教育工作；依托相关专业设立了职业技能鉴定所 12 家，其中省级金牌单位 1 家，国家级技能鉴定所 1 家；在省内各市县设有 70 余所函授站（教学点），遍及浙江省的杭州、嘉兴、湖州、宁波、绍兴、温州、台州、丽水、金华等地市。

三、主要项目[②]

该校是地方综合性高职院校，又有较强的内部动力拓展继续教育工作，通过合作办学、联合办学、衔接办学，不断拓展继续教育的学历层次、渠道与类型，所以经过多年的探索，设有多种继续教育项目。学历继续教育（即成人高等教育）属国民教育系列，是高等教育的重要组成部分，列入国家招生计划，国家承认学历，参加全国招生统一考试，其中有完全由自己学校举办的专科层次的成人高等学历教育，与本科院校合作办学的远程网络教育、成人高等学历教育、硕士研究生教育，以及全日制自考助学等。非学历继续教育有各种社会培训以及技能考证等，还有一种比较特殊的是介于两者之间的“成教住读生”。[③]

（一）专科层次成人高等学历教育

2000 年，根据自身办学和社会需求情况，经浙江省教育委员会批准，该校应用电子技术、建筑工程、城镇规划与建设管理 3 个专业面向社会进行成人高等学历教育招生，举办专科层次的成人高等学历教育。2001 年，经批准，该校新增 10 个专科层次成人高等教育专业；2002 年，新增成人高等教育（高中起点专科）专业 9 个。随着办学规模的发展和办学条件的改善，学校根据社会经济发展需求，成人学历教育开设新专业逐年增加，先后开设了 79 个专科招生专业，涵盖工、农、医、经、管、师范和艺术等学科门类。到 2016 年底，学校成人高等学历教育毕业生累

---

① 学校的金义网络经济学院和公共基础学院，由于筹建时间较短以及学院功能因素，暂时没有承担继续教育和成教创收考核任务。

② 《金华职业技术学院志》编纂委员会. 金华职业技术学院志：1907—2013[M]. 杭州：浙江教育出版社，2014：570.

③ 此外，理工驾驶培训学校是该校下属的自主经营的经济实体，创建于 1985 年，是金华市最早创办的驾校之一，承担在校学生驾驶培训及考证任务，同时面向社会培养合格的驾驶技术人才。理工驾驶培训学校坐落在金华市大黄山金华职业技术学院内，师资力量雄厚，配套设施齐全，建有占地 80 多亩的标准化考试训练场，能容纳 60 多个教练车同时训练，同时满足部分学员夜间训练的需要。该驾校培训管理科学，办学经验丰富，提倡理论和实践相结合，注重学员驾驶实际技能的培养，形成了富有自身特色的教学体系。多年来，该驾校考试合格率位居全市前列，获全国文明诚信优质服务驾校、浙江省文明示范驾校、浙江省“十佳驾校”、金华市机动车驾驶员培训先进单位、金华市机动车驾驶员考试合格率第一名、金华市“十佳驾校”、金华市道路运输诚信企业等荣誉称号，在同行中享有一定知名度，逐步形成了富有自身特色的品牌驾校。

计近30000人。2000—2016年学校成人高等学历教育(专科)招生情况一览表如表11-1所示。

表11-1　2000—2016年学校成人高等学历教育(专科)招生情况一览表

年　份	招生人数			合　计
	函　授	业　余	脱　产	
2000	26	2	7	35
2001	43	0	0	43
2002	348	361	17	726
2003	424	389	0	813
2004	445	363	143	951
2005	647	611	309	1567
2006	616	581	1662	2859
2007	806	658	723	2187
2008	1403	697	0	2100
2009	2674	830	0	3504
2010	2806	599	0	3405
2011	3208	703	0	3911
2012	3228	533	0	3761
2013	3389	638	0	4027
2014	3278	624	0	3902
2015	2470	437	0	2907
2016	1809	319	0	2128
合计	27 620	8345	2861	38 826

(二)与本科院校合作办学

1. 远程网络教育

1999年5月18日,时任该校院长的顾伟康与时任浙江大学副校长的冯培恩签署了关于在该院建立浙江大学远程教育教学站的协议书,远程教育自此正式启动。1999年9月26日,该院教学站近200名新生通过网络在交互式多媒体教室参加了浙江大学远程教育学院开学典礼。后来,学校又与清华大学、北京师范大学(经管学院承办)、华东理工大学(经管学院承办)、东北财经大学(成教院承办)、中国农业大学(农学院承办)、四川大学(成教院承办)、电子科技大学(成教院承办)、西北工业大学(成教院承办)、复旦大学等多所全国重点大学合作开展高起专、高起本、专升本等网络教育。该校远程教育校外学习中心最多时有53个专业。但随着高等教育的普及,教育形式的多样化,远程教育社会生源逐渐萎缩,四川大学、电子科技大学、西北工业大学于2008年停招网络教育学生,浙江大学、北京师范大学、华东理工大学、东北财经大学、中国农业大学还在继续招生,但招生人数明显减少。1999—2016年,该校网络教育招生达15 160人。

2. 与本科院校合作举办成人高等学历教育

自1994年起,该校积极与本科院校合作开展多种形式的成人高等学历教育,为地方经济社会发展服务。学校分别与浙江大学(浙江农业大学、浙江医科大学)、浙江工业大学、浙江师范大学、温州医科大学、浙江工商大学(原杭州商学院)、杭州电子科技大学、宁波大学、浙江农林大学、南京中医药大学和江西农业大学等10所本科院校成人高等学历教育合作办学,在金华设立函授站或教学点,举办函授或自考专升本教育。

截至2016年,还有浙江工业大学的土木工程、建筑学、机械设计制造及自动化、药学、安全工程,浙江师范大学的旅游管理、应用化学、市场营销、工商管理、会计、美术学、艺术设计(环境艺术方向)、汉语言文学、小学教育、数学与应用数学、英语、学前教育、文秘、体育教育、音乐学、文化产业管理、环境科学、国际贸易,浙江农林大学的动物科学、园林、园艺、生物技术、会计、食品质量与安全,温州医科大学和浙江中医药大学的临床医学、护理学、医学检验、药学、口腔医学、康复医学、中药学等专业专升本招生。

1994年至2016年,累计招收、培养成人高等学历教育本、专科毕业生41 000余人。

3. 硕士研究生教育

2002年4月5日,该校与澳门科技大学合办的首期高级工商管理研究生班举行开学典礼;同年5月11日,浙江大学农业推广硕士班(金华教学站)开学典礼在生物工程学院隆重举行。之后,学校又与温州医科大学、浙江工业大学、杭州电子科技大学、南京农业大学、天津大学等全国重点高校联合举办硕士班研究生教育,办学专业有临床医学、电子与信息工程、计算机科学技术、工程硕士等。硕士研究生教育项目为社会各行业培养高层次人才提供了有效的学习平台,有300多人获得硕士学位证书。

(三)自考全日制助学

二十世纪九十年代前后,中国高等教育入学率很低,考大学还是一件很难的事情,一些年轻人通过自学考试实现自己的大学梦,获取大学文凭。1998年6月8日,该校与海军电子工程学院联合举办的“全日制自考助学班”正式开学。直到

2007 年 11 月，经浙江省教育考试院批准，学校正式获得自考助学资格，开办自考助学班。2008 年秋季开始招收新生，首届 934 人。自考助学工作依托全日制普通教育资源，实行成人教育学院负责管理、协调、监督、考核与二级学院负责招生、教学和学生管理的特定体制。2012 年，学校下文成立了校实践性环节考核领导小组与校自学考试办公室，相关二级学院也成立了实践课程考核小组，以进一步加强指导、管理与协调职能，积极探索“自考＋成教”与“自考＋考证”的人才培养模式。

学校加大与中职学校衔接办学的力度，与金华市范围内 9 所中职学校签订自考中高职衔接合作办学协议，为推进构建中高职衔接立交桥搭建平台。2016 年，经过学习论证与研讨动员，学校组织三个二级学院，制定自考商务管理、金融管理、视觉传达三个专业四年制自考衔接本科的培养方案与工作方案，并落实招生与培养工作，首次招生 151 人。截至 2016 年，学校有自学考试助学专科专业 20 余个，形成了多学科、多学制类型、多生源渠道的全日制助学办学体系，并落实“同校同待遇”政策，为广大普高、中职、技校毕业生提供继续教育机会。2008—2016 年，有近 9000 名自考全日制助学学生接受培养教育走向社会。

学校是金华区域职业教育与自考衔接沟通的唯一高职院校，也是金华市自学考试网络助学唯一试点院校，承担全市自考网络助学课程的网络学习与考试的组织工作，曾多次获得金华市“自学考试先进集体”荣誉称号。

2010 年 3 月 16 日，学校顺利通过自考全日制助学机构年度评估；2011 年 5 月，被评为“浙江省自学考试全日制助学优秀院校”；2012 年 2 月，获批“浙江省自学考试专科专业主考学校属地化试点高校”；2016 年 3 月 31 日，通过 2015 年度浙江省自考全日制助学评估。

（四）技能特色人才培养项目（成教住读生）

这是一个比较特殊的项目。虽然高考录取率逐年提高，但仍然有一些学生考不上大学。这些学生学习成绩不好，年纪轻又基本没有一技之长，很难直接融入社会参加工作。家长非常希望他们能有机会到学校学些知识和实用的技能，甚至觉得只要能待在大学里 3 年，和年轻人一起生活，由老师管着就好。

为此，该校顺应社会需要，利用学校一些专业的闲置办学资源，陆续开设成教住读生项目。该项目是成人高等教育与职业教育融会贯通的创新之举，《光明日报》《中国教育报》等新闻媒体曾多次报道，受到社会各界广泛好评。该项目以培养学生学习能力、职业技能、综合素质为目标，促进学生知识、技能、素质的协调发展。学生培训学习时间为 3 年，身份是技能培训生。学校按照国家或行业认可的职业技能要求进行培训，学生通过相关职业技能考试获得相关职业证书。3 年学习期间，学生利用课余时间，辅修成人高等教育专科（函授、业余）课程，经成人高考并录取,完成学业者可获得经教育部电子注册、学校颁发的成人高等教育专科学历证书。

起初,该项目主要是招收低于高考最低录取分数线的学生,学校集中安排住宿,组班上课,学习相关专业的知识,帮助学生通过成人高考,获取函授文凭,学生也可以通过自考形式获得大学文凭。后来,在实际教学过程中,专业教师觉得这些学生也可以依托学校已有的实训条件,学习自己喜欢的技能,并考取相应的技能等级证书,培养一技之长,为今后走向社会参加工作做些准备。这样,这个项目就具有了"技能+学历"的特点。

2016 年,根据继续教育发展的新形势,学校继续教育处把探索成教技能特色人才培养项目作为一项突破性工作,推进成教住读生项目整体转型升级,努力提升项目效益。组织 9 个二级学院,将原有 30 多个以成人学历为重点的住读生项目向以技能特色培养为重点转型,统筹项目招生、报到、培养等管理协调工作,全面梳理完善各专业的技能特色人才培养方案,统一收费项目与标准并备案,做好招生统筹与协调。如:物联网应用技术,其特色是培养能够从事智能交通、智能医疗、智能家居、智能物流、智能电力等行业的系统集成与物联网协议开发工作的高素质技能型人才,考证项目有计算机程序设计员、信息通信网络运行管理员、全国计算机等级证等;工业设计,其特色是培养从事产品开发、外观设计、结构设计、UI设计等技术工作技能型人才,考证项目有工业设计造型师、CAD/CAM 三维应用工程师(四级、六级);动物医学,其特色是培养掌握宠物训导、饲养管理、宠物疫病诊断、治疗和防疫、宠物美容造型及宠物用品销售和服务等应用性技术的人才,考证项目有动物疫病防治员、兽医化验员、动物检疫检验员。

学校还专门制定了《金华职业技术学院技能特色办学项目管理暂行规定》,规范办学学院招生、教学培养、学生日常教育管理等工作,提高办学质量和管理水平。经过努力,如期实现所有住读生项目转型升级为技能特色培养项目,培训费 8500~9000 元/年不等。2011—2016 年,成教住读生分别招收 1178 人、2087 人、1811 人、1361 人、1080 人、1165 人。

(五)社会培训

社会培训是高职院校依托专业办学资源服务社会最直接的方式。该校紧紧围绕区域经济社会发展需求,充分发挥学校的专业优势,依托各级各类培训平台,开展多种形式的社会培训。

该校的社会培训来源广、项目多、培训量大,按来源可分政府购买服务类(如农技人员知识更新培训、浙江省专业教师发展培训等)、企业培训类和个人培训类(如会计持证人员继续教育培训、执业药师继续教育培训等);按人员可以分为企业员工类、社会人员类和特定对象类(如残疾人技能培训、退伍军人技能培训、农民技能培训等)。培训平台可以分为国家级培训平台(如全国高职院校“双师”教师培养培训基地、全国护理专业领域技能型紧缺人才培养培训基地、国家残疾人职业培训基地、石油和化工行业职业教育与培训全国示范性基地)、省级培训平台(浙江省畜牧兽医行业职业技能鉴定培训基地、浙江省现代农业技术培训基地、浙江省社会体育指导员培训基地、浙江电子商务专业人才培训与鉴定基地等)、市级培训平台(金华市高技能人才培训基地、金华市学前教育师资培训中心、金华市先进制造技术继续教育基地、金华市养老护理员培训基地及金华市环境保护培训基地等)和校级培训平台,其中市级以上培训平台有30余个。

2004年,该校社会培训拓展取得了几个比较大的突破。4月,中国环境科学学会室内环境监测与培训中心在浙江省设立的唯一一家培训站在该校材料与化工学院成立;9月,该校机电工程学院被中国就业培训技术指导中心评为“国家高技能人才培训工程暨机电高级技工培训项目——数控工艺员培训点”;10月,“浙江省山区海岛特色畜牧业技术第一期培训班”在该校正式开办;[①]12月,金华市劳动和社会保障局“金华市高技能人才培训基地”在该校挂牌。

随着产业的转型升级,企业员工技术培训需求很大。学校充分利用师资、科研技术和资源优势,积极为企业开展员工岗前、岗中和技能提升培训。如:为对接浙中区域内外贸类企业发展需要,创建国际商贸园,园内设有产品推介布展实训区、外贸业务实训区、创业实战区和情景教学辅助区,开展产品认识、营销策划、布展参展、产品推介、会展口译等项目培训;学校为浙江巨化集团量身定制了清洁生产审核师、化工行业整治专题、企业节能减排等培训项目,共开展了10余期,近500人次。近5年,学校面向870余家企业,开展了数控机床故障诊断及维护、智能农业装备技术应用与管理人才、污水深度处理与提标技术、高级农产品经纪人、涂料行业涂料分析工、家庭农场主素质提升等各级各类培训项目70余个,每年为企业培训员工数万人次,着力提升企业员工素质。

学校品牌培训项目和影响较大的社会培训项目有农机实用人才培训、农家乐自我宣传和营销培训、工程建设现场管理岗位培训、多媒体与现代教育技术应用培训、会计领军人才培训、执业药师继续教育培训、跨境电商创业技能培训、浙江

---

① 浙江省山区海岛特色畜牧业技术培训项目是由浙江省农业厅委托,金华职业技术学院具体组织、实施、推广的具有扶贫特色的畜牧业建设项目。2004—2012年,在学校以及婺城、文成、开化、庆元、临海等县市,主要围绕猪、羊、牛、鸡、兔、鹅、獐、鸡、蜂等畜种,对全省7个市29个县(区)37个乡(镇)的乡镇领导、畜牧兽医员以及3200个科技示范户进行技术培训、技术推广和技术资料(浙江省山区海岛发展特色畜牧业技术培训丛书,如《羊肉生产实用技术》等)的发放等工作。该培训项目是浙江省范围最广、人员最多、规模最大、影响最深的农民技术培训,它引导农民学习实用技术,使农民真正得到实惠,为发展山区、海岛特色畜牧业,起到了较好的推动作用。2012年4月27日,该校还专门举办了浙江省首届农村实用人才农业技能大赛。

省基层农技人员知识更新培训、浙江省级幼儿园园长培训、涂料行业技术骨干技能考证培训、自动化类专业骨干教师培训、数控机床故障诊断与维护培训、国家清洁生产审核师培训、国家商务单证员培训等。

办学之初,社会培训项目和人员都很少;1998 年后,随着办学规模的扩大,社会培训项目和培训学员大幅增加;2007 年,国家示范性高职院校建设以后,培训学员年均超 40000 人次。1994—2013 年学校培训数量一览表如表 11-2 所示。

表 11-2　1994—2013 年学校培训数量一览表(单位:人次)①

年份	1994	1995	1996	1997	1998	1999	2000	2001	2002	2003
数量	82	102	361	698	4803	6160	6876	7146	7586	11 246
年份	2004	2005	2006	2007	2008	2009	2010	2011	2012	2013
数量	15 657	15 348	16 945	30 192	41 498	42 889	43 268	47 176	47 843	54 088

注:2014 年后,学校改变了统计方式,2014 年培训 16.59 万人·日,2015 年培训 18 万人·日,2016 年培训 19.17 万人·日。

(六)技能考证②

1994 年,该校开始推行“双证制”教育,鼓励学生考取职业资格证书,以劳动部门技能证书为主,行业与协会证书为辅。1999 年,经浙江省劳动厅批准成立金华职业技术学院国家职业技能鉴定所,鉴定工种为“家用电子产品维修工”,分初、中、高 3 个等级,学校首次具备职业技能鉴定资质。2006 年,农业特有工种职业技能鉴定站——农业-230/193 站批准设立生物工程学院职业技能鉴定点;金华市劳动和社会保障局同意在学校 8 个分院增设职业技能鉴定站,分别是信息工程学院职业技能鉴定站、机电工程学院职业技能鉴定站、经济管理学院职业技能鉴定站、生物工程学院职业技能鉴定站、医学院职业技能鉴定站、旅游与酒店管理学院职业技能鉴定站、艺术与设计学院职业技能鉴定站、材料化工学院职业技能鉴定站等。2007 年,化学工业职业技能鉴定指导中心下文,同意学校设立化工行业特有工种职业技能鉴定站,开展有机合成工、制漆配色调制工等 15 个化工类工种的初、中、高 3 个等级的技能鉴定。2008 年,学校提出申请,金华市劳动和社会保障局批复,同意将原有职业技能鉴定站升格为鉴定所,增设师范类职业技能鉴定所。

① 《金华职业技术学院志》编纂委员会. 金华职业技术学院志:1907—2013[M]. 杭州:浙江教育出版社,2014:579.

② 为增强职业院校学生的就业能力,便于职业院校学生参加职业技能鉴定,在取得学历证书的同时也能够取得职业资格证书,按照职业技能鉴定的规定,人力资源和社会保障部依托符合条件的企业、院校设立职业鉴定站,其中有 5000 多个职业鉴定站设在职业院校。截至 2013 年底,国务院部门共设置各类职业资格 618 项,其中专业技术人员职业资格 219 项、技能人员职业资格 399 项。

2010年，农业特有工种职业技能鉴定站-380站，同意在农学院设鉴定点，还与北大青鸟、全国现代制造技术应用软件、上海ATAW等合作在学校设立鉴定点。截至2016年，学校设有职业技能鉴定所12家，其中省级金牌单位1家、国家级技能鉴定所1家，开展职业技能鉴定考核工种有电子设备装接工、数控车床操作工、数控车床装调维修工、模具制造工、化工总控工、宠物医师、中国电子商务师、医疗救护师、农产品经纪人等170多个，发证机构有工业和信息化部、人力资源和社会保障部、农业部人事劳动司、化工部人事劳动司、全国职业资格考试认证中心、中国商业技师协会、中国电子商务协会、中国轻工业职业技能鉴定指导中心、省建设厅、省财政厅、市人力资源和社会保障局等。

随着学校专业办学水平的提升及学生考证意识的逐年增强，学生考取相关中级证书、高级证书的人数大幅增加。2011年以来，每年考取高级证书的达4000多人次。1994—2016年学校考证取证情况一览表如表11-3所示。

表11-3　1994—2016年学校考证取证情况一览表(单位:人次)

年份	1994	1995	1996	1997	1998	1999	2000	2001	2002	2003	2004	2005
中级	142	150	186	231	884	912	968	1054	1035	1272	1641	2003
高级	/	/	/	/	/	/	/	/	/	/	208	268
年份	2006	2007	2008	2009	2010	2011	2012	2013	2014	2015	2016	
中级	2444	3934	5818	7346	9503	11624	11563	10373	11455	11902	14071	
高级	341	1390	1597	2190	3970	4961	4644	4584	4865	5674	6316	

四、创新举措及成效

政府教育主管部门或举办者一般对高职院校的继续教育工作不做具体的要求。继续教育是学校主动承担社会责任、自觉服务社会的主要形式之一。这所学校开展继续教育工作有较强的内在动力，多年来积极探索一些创新性的举措，充分整合校内外的资源，搭建各类平台，致力于构建终身教育体系，为社会成员的终身学习、持续发展服务，为区域经济转型升级与发展培养各类技能人才，总体看取得了较好的成效。

1. 注重资源统筹，强化协调发展

学校发挥综合性高职院校专业门类齐全的优势，尽量统筹教学场所、教师、宿舍等教育教学资源，紧紧依托相关专业，开展继续教育工作。这样不仅能够有效促进相关专业的建设，有助于在校学生的学历进修、技能考证等业余学习，而且能够大幅降低继续教育的各类成本，使学校的人才培养和成人学历教育、技能特色人才培养、社会培训、技能考证等继续教育工作协调发展。

2. 注重沟通协商，强化项目开发

首先是加强与本科院校的沟通协商。如前所述，这所学校在办学之初，就有一批来自浙江大学、杭州大学等本科院校的有经验的管理者担任校长、副校长和二级学院院长等职务，他们与本科院校有着密切的联系。该校远程教育就是从1999年5月18日与浙江大学签署建立浙江大学远程教育教学站协议正式启动的。之后，该校与省内外20多所本科院校合作开展网络教育和本科层次成人高等教育。其次是加强与政府部门的沟通协商。该校积极争取工业和信息化部、人力资源和社会保障部、农业部、化工部、省人社厅、省建设厅、省财政厅以及市人力资源和社会保障局等各级政府部门的支持，主动承担政府购买服务的一些培训项目(如国培项目、省培项目、山区海岛特色畜牧业技术培训项目等)。最后是加强与行业企业的沟通协商。根据行业产业转型升级趋势，为相关企事业单位量身定制开发培训项目。

3. 注重制度建设，强化规范管理①

为加强继续教育的规范化管理，该校先后出台了《金华职业技术学院成人高等学历教育工作职责和办事程序》《金华职业技术学院成人高等教育函授站(教学点)建站管理规定》《金华职业技术学院成人高等教育函授站(教学点)管理实施细则》《金华职业技术学院关于制订成人高等教育专科教学计划的原则意见》《金华职业技术学院成人学历教育教学计划管理办法》《金华职业技术学院成人教育学生手册》《金华职业技术学院函授课程进修班管理办法》《金华职业技术学院成人高等教育教材管理办法》《金华职业技术学院成人高等教育教师教学工作规范》《金华职业技术学院成人脱产班教学管理暂行办法》《金华职业技术学院技能特色办学项目管理暂行规定》《金华市农民培训项目审核办法(试行)》《金华市农民培训项目督查办法(试行)》《金华市农村实用人才培训项目考试管理办法(试行)》等10余个继续教育管理文件，使继续教育管理工作有章可依。学校继续教育处(成人教育学院)每年年初组织召开表彰总结暨任务布置大会，年末组织召开继续教育工作分析会，总结经验，分析问题，探索改进方法。

4. 注重考核激励，强化全员参与

这所学校实行完全的二级管理，二级学院有相对独立的人事和财务权利，经

① 针对个别高校在举办成人高等教育和继续教育过程中存在着教育教学管理不规范、教学质量不高，与高校合作办学的民办教育机构违规招生、虚假承诺、诈骗收取学生高额费用、违规开展中外合作办学等现象，为规范办学行为，确保校园稳定，促进成人高等教育和继续教育合作办学健康稳定发展，浙江省教育厅专门下发了《浙江省教育厅关于规范高等学校成人高等教育和继续教育合作办学行为的通知》(浙教高教〔2006〕200号)、《浙江省教育厅办公室关于切实规范高校继续教育合作办学行为的通知》(浙教办高教〔2014〕59号)、《浙江省教育厅办公室　浙江省财政厅办公室关于进一步加强高校成人教育和继续教育财务管理的通知》(浙教办计〔2017〕16号)等文件。

费包干使用。学校规定各二级学院继续教育创收的70%，由二级学院按规定自主安排使用；同时，把继续教育工作纳入年度目标责任制考核。为完成年度目标责任制考核任务，并争取更好的教工福利，各二级学院积极发动教职员工参与成教招生、项目拓展、授课、培训等继续教育相关工作，逐步形成了全员办继续教育的格局。

经过20多年的努力，学校继续教育工作取得了较好的成效，继续教育教学质量得到了社会的广泛认可，受到了广大社会学员的青睐，成人教育学科门类、培训项目数、历年成人教育招生计划和招生人数等在浙江省高校名列前茅，学校被教育部评为"全国成人高等学校招生工作先进集体"，较好地发挥了学校的社会服务功能，扩大了学校的社会影响力，较大比例地弥补了学校办学经费的缺口，也提高了教职员工的福利待遇。2011—2016年学校继续教育创收情况一览表如表11-4所示。

表11-4　2011—2016年学校继续教育创收情况一览表

年份	学历教育创收/万元	增长率	技能生创收/万元	增长率	社会培训创收/万元	增长率	总创收/万元	增长率
2011年	2244	40%	2047	37%	1276	23%	5567	20%
2012年	2697	20%	2687	31%	1256	−1.6%	6640	19.3%
2013年	2581	−4%	3262	21%	1637	30%	7480	12.6%
2014年	2585	0.2%	3104	−5%	1992	22%	7681	2.7%
2015年	2825	9%	2750	−11%	2480	24%	8055	4.9%
2016年	3310	17%	2030	−26%	2570	3.6%	7910	−1.8%

五、问题与展望

该校的继续教育工作尽管总体开展得比较好，但也存在一些问题。学校有60多个专业，每个专业的办学水平、教育资源不平衡，继续教育工作也有很大差异。有些专业，如会计、学前、机械制造与自动化等，常规的专科学生招生形势很好，成人学历教育和培训报名的人也多，这些专业的教师就很忙，除了每周要承担15～20节的课程教学，还要在节假日时间参与继续教育工作。虽然参与继续教育工作有额外的课酬等补贴，但毕竟是很辛苦的，时间长、工作量大，影响必要的休息，更主要的是挤占了教师自身业余学习、科学研究的时间，一定程度上会影响教师的专业发展，从长远看是需要引起注意的。

如前所述，该校制定了不少继续教育方面的管理制度，相关工作也比较规范，但因为继续教育工作随机性较大，招生时间、来源、类型等情况复杂，管理难度较大，再加上有不少管理人员是临时聘请的，监管也不是很有力，前些年发生了很遗憾的事情：多名管理人员因为没有及时上缴经费，将其挪作他用，受到了比较严厉的处罚。根据省教育厅"管办分离、控制风险、提升质量、规范管理"的要求，学校于 2014 年成立继续教育处，专门管理全校的继续教育工作。

2013 年后，按照转变职能、简政放权的要求，国务院将减少和规范职业资格许可和认定事项作为推进简政放权的重要内容，特别是进一步减少不具有行政许可性质的水平评价类职业资格的许可和认定工作，加大职业资格清理力度，取消一批职业资格，坚决杜绝乱考试、乱发证的现象。2014—2016 年，国务院先后分 7 批取消了 434 项国务院部门设置的职业资格许可和认定事项，削减比例达到原总量的 70%以上。2016 年 12 月 16 日，人力资源和社会保障部对《国家职业资格目录》进行公示，拟列入职业资格目录清单 151 项，其中专业技术人员职业资格 58 项、技能人员职业资格 93 项，待国务院审定后公布。大批职业资格的取消对学校的培训和技能考证有很大冲击，这对学校提出了更高的要求。

在高等教育普及化趋势日益明显的背景下，高考录取比例越来越高，成人学历教育的生源逐年减少。2016 年底，教育部出台《高等学历继续教育专业设置管理办法》，规定本科高校将不得再招收专科学历继续教育学生，明确全国 68 所远程教育高校也不可再招收专科学历继续教育学生，这对高职高专院校来说是一个较好的机遇。该校正着手通过多种途径拓展函授站点，扩大招生规模，预计每年可增加创收 1500 万元左右。

在办学经费不是非常紧张的情况下，学校也在探讨如何平衡常规教学和继续教育之间的关系，如何依托学校管理和专业的优势，拓展、培育更多的品牌或优质继续教育项目（如设计、开展面向全国职业院校管理人员、专业带头人和专业教师的国家级培训项目），提高继续教育工作的社会效益和经济效益。

第十二章　国际交流与合作[①]

国际交流与合作是高职院校发展中不可或缺的重要组成部分，对引进国外优质教育资源、提高人才培养质量、推进高职教育走进世界舞台等具有积极的作用。这所学校所在的浙江省是经济较为发达的沿海省份，国际交流与合作尤其是高等教育国际交流与合作水平处于全国前列。这所学校是浙江省成立最早的公办高职院校，较早地开展了国际交流与合作实践，因此取得了长足的发展。这所学校通过与国（境）外相关高校开展交流与合作，在优质资源引进、优质职业教育输出、教学改革深化、国际化人才培养、师资培训、学生交流、职业资格合作等方面取得了不俗的成绩，实现了较高程度和较高水平的国际化。

一、机构设置

2001 年，学校成立外事办，与党院办合署。为顺应高职教育国际化的发展要

---

① 除了国际交流与合作外，这所学校还在国内开展各种形式的交流合作。一是与多所高职院校建立战略合作伙伴关系，以实现资源共享、优势互补、发展互惠。2014 年 11 月 26 日，学校与深圳职业技术学院签署协议，决定建立战略合作伙伴关系。2015 年 11 月 19 日，学校与广东轻工职业技术学院签署合作交流协议，标志着两校正式建立战略合作伙伴关系。2017 年 11 月 16 日，学校与宝鸡职业技术学院签署东西部校际合作框架协议，正式建立战略合作伙伴关系等。二是领导带队组团到国内知名高职院校考察交流。2007 年 3 月 7—11 日，时任学校党委书记、院长的杜世禄率考察团一行 38 人，赴江西先锋软件职业技术学院、长沙民政职业技术学院、湖南铁道职业技术学院进行学习考察。2012 年 3 月 19—23 日，时任院长的王振洪率领考察团赴无锡职业技术学院、青岛职业技术学院、淄博职业学院、山东商业职业技术学院等四所国家示范性高职院校考察学习，就“十二五”期间高职教育教学改革、质量提升和内涵建设等开展院校交流。2013 年 3 月，时任院长的王振洪率考察团赴黑龙江农业工程职业学院、长春汽车工业高等专科学校和大连职业技术学院三所国家示范性高职院校考察学习，就新时期完善专业体系、提升专业内涵和促进学生可持续发展开展院校交流。2016 年 4 月 27—30 日，时任学校党委书记的胡正明率团赴四川大学、四川国际标榜职业学院和乐山职业技术学院考察交流。2017 年 4 月 24—28 日，时任学校党委书记的胡正明率团赴湖北工业职业技术学院、武汉船舶职业技术学院、武汉职业技术学院和长沙民政职业技术学院等四所国家示范（骨干）高职院校，考察学习学生思想政治工作、校园文化建设、学生日常管理与服务及辅导员队伍建设等。2018 年 1 月 17—19 日，时任学校党委书记的胡正明率团赴苏州工业职业技术学院、无锡职业技术学院、南京工业职业技术学院，考察学习专业内涵建设、产教融合、高层次人才培养与引进、优质高职院校建设等。三是与来访高职院校交流。据学校办公室接待安排统计，2010—2017 年，全国兄弟院校来学校考察交流 720 余次，内容涉及办学模式和内部治理、二级管理经验、师资队伍建设、校企合作与混合所有制办学、国际交流合作等诸多方面。四是政校企交流合作（具体内容见第五章）。

求,提升学校教育国际化水平,2003年,学校将国际交流与合作、留学生管理、外事接待等工作统一归口到外事办,并将其作为独立的内设处级机构,不再与党院办合署。2004年,学校成立国际教育学院,与外事办合署,实行"两块牌子一套班子"工作机制,并进一步明确了各自的职责。外事办主要职责为:根据国家有关外事工作的政策法规,管理学校的涉外事务;制定学院对外合作与交流方面的计划和规章制度;落实并执行校际合作协议规定的各项合作与交流,增进与国际优秀大学、科研机构和企业的合作关系;负责外宾来访的组织接待;统筹安排校领导的外事活动,协助制订校领导出国访问计划;负责全校外教的管理工作,审批并执行长、短期外国专家的聘任计划,并负责办理专家的签证、居留、延聘等手续,安排专家有关活动;审核并执行国际性学术会议计划,协助办理报批手续,落实与会议有关的组织工作及办理与会外国专家访华的来华手续;办理全院因公出国人员的任务申报、护照、签证等涉外手续和因公出国事务的管理工作;提供外事咨询服务,协调安排各二级学院的外事活动。国际教育学院主要职责为:制订外国留学生招生简章和培养计划;负责外国留学生日常生活管理和相关事务,管理学校各类合作办学项目和其他合作项目,办理报批手续。随着我国高等教育的迅速发展和对外开放步伐的加快,这所学校的对外合作与交流也快速发展。2007年,学校成立港澳台办,与外事办合署,继续实行"两块牌子一套班子"的工作机制。港澳台办主要职责为:全面负责学校对港澳台地区的交流合作相关事务,包括制订学校对港澳台地区的交流计划;负责学校与港澳台地区的交流合作项目及相关宣传。国际教育学院则从外事办并入国际商务学院。2013年,国际教育学院重新并入外事办(港澳台办),实行与此前相同的工作机制。2014年,外事办(港澳台办)更名为国际合作交流处(港澳台办)。国际教育学院中"管理学校各类合作办学项目和其他合作项目,办理报批手续"职责划归国际合作交流处(港澳台办),国际教育学院主要负责留学生招生及管理工作。2017年,为加强外事工作机构建设,学校将国际教育学院和国际合作交流处(港澳台办)分开设立,同时国际教育学院与怀卡托国际学院(非独立法人的专科层次中外合作办学机构)合署办公,实行"两块牌子一套班子"的工作机制,进一步理顺了外事工作的管理体制,构建了以国际合作交流处(港澳台办)为管理机构,以国际教育学院与怀卡托国际学院为办学机构的大外事格局。

二、交流与合作

(一)签署合作协议

这所学校与美国、澳大利亚、加拿大、芬兰、德国、埃及、印尼等36个国家的97所高校和20个机构签订了合作交流协议,主要开展教师互派、合作办学、项目考察、学生交流、教师进修等方面的合作交流。

（二）开展中外合作办学

1. 中外合作办学项目

从2004年起，这所学校陆续与澳大利亚伊迪斯科文大学、美国卡普兰大学、美国伯米吉州立大学、加拿大皇家路大学、澳大利亚中央技术学院、美国东北州立大学等国外知名高校联合举办中外合作办学项目。这些项目的课程设置、教学计划和教学大纲由中外合作学校双方共同制定执行，外方承担30%左右的课程。学生在修完合作项目的全部课程后，可获得金华职业技术学院高等专科（高职）毕业证书和外方大学写实性证书，符合条件的学生可取得外方大学有关学位。这些项目为学校引进国外优质教育资源、增加教育供给的多样化、加快教育教学改革和人才培养等发挥了重要的作用。

①中澳、中美护理项目。学校分别与澳大利亚伊迪斯科文大学和美国伯米吉州立大学合作举办护理专业高等专科教育项目。中澳护理项目于2004年经浙江省教育厅批准立项，是全省获批最早的护理专业中外合作办学项目。这个项目于2006年通过教育部复审核准，于2007年8月正式招生，当年完成招生计划。2012年11月，中澳护理项目接受浙江省教育厅示范性中外合作项目评估，并于2013年被评为浙江省示范性中外合作办学项目。2015年该项目批准有效期满，停止招生。2016年，学校与美国伯米吉州立大学合作举办护理专业高等专科教育项目，并于2016年经浙江省教育厅批准、教育部正式备案，于2016年8月正式招生，继续培养具有国际护理视野、良好职业道德和人文关怀意识，具备良好沟通能力，能适应国内外护理岗位工作需求的现代合格护士。

②中美会计项目。学校与美国卡普兰大学合作举办的会计专业高等专科教育项目，于2011年经浙江省教育厅批准并获教育部正式备案，于2011年8月正式招生，这也是学校在美国第一个真正意义上的合作办学项目。该项目主要培养具有扎实的学科理论基础，较宽的学科知识背景，较强的学习能力、实践能力和创新能力，具有国际竞争力的高素质国际化会计人才。

③中加酒店管理项目。学校与加拿大皇家路大学合作举办的酒店管理专业高等专科教育项目，于2010年经浙江省教育厅批准并获教育部正式备案，于2011年8月正式招生。该项目主要培养系统掌握全球最先进的酒店管理理论，全面掌握现代酒店服务技能，具备娴熟的英语沟通能力，能够胜任中国、加拿大和全球旅游酒店以及相关企业的管理工作的中、高级管理国际专才。

④中澳建筑设计项目。学校与澳大利亚中央技术学院合作举办的建筑设计技术专业高等专科教育项目，于2011年经浙江省教育厅批准并获教育部正式备案，于2012年8月正式招生。该项目主要培养具有高度社会责任感、深厚人文底

蕴及创新精神的职业建筑设计师和相近行业的复合型人才。该项目学生除了能获取双大专文凭外，还可以考取澳大利亚四级住宅资格证书。2014 年，该项目批准有效期满，停止招生。

⑤中美体育服务与管理项目。学校与美国东北州立大学合作举办的体育服务与管理专业高等专科教育项目，于 2013 年 1 月经浙江省教育厅批准并获教育部正式备案，于 2013 年 9 月正式招生。该项目主要培养具有良好的职业意识和职业素养，具备国际视野、先进的体育健身理念和体育休闲服务行业管理理念，掌握熟练的健身方法与手段、体育康复技能，拥有较强的外语应用能力，能适应现代体育休闲服务岗位要求的高素质、高技能的应用型专业人才。

2. 中外合作办学机构

学校在稳固发展既有中外合作办学项目的同时，努力提升开放性办学的广度和深度。2015 年，经过 3 年筹建，由浙江省政府批准、教育部备案的金华职业技术学院怀卡托国际学院获批成立。金华职业技术学院怀卡托国际学院为专科层次的中外合作办学机构，不具有独立法人资格，中外合作办学者为金华职业技术学院和新西兰怀卡托理工学院。该学院首期开设应用电子技术、计算机网络技术、计算机应用技术 3 个专业，招生纳入国家普通高校招生计划，当年招生 168 人。随后，该学院相继开设建筑工程技术、模具设计与制造 2 个专业。目前，金华职业技术学院怀卡托国际学院共开设 5 个专业，2017 年招生 306 人，累计在校生 646 人。至此，学校中外合作办学不仅有项目，也有机构，是一项重大突破。学校中外合作办学情况一览表如表 12-1 所示。

表 12-1　学校中外合作办学情况一览表

序号	项目(机构)名称	该项目(机构)在校生总数/人	2017 年招生人数/人	备注
1	金华职业技术学院与美国卡普兰大学合作举办会计专业高等专科教育项目	279	80	
2	金华职业技术学院与加拿大皇家路大学合作举办酒店管理专业高等专科教育项目	248	95	
3	金华职业技术学院与美国东北州立大学合作举办体育服务与管理专业高等专科教育项目	209	77	

续表

序号	项目(机构)名称	该项目(机构)在校生总数/人	2017年招生人数/人	备注
4	金华职业技术学院与澳大利亚中央技术学院合作举办建筑设计技术专业高等专科教育项目	0	0	2014年8月停止招生
5	金华职业技术学院与澳大利亚伊迪斯科文大学合作举办护理专业高等专科教育项目	0	0	2015年8月停止招生
6	金华职业技术学院与美国伯米吉州立大学合作举办护理专业高等专科教育项目	75	75	
7	金华职业技术学院怀卡托国际学院(机构)	646	306	
总计		1457	633	

目前,这所学校在经教育部备案批准设立的中外合作办学项目数的排名中位居浙江省第一。所有项目、机构运行态势良好,2017年项目内在校生超过1600人,通过引进、共享国际优质教育资源,中外高校共同制定培养方案、教学计划、课程设置,运用先进的教学手段和方法,探索出了既有中国教育特色又体现国外教育特点的人才培养模式,培养出了一批具有国际意识和视野,熟悉国际通行规则,创新精神、实践能力和岗位胜任力突出的应用型、国际化技术技能人才。

(三)学生交流、交换

这所学校积极为学生寻求出国(境)学习实践的途径,与多所学校签署学生互派协议。2007年,学校与芬兰科拉索应用科技大学签署首个学生互派合作协议,之后陆续与美国、埃及等国家以及中国台湾的高校开展合作,累计选派200多名学生赴国(境)外开展交流交换。2009年与上海因私出入境服务有限公司签署合作协议,选派优秀学生赴美国带薪实习,累计派出97名学生在主题公园、酒店等场所进行实践锻炼。2017年,这所学校共有101名学生赴美国、意大利、泰国、埃及、中国台湾等国家和地区进行交流学习,另有4人参加国际竞赛,16人赴国(境)外深造留学等,为学生海外交流学习和深造开辟了新的途径。为了进一步鼓励学生参加交流生、交换生项目,2017年,学校为101名学生提供了共计16.62万元的出国(境)交流、交换生助学金,助学金覆盖率达到100%。

2010年,《海峡两岸经济合作框架协议》(ECFA)签署后,两岸的经济贸易迈向更紧密的合作,浙台两地不断加强人员往来,有了更多实质性意义的互动交流。浙江省启动了"两岸交流生""百名台湾大学生来浙江参加暑期实习计划"等项目,促使更多高校以更高的热情投入到浙台高校青年交流的浓厚氛围中来。

这所学校抓住机遇,组织参与"青春飞扬 书香两岸"浙台大学生文化交流项目,自2010年至今已举办八届,辐射台湾30余所高校的近千名学生,活动成效不断显现,影响力日益扩大,成了浙江省对台交流的新名片。这个交流项目取得较好的成效主要有三个方面的原因。第一,这所学校非常注重交流的连续性。2013年起,"青春飞扬 书香两岸"浙台大学生文化交流项目被浙江省台办列为对台交流重点规划项目,2014年受到国台办的专项资助,2015年被评为全国第八届高校校园文化建设优秀成果二等奖。第二,这所学校非常注重凸显交流的特色性。这主要体现在交流内容和交流形式的设计上,根据金华的地方文化特色和台湾年轻人的需求和兴趣进行体验式的互动交流,在交流中增强文化认同。与省内很多兄弟院校相比,尤其是在杭高校,还有相对宁波、温州这些地区的高校来说,这所学校地处金华,其实并没有地缘优势,但是这个项目能坚持一直举办并且不断扩大影响,很重要的一个原因就是这所学校充分考虑到地方文化特色,通过特色文化的传递来增强文化认同,拉近两岸青年之间的距离。第三,这所学校非常注重发挥交流的带动性。在项目的引领带动下,这所学校从横向不断地丰富交流的内容,从纵向不断地深化交流的层次,并且形成了一种常态化的长效机制。学校专门成立了台湾研究所,组织了海峡两岸高职学生"浙中文化"研习营,召开了两岸高校青年教师博雅(通识)教育研讨会,开展了两岸高校教师互派学术交流和两岸高校青年学生短期(一学期)互派交流,与台湾的高校互免学费,互认学分。学校先后有127名学生赴台湾龙华科技大学、侨光科技大学等学校交流学习。2017年,这所学校还接受了2名台湾中华医事科技大学的交换生。

(四) 出国(境)交流访问

教师队伍的"国际化"水平直接决定了教育国际化进程。为了进一步了解国外办学机构的办学模式,促进校际间的合作与交流活动,也为了进一步提升学校教师的综合能力,让专业教师特别是青年骨干教师学习外国的先进教育教学方法,促进学校专业建设与国际接轨,这所学校积极推进教师出国(境)交流访问工作。

一是管理人员出国(境)交流访问。2008年起,教育部和财政部专项设立"高职院校领导海外培训项目",项目由中央财政专项经费支持,以高等职业院校领导能力建设为切入点,计划在5年内选拔500名国家示范性高职院校及省级重点高职院校领导赴国外考察培训，学习借鉴国际先进教育理念和经验。这所学校的多名领导参加了这一项目，通过考察培训开阔了国际视野、熟悉了国际经验、更新了现代院校管理理念，进而推动了学校的改革和发展。

二是专任教师出国（境）访学。这所学校鼓励教师出国（境）访学，提高教师队伍的国际化程度和整体实力。2006 年以来，国家和省政府同时加大了高校教师出国培训和研修的选派力度，促进国际化高层次创新人才的培养。2010 年，浙江省和国家留学基金管理委员会共同实施"浙江省高校优秀中青年骨干教师出国研修项目"。在这些项目的带动下，这所学校根据学校制订的国际交流与活动计划，不断提高专任教师访学人员比例，截至 2017 年底，这所学校出国（境）留学、进修的专任教师数量达 830 余人次，其中 2013 年 103 人次，2014 年 76 人次，2015 年 81 人次，2016 年 61 人次，2017 年 79 人次。

教师出国（境）交流访学能开拓教师的视野，使其了解相关领域国际发展前沿的情况，但也并不是每位教师回来后自身能力都会有很大的提升。学习效果因参与教师的思想认识、前期准备、学习态度等各方面的不同而存在差异。

（五）聘请外国文教专家

引进国外智力是高职教育面向世界、积极开展国际教育交流与合作的一项重要工作，是学习外国先进科学技术和进步文化的重要途径。这所学校聘请了来自美国、加拿大、澳大利亚等国家的外国文教专家 60 余人次，2017 年共有 25 人次外教来学校任教，为学校学生开设语言课程及其他专业课程，让学校学生真正接触到外国先进的教育教学方法。

2015 年，学校以"文化交流，合作共赢"为主题，利用外教资源为师生开设不同国家、区域的学术讲座，促进学校跨文化建设，提升国际文化软实力。目前已邀请来自美国、新西兰、约旦等 7 个国家和台湾地区的国（境）外 30 余位专家、学者，共举办了 26 场学术讲座，千余名师生参与。该系列学术讲座领域前沿、内容丰富、形式多样，不仅积极推动了学校的教育国际化进程，促进了管理者、教师和学生教育国际化理念的提升及学校与国（境）内外高职教育国际化合作交流，也丰富了学校多元的校园文化，培养了学生们的国际化视野。同时，学校师生在不出国门的情况下了解国外先进的教学方法，促进了跨文化交流，丰富了校园文化。

一直以来，这所学校以宽广的怀抱海纳外籍英才，期间也涌现出一批为高职教育国际化、培养莘莘学子成长成才而身体力行的外教专家。2016 年，这所学校制定了《金华职业技术学院"外教之星"评选办法》（金职院办〔2016〕16 号），至今已经举办了两届"外教之星"评选活动，共有 13 名外教获得该荣誉。

（六）招收外国留学生

这所学校于2004年取得招收国外留学生资格，当年招收首批土耳其籍来华留学生。此后，学校积极拓宽招生渠道，招收更多的学历类留学生和来华进修生，使学校留学生规模处于省内同类院校领先水平。2011年，随着来华留学生人数的持续增长，浙江省提出了"要成为国内来华留学生规模和层次增长最快的地区之一"的目标，并发布了《留学浙江行动计划》，在加快培育国际化专业和特色课程、开展双校园联合培养项目和交换生项目、培养适应来华留学事业发展需要的骨干教师、设立来华留学生奖学金等方面给予政策支持。

为了提升外国优秀学生到浙江留学的热情，进一步推动高等教育的国际化进程，浙江省逐年增加来华留学生奖学金的名额和奖励额度。2012年，奖学金额度增加至1000万/年；2015年，奖学金数额再次翻倍，增加至2000万/年。这些都为高职院校扩大留学生规模、提高留学生教育质量增加了推力。在利好政策的带动下，2015年这所学校全年累计在校留学生人数达168人次，分别来自20多个国家。学历类留学生人数和质量持续提升，总人数达到39人，学校也因此成为浙江省招收学历留学生最多的高职院校。其中32名为卢旺达政府委托培养班学生，这些留学生通过汉语水平考试后，进入计算机网络、汽车检测与维修技术、酒店管理等专业进行学习。2015年，金华市政府还出台了《金华市政府来华留学生奖学金管理办法》，于2016年开始实行，学校还申请得到50万元的留学生专项奖学金，为进一步招收高质量的留学生奠定了基础。2017年，这所学校10名留学生共计获得60 000元省政府来华留学生奖学金，另有39人获校级留学生奖学金及各单项奖学金，共计71 400万元。

另外，这所学校在留学生招生数量、教育层次、生源结构等方面取得了较大发展。虽然受办学层次和一些现实条件的限制，高职院校招收的留学生大部分以非学历的进修生为主，但是以这所学校为代表的一批发展较快的高职院校在留学生的招生数量、教育层次、生源结构等方面也都取得了很大发展。在留学生类型上，以语言生为主的格局正在逐渐改变，长期留学生和短期文化研修生成为高职院校非学历留学生的主要组成部分。2017年，这所学校共有在校留学生118人，其中学历生64人。

（七）境外办学

1. 设立分校

中国高校赴境外办学，可以为各国培养了解中国、精通相关技术的专业人才，还可以为中国企业培养大量熟悉所在国国情、具备现代管理和经贸等专业素养的优秀人才，最终为实现中外互利共赢提供有力支持。目前，我国已经成为全球第二大经济体，吸引了越来越多的国家了解中国，学习中国，搭乘中国经济发展的快车。同时，中国的大批企业正在走出国门，参与全球范围的经贸合作与市场竞争，一方面是因为经济全球化浪潮的推动，另一方面是因为这所学校综合实力日益增强，教育国际化不断深入和拓展，学校“走出去”的步伐不断加快。

2017 年 7 月，学校在卢旺达设立金华职业技术学院卢旺达穆桑泽国际学院(简称穆桑泽国际学院)，是这所学校的第一个海外分校。在卢旺达设立海外分校，主要是考虑到扩大人文交流、共建“一带一路”，加之学校与卢旺达政府早在 2014 年就开始合作，受卢旺达政府委托为其培养紧缺技能型人才，与卢旺达政府形成了良好的合作关系。2016 年 12 月，时任学校党委书记的胡正明随金华市政府教育代表团访问卢旺达期间，与当时卢旺达教育部负责职业技术教育与培训的国务部长奥利维尔签署合作备忘录。

2017 年 9 月，穆桑泽国际学院招收了第一批学生。学生首先在穆桑泽国际学院学习一年汉语，然后学习金职院的机械制造、信息技术、酒店管理、建筑和农业等专业知识。按计划，穆桑泽国际学院未来将在卢旺达当地教授学生专业知识。此外，穆桑泽国际学院还设立了职业技能发展中心，帮助卢旺达培训当地技术工人。双方将共同以卢旺达为起点，向中东、非洲周边其他国家辐射，传播中国先进的高职教育理念，开展技术技能培训等。

2. 设立培训中心

为积极服务国家“一带一路”建设，这所学校积极拓展海外企业合作项目，帮助有意向企业参与国际产能竞争与合作。2016 年，金华职业技术学院西那瓦大学华夏学院国际教育中心成立，学校主要负责设计与开发分行业、分类型的培训课程包。2017 年起，双方逐步开展学生专升本硕衔接、学生交换等合作交流活动，选派教师赴泰国调研西那瓦家族企业的员工技能需求，选送 10 名学生赴泰国西那瓦大学夏令营游学活动。

三、国际交流与合作的管理

(一) 制度建设

管理制度建设是学校民主管理的有力保障，也是学校可持续健康发展的基础。学校外事管理工作也不例外，同样需要遵循特定的管理制度和办事原则。但是因为高职院校外事工作发展时间较短，很多学校对外事管理工作的规律性认识不充分，仅设置了外事管理部门，没有制定详细的管理制度，或者管理制度并不完善，致使外事工作管理科学性不强，影响了外事工作的开展。所幸这所学校的主要领导和分管领导都比较重视外事制度建设，他们意识到，学校外事管理工作是否科学，将对外事工作乃至教学管理工作能否健康发展产生直接影响。因此在全面优化学校管理体制的过程中，学校积极推进外事管理工作模式的科学化、规范化、制度化，建立健全了学校外事和国际教育交流的一系列规章制度。

十余年间，学校相继出台了《金华职业技术学院选派访问学者管理办法(试行)》等一揽子制度和办法(见表12-2)，制作了《金华职业技术学院因公出国(境)手续办理培训手册》《金华职业技术学院留学生管理手册》等，逐步建立起一套科学、规范、合理的规章制度体系。由于制度健全、措施到位，这所学校国际交流与合作的各项工作都有章可循、有据可依，从根本上建立起了科学的管理机制。

表12-2　学校外事管理制度和办法一览表

序号	名　　称	年份
1	《金华职业技术学院选派访问学者管理办法(试行)》	2005
2	《金华职业技术学院出国(境)申办程序与审批办法(试行)》	2008
3	《金华职业技术学院关于在校学生出国(境)学习的若干管理办法》	2009
4	《金华职业技术学院教师出国(境)培训、进修实施办法》	2010
5	《金华职业技术学院中外合作办学项目管理办法》	2011
6	《金华职业技术学院中外合作办学项目经费管理暂行办法》	2011
7	《金华职业技术学院外聘专家学者管理办法》	2011
8	《金华职业技术学院教师出国(境)培训、进修实施办法(试行)》	2011
9	《金华职业技术学院中外合作办学项目学生短期出国交流管理办法》	2015
10	《金华职业技术学院"外教之星"评选办法》	2016
11	《金华职业技术学院海外分校卢旺达穆桑泽国际学院工作人员选派及相关待遇规定(试行)》	2017

(二)留学生管理

随着越来越多的外国留学生来学校学习，留学生群体的多元化和分散性特征更加显著，外国留学生来华后母体文化与中国文化冲突，外国留学生之间的不同文化也存在着摩擦，这些都给留学生管理增加了难度，因此加强留学生管理变得尤为重要。这所学校主要在学校和学院两个层面设置留学生管理机构：学校层面的管理机构为国际合作交流处，作为学校职能部门负责留学生招生、日常管理以及各部门和二级学院之间的协调等工作；学院层面的管理主要依托负责对外汉语教学的国际学院和其他接受留学生的二级学院进行留学生管理。为加强留学生的管理，这所学校进一步明确了从报名、入学通知发放、签证办理及日常管理中国际合作交流处与国际教育学院所应承担的职责，并出台了一整套留学生管理制度，使留学生管理工作日趋规范。一方面，学校规范了对外汉语教师对学生出勤率管理的工作；另一方面，加强了留学生寝室管理以及人身安全管理，配合保卫处对留学生公寓进行全面安全检查，查出问题及时排除，给每位留学生都发放了《金华职业技术学院留学生管理手册》。同时为了进一步规范留学生奖学金评选工作，学校还出台了《金华职业技术学院海外留学生奖学金评选办法（试行）》。

（三）外籍教师管理

在外教管理制度方面，除按国家相关规定签订聘用合同外，这所学校结合实际情况制定了一整套完善的针对长、短期外教的管理制度和办法。《金华职业技术学院外籍专业人员聘用办法》规范和细化了外教聘用和管理流程，为学校优质外教资源的引进和管理奠定了基础。《金华职业技术学院外籍专业人员管理制度》明确和厘清了相关部门各自在外教行政管理、教学管理和生活管理中的责任和义务，对外教管理起到了积极作用。除此之外，这所学校还定期召开外教例会及时反馈信息。由于许多外教对中西方文化差异缺乏了解，对中国的教育体制及学生的外语水平缺乏足够了解，外教例会制度一方面可交流教学方法、相互学习，另一方面外教与其他教师间也可以相互了解、相互沟通，同时也便于及时了解外教的心理变化，充分利用外教的心理特点，调动他们的工作积极性。为了增进外教与学校师生的友谊，加强他们对中华文化的了解和传播，更好地服务于学校的教学、科研与国际交流，学校多次组织联谊会、中秋晚会、圣诞晚会等活动，丰富了外教的精神文化生活。学校还非常关心外教的工作和生活，及时帮助他们解决所遇到的困难和问题，为他们的工作和生活提供必要的条件和设施。

高职院校开展国际交流与合作有利于开拓教师视野、引进优质教育资源、扩大学校影响力，但也要根据学校办学实际有所为而有所不为，争取相关工作效益最大化。毕竟高职院校没有开展国际交流与合作的义务，因此，在服务国家战略、应对教育主管部门考核的同时，高职院校需要优先考虑的是，如何把有限的人财物用在刀口上，努力降低合作成本，精选合作院校和合作项目，开展深入持久的多元合作，逐步形成高职教育国际合作的品牌。只有这样，才能切切实实地提升相关教师的专业水平和专业建设的水准，从而显著助推学校的内涵发展。

第十三章　渠道多元的办学经费

办学经费是高校办学的重要保障。一流的师资、一流的学科或专业以及一流的教学条件等都需要有充足的办学经费支撑。教育教学改革、实践教学基地建设、师资队伍建设等也都需要持续投入资金。大部分世界一流大学尤其是私立院校通常都有非常充裕的经费和多元化的经费来源渠道。美国大学校长的主要职责很明确，即筹集资金，引进高层次人才，并负责学校的战略制定。[①]

作为非营利组织的事业单位，我国高校收入来源主要有财政投入、教育事业（学费）收入、专款专用的科研收入等。近些年来，我国政府越来越重视教育投入，坚持教育优先发展，财政性教育经费占国内生产总值比例持续超过4%。但高校办学资金预算增长更快，钱总是不够用，中国高校经费充裕的不多，甚至有不少高校负债，其中新建校区和完善办学条件形成的基建债务最为明显。2011年，审计署在第35号公告《全国地方政府性债务审计结果》中对地方高校债务规模进行了公布，截至2010年底，1164所地方所属普通高校有政府性债务2634.98亿元。[②]之后，全国高校负债总额一直居高不下，负债运行成为许多大学的常态。

这所学校由于把6所中专都合并到大黄山校区，需新建教学楼、实训楼、图书馆、宿舍、食堂等基本设施。据统计，仅2003－2012年，学校就先后投入94 000余万元基本建设资金，其中大部分资金来自银行贷款和建设单位垫资，所以学校面临着比较严重的资金短缺问题。2012年以前，学校每年的预算支出都在3亿元以内。

但作为金华市唯一一所公办高职院校，金华市委、市政府高度重视和大力支持学校发展，历届政府均把支持学校发展作为重点工作纳入政府工作报告，市财政按照生均拨款每年7.8%递增的形式投入办学经费，同时在金义网络经济学院、“金湖创客汇”、西子联合智能化精密制造实训中心、附属幼儿园、人才用房等重大项目建设中给予土地、政策以及专项经费支持。在政府的大力支持下，学校历任主要领导秉持经营的理念，在抓好教育教学工作的同时，积极采取措施开源节流，筹措办学经费。2012年以后，学校财务状况有较大改善，学校每年收入都有较大

---

① 李莉.美国大学校长薪酬堪比总统 职责明确挑战性高[N].北京晚报，2012-03-07.

② 廖开锐.我国高校债务的现状、成因及化解对策分析[J].会计之友，2012(9).

增长。2015—2017年，学校每年各类收入45 000万～50 000万元。经过多年的努力，学校的财务保持着比较良性的运行状况，有效支撑并促进着学校的内涵式发展。本章从学费、社会服务创收、上级财政资助的教学建设项目经费、国家示范性高职院校建设经费、浙江省重点院校建设经费、学校资源的再开发、捐赠等方面，简要分析这所学校的办学经费情况。

一、学费

从办学初到2013年，这所学校的招生规模持续扩大，招生计划从1998年的700人增加到最多时(2013年)的9834人(每年具体招生数见第九章)。学校的学费收入显著增长，办学规模效益显现。2008年(当年招生计划是8800人)，学校学费收入14 800余万元，占当年总收入(27 000余万元)的55%左右；之后，随在校生数量的增加逐年增长；2013年，学校学费收入20 750余万元，占当年总收入(48 280余万元)的43%左右。最近4年，每年学费收入基本稳定在25 000万元左右，约占当年总收入的50%。

此外，为满足社会需求、引进优质教育资源、提高办学效益，从2004年起，这所学校陆续与澳大利亚伊迪斯科文大学、美国卡普兰大学、美国伯米吉州立大学、加拿大皇家路大学、澳大利亚中央技术学院、美国东北州立大学等国外知名高校联合举办中外合作办学项目。中外合作办学项目专业的学费相对较高，12 000～15 000元/(年·生)，这一块的学费收入也有较大增长(见表13-1)。当然，中外合作办学项目专业的办学成本，如外教的课酬、课程资源等费用相对也要高一些，还有中介的一些费用。如果项目比较分散，专业招生数比较少，则办学效益就不是太好。因此，选择合作学校与合作项目非常重要，同时最好是由学校国际合作交流处与相关二级学院联合直接与意向合作学校联系商谈，可以省去中介的相应费用。

表13-1　历年中外合作办学学费收入

年份	2011	2012	2013	2014	2015	2016	2017
学费/万元	461.7	709.02	1068.75	1241.22	1029.83	1189.11	1721.03

学费收入是高职院校办学经费的重要组成部分，但并不是越多越好，特别是收费偏低的专业的学生数不能过多。公办高职院校的学费是公益性收费，总体偏低，如果办学经费过多依赖学费，则招生越多，学校办学成本越高，负担越重，势必影响办学质量。所以，2014年以后，这所学校根据区域产业发展情况，建立了专业动态调整机制，注重专业集群建设，主动把招生专业从79个减少到60个，同时主动减少招生计划，每年稳定在8000人以内。学校把重点放在如何提高生源质量、

办学水平和教育教学质量上，与此同时，努力争取多做其他一些能提高办学水平又有经费收益的项目。

二、社会服务创收

为充分履行高校职能、弥补办学经费的不足，这所学校依托学校各类办学资源，积极开展继续教育、技术服务等社会服务，取得了很好的成效，较大比例地弥补了学校办学经费的缺口，提升了教师的社会服务能力，也提高了教职员工的福利待遇，在全国高职院校有较大的影响。

学校深入挖掘校内资源，积极寻求与本科院校、政府部门以及行业企业的合作，千方百计拓展学历教育、技能生、社会培训等继续教育项目，以市场化运作的方式努力增加创收，用以弥补办学经费的不足，每年 5000 万～8000 万元(详细情况见第十一章)。

学校鼓励教师结合自身专业优势，积极开展科技成果推广工作，与省内外诸多企事业单位建立了良好的合作关系；依托专业性公司成立社会服务团队，开展科技服务项目；充分利用浙江省科技云服务平台进行科技创新券推广和使用，近 10 年共开展技术开发、技术咨询、技术服务、技术转让等横向科技服务项目 1000 余项，科技服务到款 4800 余万元。

学校有一个理工驾驶培训学校，创建于 1985 年，是金华市最早创办的驾校之一，承担在校学生驾驶培训及考证任务，同时面向社会培养合格的驾驶技术人才。驾校师资力量雄厚，配套设施齐全，建有占地 80 多亩的标准化考试训练场，能容纳 60 多辆教练车同时训练，同时能满足部分学员夜间训练的需要。驾校每年培训 20～25 期，招生 1800～3100 人，按照全成本核算可创利 150 万～500 万元。

其他还有一些教师的社会服务，如建筑设计、装修设计、生产技术指导、教育培训等，由于大多是教师个体行为，相关的服务费用不宜(有些教师也不愿意)作为收入转到学校。对这一类经费，学校鼓励教师作为横向科研服务项目经费转入学校，并可以纳入教师年度业绩考核，但不做硬性规定，毕竟大多数教师是在业余时间从事相关的社会服务的。

三、上级财政资助的教学建设项目经费

长期以来，学校积极与国家、省市财政部门沟通，千方百计争取上级财政在基建贷款贴息、实验设施专项、中央扶持资金、减免房产税收等方面的支持。① 同时，更为重要的是，学校结合专业建设，积极申报上级财政资助的教学建设项目，如优

① 如 2007 年争得基建贷款贴息 350 万元、实验设施专项 110 万元、中央扶持资金 400 万元、减免房产等税收近 30 万元。

势专业建设项目、特色专业建设项目、教改项目、精品课程建设项目、资源库建设项目等。

“十二五”发展时期，学校提出了“特色强校”的发展战略，并以质量工程建设为抓手，出台对接国家和省“十二五”质量工程实施计划，以此来进一步促进专业内涵发展。围绕专业内涵建设的任务体系，实施计划从重点培育优势特色专业、中高职人才培养衔接、校企利益共同体建设、课程和专业教学资源库建设、实训教学条件建设、培养优秀教学团队和名师、高职教育教学研究、质量保障体系建设、国际交流与合作和实施项目绩效评价等十个方面明确了质量工程建设的项目载体、建设目标、培育进度和工作举措。学校加强对重点项目的培育和建设力度，并组织积极申报上级财政资助的教学建设项目。其中，2011 年共获批 12 项，总资助经费达到 1500 万元，涉及中央财政支持高等职业学校提升专业服务能力建设项目 1 项（电子商务、畜牧兽医 2 个专业），经费 400 万元；浙江省提升地方办学水平建设项目 5 项（校企互动课堂建设、现代汽车数字化实训中心建设、骨干教师国际培训、职业技能培训包开发和学前教育专业资源库建设），经费 400 万元；浙江省示范校提升地方专项建设资助项目 3 项（西部高职院校对口支援建设、专业带头人骨干教师国际培训建设、开放型教学资源服务平台建设），经费 500 万元；金华市财政支持提升专业内涵专项建设项目 3 项（学前教育专业教学资源库建设、园艺技术专业发展建设、护理专业发展建设），经费 200 万元。2012 年取得项目总经费 1896 万元，在国家级项目上，由省厅推荐申报国家精品资源共享课 10 门，总门数位居全省高职第一；学校被列为国家教育信息化和全国“卓越医生教育培养计划”首批试点高校，有 2 个主持制定的专业教学标准入选教育部第一批《高等职业学校专业教学标准》；电气自动化技术专业获批为中央职教实训基地，全校国家级实训基地总数达到了 4 个；学前、护理、生化药品 3 个项目获批国家级“双师型”教师培养培训项目，与尖峰药业合作获批国家级“双师型”教师企业顶岗培训项目。在省级项目上，机械制造、护理、学前 3 个专业获批为省优势专业，第一年拨款总经费 756.5 万元，位居全省高职首位；与众泰集团合作获批省级“双师型”教师企业顶岗培训项目。

2016 年，国家发改委、教育部、人力资源和社会保障部联合发布《关于编报“十三五”产教融合发展工程规划项目建设方案的通知》（发改社会〔2016〕547 号），启动实施职业教育产教融合工程规划项目，“十三五”期间拟投入 50 亿元，支持 100 所左右高职院校深化产教融合、校企合作，加快建设现代职业教育体系，加强实习实训实验设施建设，全面增强职业教育服务经济社会发展能力。这所学校联合地方政府部门以及西子联合控股集团等单位共同申报建设“智能化精密制造实训中心”，获国家发改委立项，项目总预算投入 1.28 亿元，其中中央资金定额补助 3840 万，市政府投入 1000 万，市经济技术开发区管委投入 1000 万，其余资金由学校和相关企业筹集。该实训中心下设"KUKA 智能制造实训车间"和"西子航空精密制造实训车间"两大实训车间，将于 2018 年底建成，可向金华周边企业和职业院校提供人才培养、社会培训、技术研发和产品制造等方面的服务。

四、国家示范性高职院校建设经费

2007 年，这所学校成为第二批国家示范性高职院校建设单位，机械制造与自动化、应用电子技术、护理三个专业列为重点建设专业。示范建设项目总预算 11 696 万元，实际到位资金 11 719 万元，其中中央财政投入 2200 万元，地方财政投入 4400 万元，行业企业投入 388 万元，学校自筹 4731 万元。中央财政投入分专业使用情况和国家示范性高职院校建设分项目资金使用情况分别如表 13-2 和表 13-3 所示。

表 13-2　中央财政投入分专业使用情况

专　　业	项　　目	预算投入/万元	实际支出/万元	完成比例
机械制造与自动化	教学实验实训条件建设	400	400.00	100.00%
	师资队伍建设	120	115.55	96.29%
	课程体系与教学内容改革	280	279.15	99.70%
应用电子技术	教学实验实训条件建设	331	331.00	100.00%
	师资队伍建设	105	104.48	99.50%
	课程体系与教学内容改革	264	263.98	99.99%
护理	教学实验实训条件建设	350	349.61	99.89%
	师资队伍建设	105	105.00	100.00%
	课程体系与教学内容改革	245	245.00	100.00%
合计		2200	2193.76	99.72%

表 13-3　国家示范性高职院校建设分项目资金使用情况

项　　目	实际投入/万元	实际支出/万元	完成比例
中央财政重点支持建设专业	3775.40	3754.34	99.44%

续表

项　目	实际投入/万元	实际支出/万元	完成比例
中央财政重点支持建设专业所在专业群	270.30	262.66	97.17%
地方财政支持的专业	1002.63	998.65	99.60%
其他项目	6671.00	6547.86	98.15%
合计	11 719.33	11 563.50	98.67%

学校按照教育部和财政部的相关要求，制定了《国家示范性高等职业院校建设项目专项资金管理办法》，加强对示范性院校建设项目专项资金的管理、监督和调控，保证建设项目的顺利实施和专项资金的合理规范使用，提高资金的使用效益。示范建设期间，学校利用中央财政、地方财政、学校自筹和行业企业投入等资金，全面高效地完成了预期建设目标，取得了良好的经济、社会效益，学校整体实力跨上新的台阶。

1. 有效改善实验实训条件

示范建设期内，共有 3600 万元专项资金投入硬件建设，并带动其他配套投入，学校新增教学仪器 4972 万元，设备总值超过 1.4 亿元，达到生均 6242 元。建成了数控实训车间、电子产品生产车间、“仿真医院”、艺术设计工作室、“兽医院”等一批布局合理、设备先进、功能完善的校内实训室或实训车间，达到了区域一流水平，为学生培养、社会培训服务。

2. 全面提升专业内涵建设

通过大额、密集的专项投入，培养了一批专业带头人和骨干教师，学校师资结构和素质得到显著提升和优化；基于工作过程系统化的课程体系优化全面铺开，精品课程、配套教材、试题库、网络教学资源建设全面跟进；职业氛围营造、校企文化互动、企业家论坛开设等校园文化建设工程，有效促进了和谐育人环境的形成。

3. 显著提高学校管理水平

通过广泛调研、系统研究和严密论证，制定或修订了一系列基地管理、教学管理、人事管理、质量监控等方面的规章制度，提升了学校管理水平。购置或合作开发了教务管理系统、专业教学资源库平台、人事管理软件、科技服务管理平台、就业指导与招聘服务网络平台、顶岗实习等信息化管理系统，增强了业务管理功能的集成度，提高了学校的管理效率和效益。

政府投入资金并不多，但产生了很好的效益。2010 年，学校以优异的成绩通过了国家示范性高等职业院校建设验收。

五、浙江省重点院校建设经费

重点暨优质建设校是浙江省推进高职院校新一轮改革创新的建设项目，旨在提升全省高职教育办学水平和综合竞争力，力争有若干所高职院校跻身全国先进行列。重点暨优质建设校的建设内容主要涉及推进管理体制创新、加强优势特色专业群建设、加强双师型教师队伍建设、促进技术技能积累与服务、提升国际交流与合作水平等五个方面，项目建设周期为5年。

2017年6月12日，浙江省教育厅、浙江省财政厅发文公布高职重点暨优质建设校名单，确定金华职业技术学院等5所学院为省重点建设高职院校，对浙江经济职业技术学院等15所学院进行优质高职院校建设。金华职业技术学院凭借显著的办学成效成功入围，并在5所省重点建设高职院校中排名第一。财政对列入重点建设的高职院校平均每校每年安排建设资金5000万元。地方属高职院校根据省级财政支持标准，按隶属关系由地方财政落实资金。学校省重点院校建设资金投入总预算表如表13-4所示。

表13-4　学校省重点院校建设资金投入总预算表

建设项目		分来源资金预算			合计/万元
		申请省财政支持/万元	学校及举办方投入/万元	行业企业投入/万元	
体制机制创新与综合改革			145	90	235
优势特色专业群建设	装备制造专业群	2600	1200	2200	6000
	电子信息专业群	800	200	200	1200
	文化教育专业群	1000	300	100	1400
	健康服务专业群	1000	200	100	1300
	网络经济专业群	1460	125	2575	4160
	现代农业专业群	880	180	140	1200
高水平师资队伍建设		5690	1200		6890
技术技能积累与服务		3300	2500		5800
国际交流与合作		1000	600		1600

续表

建设项目		分来源资金预算			合计/万元
		申请省财政支持/万元	学校及举办方投入/万元	行业企业投入/万元	
自选特色项目	创新创业教育	2170	385	1400	3955
	内部质量保证体系建设	100	100		200
合计		20 000	7135	6805	33 940

这所学校的浙江省重点院校建设各项工作正在逐步推进中。根据建设方案，通过优质高职院校暨重点校建设，预期可以建立培养模式和教学创新的系统实施路径，培养质量持续提升；形成产教融合、以人为本的现代治理体系，学校治理激发活力；建成一批对接区域主导产业的优势专业群，专业优势全国领先；培育一支高水平的“双师双能”教师队伍，师资水平显著增强；建成区域服务型技术创新与社会服务平台，服务能力引领区域；打造融入“一带一路”多元合作交流平台，国际合作彰显典范等。

六、学校资源的再开发

学校在长期的办学过程中积累了许多资源，同时近 3 万名师生也是有待开发的重要资源。这所学校多位主要领导都有地方管理经验，比较注重挖掘和开发校内资源，以经营的理念运作学校的相关事项，尽最大的可能服务教育教学。

1. 老校区土地置换

这所学校原来的金华师范学校、金华卫生学校和浙江农业机械学校的老校区，有大量的房产和土地，都是可开发利用的资源。2009 年 8 月 28 日，金华职业技术学院宾虹路校区地块（原理工学院地块，位于开发区宾虹路以南、李渔路以北、婺州街以东，面积为 97 688 平方米）由市国土资源局按程序统一安排出让，经过 35 轮激烈角逐之后，最终以 9400 元每平方米的拍卖价成交，折合每亩地价 626.70 万元，总地价 9.18 亿元。地方政府非常支持学校，上述土地出让收入扣除出让成本及上交国家、省有关税费后（约 8.5 亿元），全额返还学校用于偿还银行贷款和新校区项目建设。2010 年，学校通过申请从市财政拨回第一笔宾虹路校区土地出让金 59 254.48 万元，基本偿还了多年积累下来的基本建设负债。之后，学校陆续把剩余土地出让金用于学校的后续建设。这笔巨额的土地出让金对学校发展至关重要，使学校缓解了资金紧张的局面，摆脱了多年的负债运行状态，有能力集中财力开展一些深化内涵发展的工作。

2. 人才用房土地拍卖

学校整体合并到大黄山校区后，大部分教师居住的地方普遍离学校比较远，上下班不方便，与学生交流时间也少。另外，2003 年大黄山校区征用土地时，为弥补以商住用地的价格征用的部分土地，市政府同意在大黄山校区内划出部分土地用于商住开发。基于上述情况，2009 年底，学校主要领导正式向市委和市政府主要领导提出利用当年市政府给予的政策建设人才用房的要求。2010 年 2 月，金华市市长召集市相关部门领导到学校进行现场办公，为留住、引进人才，促进学校加快发展，同意学校进行人才用房建设。经与市领导以及有关部门负责人反复磋商，确定把学校大黄山校区东南角(原金华农业学校老校区内)的 60 亩土地转成商业性质土地用于人才用房开发。学校成立金华市学成房地产开发有限公司，通过公开拍卖途径取得上述土地的开发权，然后按照市场化形式建造商品房。学校根据教职员工的职务、职称、工龄、校龄等综合因素，按照经学校教代会通过的规则确定购房资格和抽签顺序。同样，学校领导经与市领导汇报并与有关部门沟通后，争取到把该地块的土地出让金(扣除应交税费后约 27 000 万元)作为专项资金用于学校建设。

3. 金华金职院后勤服务有限公司

早在 2007 年，这所学校就参照浙江大学后勤集团[①]等经验，进行后勤社会化改革，成立了商贸公司、景观公司、寝管中心、物业公司、饮服公司等内设机构实体，服务师生在校园内的生活以及相关校园建设工作。2017 年，学校新一轮机构改革调整，专门成立实体单位——金华金职院后勤服务有限公司。师生既是服务的对象，也是消费的群体，校园内师生生活、空调、饮用水、洗浴、通信等都采用市场化的方式解决。学校投入比较少的资金就基本能解决后勤保障方面的相关问题。

此外，移动、电信等电话和互联网服务公司在服务学校发展的同时，也通过捐资或捐赠设备等形式支持学校建设。

七、捐赠

这所学校有很好的捐资办学的传统。1996 年 1 月 28 日，一位不愿透露姓名

---

① 1988 年，浙江大学在全国高校率先进行后勤社会化改革。1993 年，浙江大学在全国第一家成立高校后勤服务公司。浙江大学后勤集团是浙江大学所属唯一的全资后勤企业集团，核心公司(杭州浙大同力后勤集团有限公司)注册资金 8000 万元。目前集团有员工 6500 余人，旗下拥有餐饮、商贸、物业、水电、幼教、通信、会务、交通、教材、科技等行业的 11 个专业化法人公司。后勤集团坚持“保障学校，服务社会”的发展方针，全面承担了浙江大学除学生宿舍、校医院外的所有后勤保障工作，面向浙江大学 10 万多名教职员工提供优质高效的后勤服务。2011 年，后勤集团被评为“全国高校后勤服务优秀企业”。在不断巩固校内市场的基础上，后勤集团不断优化产业结构，以多行业全覆盖的优势为企事业单位提供后勤服务一体化解决方案。浙江大学后勤集团改革发展取得的丰硕成果为全国高校后勤社会化改革提供了宝贵的经验。

的普通市民向学校捐款 100 万元，并给市委、市政府写了一封热情洋溢的信。这在 20 多年前的金华是一笔巨额的个人捐款。随后，中央电视台《新闻联播》节目报道了"记百万无名捐款，引来千万教育投资"的新闻。在金华市委、市政府的倡导下，金华社会各界捐资、投资办学热潮，在全国引起了强烈反响，中央电视台、中央人民广播电台、《人民日报》、《光明日报》、《文汇报》等媒体进行了刊播。金华市五套班子领导多次向学校发展基金会捐资。

2009 年 5 月 8 日，经浙江省教育厅批准、浙江省民政厅审查同意后，金华职业技术学院教育发展基金会正式揭牌成立。[①] 基金会当时的注册资金为人民币 1200 万元，属于非公募基金会，收入来源主要是自然人、法人或其他组织的自愿捐赠，政府的资助，投资收益和其他合法收入等。基金会的宗旨是推动金华职业技术学院教育事业的发展，服务地方经济建设。根据国务院的条例规定和基金会有关文件的规定，金华职业技术学院教育发展基金会接受境内外自然人、法人或者其他组织自愿捐赠的财产和政府的资助，每年拿出上年度基金余额 9%左右(130 万～380 万元)的经费，用于支持和奖励为地方经济发展做出突出贡献的教师；支持职业技术学院的建设，改善办公条件；支持人才引进，资助聘请国内外知名学者来校讲学；资助学校重点专业学科、实训基地和课程建设；资助优秀教师及在校学生出国交流，参加国际学术会议；资助召开高层次国际学术会议；奖励做出突出贡献的优秀教职工和品学兼优的学生，资助在校贫困学生完成学业等。

此外，近几年陆续有部分校友捐资设立各类奖教助学基金或捐赠实物。2011 年 12 月 16 日，杰出老校友、82 岁高龄的原浙江神雕雕塑工艺集团有限公司董事长程朱昌先生以个人名义向母校捐赠 20 万元，设立"程朱昌助学基金"，用于资助师范学院品学兼优的贫困生。这是师范学院办学以来第一笔由校友捐赠的助学基金。2012 年 12 月 25 日，校友林锦泉老人把子女孝敬他的 20 万元捐给母校，设立"林锦泉助学基金"，用于资助学院贫困家庭学生。2017 年 4 月 19 日，原金华师范学校校长骆灿林捐赠 50 万元，设立"骆灿林创新基金"，主要用于奖励师范学院

---

① 金华职业技术学院教育发展基金会的前身是金华大学发展基金会。1994 年 12 月，金华大学发展基金会成立，由仇保兴担任董事局主席。1996 年 11 月，金华大学发展基金会经浙江省民政厅核准登记注册。至 1999 年 10 月召开基金会董事局一届四次全体会议时，董事局董事成员增加至 87 人，执行董事以上的领导为 13 人。金华大学发展基金会自 1994 年成立以后，对金华大学、金华理工学院、金华职业技术学院的筹建和不同阶段的发展发挥了非常重要的作用，实现了创办金华人自己的大学的初衷，为金华市高等教育的快速发展打下了良好的基础。2000 年以后，由于金华大学发展基金会主席、秘书长等主要领导调离金华，加之董事局成员数量较多、分布面较广等，特别是 2004 年 3 月国务院颁布了新的法规《基金会管理条例》，金华大学发展基金会的管理机构及业务开展等方面已难以完全符合国务院新法规的强制性要求。经整改清算后，2008 年 1 月 7 日，浙江省民政厅做了准予金华大学发展基金会注销登记的批复。原基金会的资产及债权、债务暂时由金华职业技术学院托管，后来通过法定的途径全部转捐赠给金华职业技术学院教育发展基金会。

学生创新创业获奖项目,资助具有较好市场前景的运营项目和学生创新创业活动。2012 年 5 月,经管学院校友联谊会收到八六财二班校友们捐赠给母校的 1 万元捐赠款,用于学院校友联谊会工作的开展。2017 年 3 月,学校杰出校友孙伟挺(华孚控股有限公司、华孚色纺股份有限公司董事长,被誉为“中国色纺教父”)出资 30 余万元捐赠巨石一方,用于雕刻学校精神“兼容并蓄 经世致用”,并置于学校南大门。2017 年 10 月 19 日,校友叶昌标第四次向学校机电工程学院捐资 5 万元(已累计捐资 20 万元),设立“ZTL 德信助学金”,用于资助家境贫困、品学兼优的机电学子,已资助学生 31 人。

为规范校友捐赠的管理,提高校友捐赠资金、物品的使用效益,从而激发更多的校友加入到捐赠行列,充分发挥校友捐赠在学校建设与发展中的积极作用,2014 年学校校友会还专门制定了《金华职业技术学院校友捐赠管理办法》。

相对于学校的办学历史和办学规模,社会捐赠的人次和资金都还比较有限。客观上,毕业的学生主要从事一般的技术性岗位工作,创业的人很少,有很大成就和巨额财产收入的学生不是很多,所以短时间内来看捐赠还不多。但学校要着眼于长远,努力培养更多更优秀的学生,关注学生包括毕业生的发展;同时加强校友文化建设,重视校友捐赠途径的拓展,努力让学生认可这个“家”、这个培养过自己的母校,教师则需更加重视对学生的关爱和培养。

多元化的经费来源能够比较好地解决办学经费问题,但从资源结构的角度审视,学校应该着眼于长远,努力争取财政多投入、校友及社会多捐赠,引导教师多争取一些既有经济效益又有社会效益的项目,尤其是争取一些高端的上级财政资助的建设项目。学校取得这些项目能显著提升影响力和竞争力,同时经过项目建设又能进一步提升办学水平,可以达到效益倍增的效果。所以,学校要让教师尽量从纯粹的创收活动中解放出来,把更多的时间和精力投入到教育教学活动中。

第十四章　融入职业元素的校园文化

高职院校在专注学校内涵发展的过程中要注重校园文化建设。校园文化是指高校生活存在方式的总和。它是以生活在校园内的大学生、教师和管理者为主要载体，在物质财富、精神产品和氛围以及活动方式上具有一定独特性的文化类型。它主要包括智能文化（学术成果、学科体系、科学研究）、物质文化（教学、生活、文化设施、校园营造）、规范文化（学校制度、校规校纪、道德规范）、精神文化（价值体系、教育观念、精神氛围、群体心态等）。① 大学是传承和创造人类文化的社会组织，研究大学自身的文化问题有利于大学按自身规律办学，提高人才培养质量。② 高职院校的管理和其他许多组织的管理一样，大致要经历经验管理（人治）、科学管理（法治或制度管理）和文化管理（文治）三个阶段。然而，高职院校作为一种功能独特的以培养高技能人才为主要目标的高等教育机构，其管理文化有其不同于其他类型高等教育机构的独特性。③ 高职院校的校园文化除了高等学校的文化元素以外，还或多或少融合了社会文化、行业企业文化以及职业文化等元素。这所学校经历了较长的办学历史，具有比较深厚的文化积淀，近些年在传承金华卫生学校、金华农业学校、金华师范学校、义乌师范学校、浙江农业机械学校、金华贸易经济学校等 6 所国家和省部级重点中专的职业教育传统和百年文化积淀的基础上，着力建设高等职业院校的校园文化，着眼于以文化人，有意识地强化文化育人。本章主要从学校精神、职业文化、校友文化、文化品牌等几个方面简要考察这所学校校园文化建设的情况。④

一、学校精神⑤

学校精神是大学文化的精髓和核心，是校园文化中最根本、最重要的文化元

---

① 潘懋元，王伟廉. 高等教育学[M]. 福州：福建教育出版社，2013：246.

② 眭依凡. 关于大学文化建设的理性思考[J]. 清华大学教育研究，2004(1)：11-17.

③ 王振洪. 高职院校管理文化及其创新策略研究[M]. 杭州：浙江大学出版社，2017：60.

④ 学校的组织结构、二级管理、目标责任制考核、民主管理、管理制度建设等内部治理情况，已在本书第三章内部治理中做了简要考察分析；学生社团文化相关内容主要体现在第九章学生管理与就业创业服务中。

⑤ 《金华职业技术学院志》编纂委员会. 金华职业技术学院志：1907—2013[M]. 杭州：浙江教育出版社，2014：700-703.

素。它是对大学发展过程中形成的群体意识、精神境界、办学理念、办学特色的高度凝练、总结和概括，渗透在校园内各种行为主体和文化载体上，又每时每刻、潜移默化地影响着所有的利益相关者，对大学的发展起着至关重要的推动作用。学校精神具有目的深层性、要求隐蔽性、过程渗透性、作用持久性、文化排异性、传统继承性等特点。①

早在1999年12月，学校邀请浙江籍国学大师南怀瑾题写校名“金华职业技术学院”。1998年，仇保兴(金华理工学院首任院长，曾任住房和城乡建设部副部长、党组成员)设计了学校的第一个校标，由红、蓝、白三色组成，中间的红色图案似一个“八”字，寓意八婺大地，又似书似笔尖，寓意莘莘学子求知求真，整个校标寓意求知与创新，学生遨游于知识的海洋之中成长成才。2010年，为进一步体现学校的办学特色、办学理念和学校精神，学校启用新的校标。新校标由芮顺淦(浙江浦江人，时任金华职业技术学院艺术设计学院党总支书记、副院长)设计，采用中国经典图形“宝相花”，传统意义——寓意喜庆、吉祥，现代意义——体现年轻、活力；“1994”为学校创办年，体现记忆；校名“金华职业技术学院”作为标志识别是校标的基本元素，英文内容体现校标设计的完整性；“五位一体”标志成为设计核心，体现学校的办学理念。学校遵循“校企合作、工学结合”的理念，坚持以就业为导向，以学生发展为核心，以职业能力培养为重点，创造性地提出了基地、招生、教学、科研、就业“五位一体”育人模式。从此，学校对外宣传的统一标识(含网站统一标识)一律使用新校标，校内使用的各类办公用品(如资料袋、信封、信纸、笔记本、标签、名片等)一律用新校标印制，“五位一体”标志逐步被广大师生接纳和理解。

学校提出“知行合一、务实创新”的校训，强调知识与实践相结合，并指导实践；倡导在工作中要求真务实，在思维上要开拓创新，要把创新人才培养作为首要目标贯穿于学校工作的全过程，体现了学校的历史积淀和教育传统，是师生行为规范的律条，同时也是学校育人思想的集中反映。学校把“明德、厚能、笃行”作为校风，强调学以人为本，人以德为尚，知识之道，重在人文，为人之道，重在人品；要求学生志于能，专于能，厚于能，在知识与技能上实现厚积厚载，能以技见长，技能的习得在于探索实践，在于扎扎实实，在于精益求精；要求学生学有所得，继而努力践行所学，理论联系实际，使所学终有着落。学校的教风是“包容、勤业、求是”，要求教师对学生有一颗包容博大之心，关爱自己的学生，以实事求是的科学态度，做到循循善诱，因材施教；要敬业勤业，勤于治学，精于施教，体现敬业奉献、甘为人梯的职业操守；在教书育人工作中秉持崇尚真理、一丝不苟的职业精神。

为提炼学校精神，2012年初，学校宣传部结合“思想大解放，作风大转变”主题实践活动，认真梳理学校文化根底，数次召开关于学校精神的研讨会。2012年4

① 眭依凡.校园文化建设中一个值得重视的课题——“学校精神”刍论[J].教育研究，1992(3)：66-70.

月，学校下发《关于组织开展学校精神表述词征集活动的通知》，启动“金职精神”讨论征集活动，要求结合“解放思想大讨论”，体现学校的内在气质、价值追求和精神风貌，既传承历史，立足现实，又面向未来，具有时代气息，成为激励一代代金职院人奋发有为的特有精神。2012 年 12 月，根据向全校征集的建议意见，从 20 多条主题词中梳理出两个核心词条：①敬业、包容、进取、卓越；②和衷包容、开拓进取。2013 年 4 月，学校把大家提出的“金职精神”核心词条建议通过信函的形式，向学校前任老领导仇保兴、黄文虎、顾伟康、乐可锡、郑宇民、陈昆忠、杜世禄等征求建议意见。根据建议意见，学校又两次组织会议专门研讨，提出两个修改后的核心词条：①包容进取、敢为人先；②尚志力行、开拓争先。2013 年 11 月，学院宣传部发出《关于“金职精神”再讨论的通知》，再次向全校征集讨论“金职精神”。同时，面向全体校友征集“金职精神”核心词条的建议和意见。经过三年多的讨论、研究，学校精神的表述还是定不下来。为了进一步凝聚共识、凝练金华职业技术学院精神、提升文化校园建设内涵，2015 年 8 月，学校再一次面向全校师生员工、广大校友以及关心和支持学校建设发展的社会各界人士开展“金华职业技术学院精神”征集活动。2016 年，经多方讨论、学校党委会研究决定，学校确定“兼容并蓄、经世致用”作为学校精神。“兼容并蓄、经世致用”与“知行合一、务实创新”的校训相呼应。“兼容并蓄”一词准确生动地反映了学校由多所中专合并的历史、高职教育跨界的特性，以及师生员工海纳百川的精神追求和建设一流高职的发展要求；“经世致用”表明学校师生关注社会现实，面对社会矛盾，用所学知识和技能解决社会问题，实现人生价值，充分体现了学校不断创新人才培养模式、全面服务地方发展的办学理念。学校邀请中国工程院原常务副院长潘云鹤院士题写学校精神“兼容并蓄 经世致用”八个大字，并镌刻在学校南大门的巨石上（见图 14-1）。

图 14-1　学校南大门及镌刻学校精神的巨石

学校精神的提炼是很不容易、比较复杂的事情，要考虑方方面面的因素，需要得到多方的认可，一旦确定下来，最好不要轻易改动，关键是要坚持好，更重要的是如何进一步阐释好、宣传好、运用好，发挥其应有的作用。

二、职业文化

广义的职业文化主要是指现代职业中形成的具有普适意义的文化。某一具体职业，如医务人员、技工、教师等，又有其特定的职业文化。作为国家示范性高职院校，这所学校非常重视职业环境的营造和职业文化的建设。学校校园环境建设凸显环境育人功能，将独具特色的自然景观与富有寓意的人文景观建设相结合，使校园的山、水、园、林、路等达到使用功能、审美功能和教育功能的和谐统一。校园楼宇、道路、桥梁命名融合了金华特色文化元素，如龙川、崇正、仁山、八华、明招、丽泽、鹿田、清风等，体现了深厚的地方文化底蕴。校园绿化美化强调自然与人工的有机结合，尽量保留水塘、小山坡、松树等原生态的自然景物，用优美的校园环境陶冶大学生关爱自然、关爱社会、关爱他人的高尚情操。

学校结合校园建设陆续建设了一些比较有特色的人文景观。如在学校中心广场南端的丽泽路旁设名人雕塑群，选取孔子、宋应星、南丁格尔、诺贝尔、爱迪生、黄宾虹、爱因斯坦、巴勃罗·毕加索、陶行知、彼得·德鲁克、贝聿铭、袁隆平、比尔·盖茨等相关领域国内外知名人物，雕塑石像，旨在激励学生发奋读书，学以致用，立志成才，建功立业。在学校东大门入门处设蒸汽机车，它是世界第一次工业革命的标志，其核心是技术革命，意指高职专业建设要坚持以技术为核心的教育理念，同时，火车头象征时代前进的方向，寓示金职人务实勤勉、敢为人先，走在高职教育的前列，学校各项事业将蒸蒸日上。在学校知行广场南侧、金湖畔，建"五位一体"雕塑，雕塑为圆体方座，蕴含"天圆地方、自成规矩"之意；圆球天体为太阳，代表学生，红色铜条代表学校成功探索实践的基地、招生、教学、科研、就业"五位一体"育人模式，盘旋而上象征着学校处于不断的进取、和谐、上升状态；雕塑寓意学校以"五位一体"为育人模式，遵循国家教育方针与高职教育规律，积极营造育人环境，致力于培养祖国未来的建设者，象征学校各项事业蓬勃向上发展。合作企业——凯洛斯融资租赁（上海）有限公司赠送的一架退役波音 737 客机，重新组装和涂装后，安放在学校北门的学校附属幼儿园旁，在客舱内设置教学设施，用作旅游学院空中乘务专业的实训基地。为全面推进文化校园建设，打造精品景观，发掘人文底蕴，营造良好的育人环境，增强师生的爱校情怀，学校于 2017 年 10—12 月举办了"寻觅校园十景 彰显金职情怀"校园十景评选活动。广大师生及校友纷纷通过学校官方微信、校报等多个平台参与投票评选，最终精神之碑、金湖春晓、校史馆、崇正广场、蒸蒸日上(火车头)、琴人岛、“五位一体”雕塑(见图14-2)、智慧之光(名人雕塑群)、功德门、桃李亭被评为“校园十景”。

图14-2　“五位一体”雕塑

学校各个二级学院根据不同专业的特点，引进行业企业文化，建设富有特色的职业文化。如机电工程学院[①]秉承“厚德 博学 善技 创新”的院训，为强化学生的职业素养教育，采取多种措施营造具有制造类专业特色的职业环境和职业文化，编撰并发放《我的大学成长手册》，图文并茂地指导学生实现“精益求精”职业素养养成之旅；推进素质教育课程化，实施课程考核档案e化，开发基于移动互联网技术的App系统；利用楼道、走廊等公共空间，以展板形式介绍中外制造业名人

① 机电工程学院成立于2003年，是这所学校办学实力最强的学院，设有机械制造与自动化、机电一体化技术、模具设计与制造、工业设计、工业机器人技术、汽车检测与维修技术、汽车营销与服务等七个专业。其中，机械制造与自动化专业是学校首批设立的大专专业，具有良好的积淀，现为国家示范性高职院校中央财政支持重点建设专业、教育部第一批现代学徒制试点专业、浙江省四年制高职人才培养试点专业、浙江省优势专业、浙江省特色专业、全国机械行业特色专业，当前机械制造与自动化学科是浙江省高职院校中仅有的两个省级重点学科之一。学院拥有国家精品课程4门，国家精品资源共享课4门，省级精品课程6门，国家“十二五”规划教材10部，省重点教材8部。学院设有机械设计研发中心、电动工具研发中心、三维计算机辅助设计研究所、动力机械与车辆工程研究所、模夹具设计中心；建有17 000平方米的现代工业中心，下设有现代制造技术实训中心、汽车维修实训中心、电动工具实训中心、CAD/CAM实训中心、机械基础实训中心，实践教学设备总值近3800万元，拥有国家示范职业技能鉴定所、浙江省金牌职业技能鉴定所和浙江省技能大师工作室。学院与西子集团、库卡机器人(上海)有限公司、众泰控股集团、中国皇冠投资集团、创科集团等多家知名企业开展校企深度合作，建立了KUKA学院、众泰汽车学院、皇冠学院等校企利益共同体，在订单培养、科研与教学、员工培训、职业技能鉴定等方面开展合作，并承担了国家级和省级高职院校骨干教师培训项目，是浙江省“双师素质”教师培训基地。

简要事迹；在教学场所周边适当的位置展示工业雕塑；专门建设电动工具微博物馆，展示工具发展历史，分类陈列典型电动工具；要求学生在实训课中穿着合作企业提供的工装；实训基地采用现代企业的“5S”模式进行精益化管理，为学生提供良好的技能训练环境，等等。医学院（其前身为创办于1915年的金华福音医院高级护士职业学校，后为国家重点中专浙江省金华卫生学校，拥有百年的办学历史）结合学院优良的历史传统和医学类专业的特点，努力培育医护类职业文化，建设仿真医院——华夏护理实训中心（是浙江省高校示范性建设实训基地），为学生提供职业氛围逼真的开放性实训教学环境；教学楼间的绿化地带，建“中药百草园”；举办“金华医学教育百年纪念活动”，制作纪录片《福音百年》；每年举办“天使文化节”“医学正能量系列活动”“512护士节”等活动；宣传和弘扬一头银发、干劲十足的“护士奶奶”——陆月林老师（1975年退休后，抱着对护理事业的执着追求，40多年来坚持上班，把生命燃烧在护理教学和陪伴病人的每一个白天与黑夜，曾荣获浙江省“最美老干部”称号）的先进事迹；要求学生在实验实训等实践课中穿白大褂（护理专业学生还要戴上护士帽）；指导学生成立仁心推拿协会、杏林中药协会，这两个协会先后被评为浙江省优秀大学生社团。旅游与酒店管理学院（在原经贸学院旅游系和金华农业学校餐旅专业的基础上建立，2003年独立设置学院）秉承“博学 精技 乐学 修身”的院训，提出并实施“厚文化、高素养，多才艺、精技能，善创意、重发展”的育人理念，建设魅力旅游职业文化。学院注重新生对企业文化的认知体验；开展“诵读国学经典 提升职业素养”活动；推行礼仪操并定期进行礼仪展演；规定全体师生每周二、周四穿制服工装，学生实训课穿工装；企业文化进校园，开展企业文化知识竞赛；实训场所实施六常管理（常分类、常整理、常清洁、常维护、常规范、常教育）；每年举行实习案例情景剧汇报表演；在教学场所设置行业标识、标牌和警示语；开设学生自主经营的金旅咖啡厅（融合综合性实训、全真演练功能），等等。

三、校友文化

校友是高等学校人才培养的直观成就，也是支持学校建设发展的重要力量。校友可以为母校发展提供信息、经费、智力、舆论、道义等多方面的支持。校友文化是校园文化的重要组成部分，是连接学校历史、现实与未来的精神纽带。哈佛、耶鲁等世界一流大学大都拥有充满活力的校友文化，有健全的校友组织、庞大的校友工作者和志愿者队伍、丰富的校友文化活动，还为校友提供各种服务项目。近年来，北京大学、清华大学、武汉大学、西安交通大学、吉林大学、四川大学、厦门大学等本科院校，以及浙江金融职业学院[①]、江苏建筑职业技术学院等高职院校都越来越重视校友文化建设。这所学校由 6 所中专合并升格而成，有百余年的办学历史，为社会培养了 15 万余名毕业生，近年来也积极采取措施，进一步加强校友文化建设。

1. 校友会

为广泛联系校友，增进校友之间、校友与学校之间的感情，增强学校凝聚力和影响力，助推学校和校友事业的共同发展，2011 年 5 月，学校成立校友会筹备委员会，着手正式开展校友工作。2012 年 12 月 1 日，学校召开首届校友代表大会暨校友会成立大会，宣告校友总会成立。学校专门成立校友办公室（与学校党委、院长办公室合署），建立校友网（http://jhcaa.jhc.cn），编印校友刊物，制定《金华职业技术学院校友总会章程》《金华职业技术学院校友捐赠管理办法》等管理制度，做好校友信息的收集与知名校友信息库；编撰出版《金华职业技术学院志：1907—2013》；筹建校友文化园。2013 年 7 月 13 日，学校第一个校友会地方校友联谊会——温州校友联谊会正式成立，之后相继在兰溪、绍兴、嘉兴、武义、磐安、湖州、宁波、台州、丽水、杭州、东阳、永康、浦江、舟山、金华、衢州、义乌等地、县级市成立地方校友联谊会。此外，学校还在安徽（2014 年 9 月 6 日）、广东（2016 年 12 月 4 日）、四川（2017 年 12 月 16 日）成立校友联谊会。校友会成为联络校友的平台、对外交流的渠道、校友的精神家园。经过几年的努力，校友对母校建设发展的支持力度明显加强，广大校友怀着对母校的深厚情感，积极参与母校建设，通过决策咨询、校企合作、教学讲座、实践指导、捐资助学[②]等各种形式回报母校、支持母校。2015 年 12 月 19 日，学校成立校友创业者联盟，之后每年在学校就业创业文化节期间举行创业校友嘉年华活动，搭建创业教育校企平台，着力提升学生就业创业核心竞争力。

---

① 1995 年，浙江金融职业学院（其前身为浙江银行学校）在浙江省民政部门注册成立了校友总会，确立了“关爱每一位校友”的宗旨，着力构建“行业·校友·集团”共生态办学模式，构建与校友、行业紧密合作的办学育人新机制，校友们为母校捐资建造了 15 处校友文化景观，营造了浓厚的校友文化育人环境和氛围。学院全面开展了以“千名学生访校友、千名校友回课堂，百名校友话人生、百名校友上讲坛、百名教师进企业”为主要内容的“2300”校友文化育人活动，有 10 000 余名在校学生以多种方式走访、采访了 10 000 余人次校友，撰写了访问心得 10 000 余篇，以校友为主体聘请了 100 余位行业业务骨干和专家领导担任兼职教师，承担教学任务，有 100 多名优秀校友应邀与在校学生共话人生，校友们在对学生进行知识传授的同时，以自己成才成长的经历对在校学生进行职业道德教育，指导学生进行了良好的职业生涯设计。学院校友文化活动丰富了校友文化育人内涵，推进了校友工作的深入开展，形成了全方位校友文化育人氛围和长效机制，取得了显著的校友育人成效。学院校友文化被教育部评为“2011 年高校校园文化建设优秀成果奖”，提升了学院和校友文化的品牌形象。

② 目前已设立“程朱昌助学基金”“林锦泉助学基金”等；永康校友联谊会、师范 1947 届校友程朱昌共同捐赠了“诗仙李白”全铜雕塑；2003 届校友叶昌标向机电工程学院捐资 5 万元成立“ZTL 德信助学金”等。办学百年暨高职教育二十周年纪念活动前后，共收到 42.5 万余元和价值近 90 万元的实物捐赠。

2. 校史馆

2013年11月，为推进校园文化建设，弘扬6所并轨学校的优良传统和金职精神，学校决定建设校史馆，同时发布启事向广大师生和校友征集校史资料。2014年，学校把原金华农业学校的大礼堂改建成校史馆，建筑面积约2000平方米，具有浓郁的历史文化气息。馆名由时任学校党委书记的杜世禄题写。校史馆分历史溯源厅、今日金职厅、临展厅、校友服务中心四大部分，再现了学校自办学以来经历的5校并轨、6校融合过程，陈列各所并轨学校的发展历史资料，包括图片、手稿、史料、文件及实物器具一千余件，充分反映了各校的历史底蕴，是学校百年职业教育历程的浓缩，并利用雕塑、模型、影像、沙盘、互动多媒体等，充分展现学校作为全国示范性高职院校的办学理念以及具有国际影响的全国一流高职院校的发展历程。校史馆每年接待参观人次近两万，成为学校思想政治教育和校史、校情教育的重要场所，是全体师生及校友共同的精神家园。

3. 校(院)庆

1999年11月27日，浙江农业机械学校建校20周年暨金华职业技术学院理工分院建院5周年庆典大会在分院体操馆隆重举行。2007年11月3日，金华职业技术学院师范教育百年庆典在新落成的大学生活动中心广场隆重举行。这次院庆活动比较艺术地使用了“师范教育百年庆典”的名称和形式。

2014年10月，学校举行办学百年暨高职教育20周年纪念活动，纪念活动以“回顾历史、传承文化、凝心聚力、共创未来”为主题，旨在聚广大学子之心，汇社会各界之智，推动学校事业再上新台阶。期间，学校举行校志首发式、一届二次校友代表大会、开幕式暨学生汇报演出、校史馆开馆仪式、学校老领导和知名校友恳谈会、学生创新创作创意作品展、潘云鹤院士报告会、校友捐赠等系列活动，共有4000多名领导、嘉宾和校友参加。这次活动是金华职业技术学院成立以来第一次全校性大规模的校庆活动。之后每年10月18日，学校都举行“校庆日”系列纪念活动。

2015年10月17日，学校举行金华医学教育100年巡礼活动。2017年10月20日，金华职业技术学院师范教育110周年①纪念活动隆重举行。省市各级领导，原金华师范学校、义乌师范学校历任领导，教师和省内外校友共600余人参加。期间，师范学院举办了知名专家学术报告会、特级教师论坛、师范学子技能风采展等系列活动。经管学院(原浙江省金华供销学校)已制定活动方案拟于2018年10

① 金华职业技术学院师范学院由创办于1907年的金华师范学校和创办于1956年的义乌师范学校于1998年12月合并升格而成，100多年来，秉承“勤奋、朴实、献身、创造”的精神，培养输送了5万余名毕业生，涌现了一大批卓有成就的教育名家和教学骨干，成为金华基础教育师资培养的摇篮，为金华乃至全省的教育事业做出了重大贡献。

月左右举行办学40周年纪念活动。

高等学校校史追溯和校庆年份核定是非常复杂的问题，校庆活动举办得好能有效扩大学校的影响、凝聚校友的力量。校庆活动有些环节如果处理不好，有时也会产生消极的甚至负面的影响。

这所学校在校友工作和校友文化建设方面已经做了不少努力，奠定了比较好的基础，但校友联谊活动、校友服务项目、优秀校友事迹宣传、校友参与学校建设、校友捐赠等方面都还有待进一步拓展。

四、文化品牌①

这所学校在积极探索文化育人新模式、新途径和新载体的过程中，努力打造特色鲜明、品位高雅、内涵丰富、富有吸引力和感染力的国家级、省级和校级校园文化品牌，着力提升学校文化核心竞争力，精心构筑师生的"精神家园"。

1. "青春飞扬 书香两岸"——浙台大学生文化交流活动

在与台湾职业院校多年交流合作的基础上，学校从2010年开始每年举办"青春飞扬 书香两岸"——浙台大学生文化交流活动，通过文化交流、寻根问祖、义工行动、实地参访等一系列活动实施，在两地大学生之间架起心灵沟通的平台与桥梁，加强两岸同胞的感情纽带，促进两岸和平发展。学校与台北的致理技术学院、龙华科技大学、圣约翰科技大学，台中的侨光科技大学、亚洲大学，台南的大仁科技大学、南台科技大学，高雄的树德科技大学等18所大学合作，邀请台湾师生身临大陆感受祖国的巨变，用大陆的经济腾飞震撼台湾师生的心灵，用大陆人民的幸福生活改变台湾师生的观念，用大陆兼容并包的文化唤起台湾师生的文化认同，从而增强他们对祖国的认同感与自豪感，为实现祖国统一扫清台湾青年的心理障碍；丰富活动的载体与内容，由文化交流到派交流生学习，由师资培训到学术交流，由观光游览到志愿者服务……不断提高合作的层次，拓宽合作的广度，努力实现金华、台湾两地生与生、师与师、校与校、心与心的大融合。该活动参与人数多、覆盖面广，主题鲜明、内容丰富，成效明显、反响强烈，成为浙江省高职院校唯一对台文化交流项目，2011年起被浙江省台办列为对台交流重点规划项目，2014年获国台办重点资助，2015年5月被评为教育部第八届全国高校校园文化建设优秀成果二等奖。

2. "一二·九"歌咏比赛

这所学校的"一二·九"歌咏比赛是一项延续40多年从未间断的品牌文化活动。1976年，作为学校前身之一、具有优良爱国主义传统的金华师范学校的师生，

① 《金华职业技术学院志》编纂委员会. 金华职业技术学院志：1907—2013[M]. 杭州：浙江教育出版社，2014：706-708.

为庆祝粉碎“四人帮”，从自发到学校组织、举办纪念“一二·九”爱国运动歌咏比赛，2009 年上升到金华职院全校举办，覆盖 70 多个专业，面向 2 万多名师生，参与人数超过 10 万人次。活动以教师为主导、学生为主体，通过广泛发动、精心组织，形成“班班有音乐，人人爱歌唱”的氛围；重结果更重过程，努力使参与者在学、练、排、赛中激发爱国热情，振奋民族精神；普及与提高并举，依托音乐及相关专业师生带动非专业师生，在共同感悟爱国、协作、团队、和谐中提升综合素质，提高艺术修养；与时俱进，寓教于乐，力求育人效果最大化，并辐射、影响社会。“一二·九”歌咏比赛，弘扬了学校的优良传统，激发了师生的爱国热情，营造了特色文化氛围，推进了社会主义核心价值体系建设，培育了一代代德、智、体、美、劳全面发展的社会主义建设者和接班人。2012 年 8 月，该活动入选浙江省高校校园文化品牌，并获 2012 年教育部高校校园文化建设优秀成果二等奖。

3. 科技文化节

为促进校企文化融通，激发广大师生的创新潜能，推进学生的文化素质教育和职业精神教育，提高广大师生的综合素质，学校自 2003 年开始每年举办科技文化节，包括校企合作共建基地、联办订单班、合作成果展示、学生技能大比武、举办企业家论坛、联袂举办文艺晚会等一系列活动。科技文化节主题鲜明，内涵丰富，持续时间长，参与人数多，成效明显。10 多年来，共有 20 万名师生参与此项活动，促进了学校与企业的紧密合作，实现了校企文化的互补与融通，彰显了高职院校的办学特色，丰富了大学校园的文化内涵。科技文化节不仅成为学校校园文化的一大品牌，而且在社会上产生了广泛影响，新华社、《求是》杂志、《人民日报》、《中国教育报》等全国 30 余家强势媒体对此做了宣传报道。2009 年，学校科技文化节被评为浙江省高校校园文化品牌。

4.“诵读经典　传承文化”活动

2012 年，学校在师范学院和旅游与酒店管理学院举办“诵读经典　传承文化”试点活动，以国学经典诵读为载体，在学生中多形式开展品德修养、爱国主义、集体主义教育。在试点取得成效的基础上，2013 年，学校党委发出《中共金华职业技术学院委员会关于在全校开展“诵读经典 传承文化”活动的通知》推进此项活动。书香满校园，文化育新人，各二级学院结合各自的专业特点和职业要求，寻求对应的国学经典，编写读本，在学生中广泛开展国学经典诵读大赛、国学辩论赛、汉字听写大赛、自制汉服秀、手绘国学经典作品展等形式多样、内涵丰富的活动，让学生在活动中品味传统文化，提高文化自觉，提升综合素养。

此外，学校各个二级学院结合各自的专业特点，开展一院一品、主题鲜明的特色文化活动，如信息工程学院的“电子电脑科技节”、机电工程学院的“先进制造科技节”、建工学院的“建筑科技文化节”、经济管理学院的“创业文化”、师范学院的“善修师表 爱铸师魂——师德文化”、医学院的“天使文化节”、农学院的“绿色科技文化节”、旅游与酒店管理学院的“魅力旅游文化节”等。学校每两年举办一次校园文化品牌评选活动，已评选出 16 个文化品牌，实现了校园文化品牌学院的全覆盖，极大地丰富了广大师生的校园文化生活，在打造专业群特色过程中，把专业建设、培育专业人才逐步提升到文化层面。

高职院校校园文化的内涵是非常丰富的，它不仅能深深影响在校的师生，还会影响已毕业的学生和其他利益相关者。但高职院校校园文化建设是很复杂的，要求也是很高的，需要高起点、高品位的顶层设计，需要有长期的规划，而且是一个长期积淀的过程。这所学校专门制定了《文化校园建设纲要 2015—2020 年》《文化校园建设三年行动方案》《“十三五”思想政治教育与文化建设规划》等制度文件，以贯穿育人的主线深化文化校园的顶层设计和规划，全面推进“美丽金职、活力金职、魅力金职、幸福金职”建设，彰显文化育人功能，为学校持续发展提供强有力的精神和文化支撑；申报并立项国家首批职业院校文化素质教育基地建设；正在组织编撰著作《兼容并蓄 经世致用——金华职业技术学院文化育人的研究与实践》等。相信经过持之以恒的努力，这所学校的文化建设也能走在全国前列，形成独特的高职院校校园文化。

同样，高职教育的创新探索也是异常艰难的，但在众多高职院校的共同努力下，一定能走出一条中国特色的高职教育创新发展之路，形成具有中国特色的现代职业教育体系，满足（服务）社会经济发展的多种需要。

附　　录

附录 A　中国主要职教政策文件目录

中共中央关于教育体制改革的决定,1985-5-27.

国务院关于大力发展职业技术教育的决定,1991-10-17.

国家教育委员会关于推动职业大学改革与建设的几点意见,1995-10-6.

中华人民共和国职业教育法,1996-5-15.

中华人民共和国高等教育法,1998-8-29.

中共中央国务院关于深化教育改革,全面推进素质教育的决定,1999-6-13.

教育部关于加强高职高专教育人才培养工作的意见,2000-1-17.

高等职业学校设置标准(暂行),2000-3-15.

教育部关于进一步办好五年制高等职业技术教育的几点意见,2002-3-27.

教育部办公厅关于加强高等职业(高专)院校师资队伍建设的意见,2002-5 15.

国务院关于大力推进职业教育改革与发展的决定,2002-8-24.

中华人民共和国中外合作办学条例,2003-3-1.

教育部关于以就业为导向　深化高等职业教育改革的若干意见,2004-4-2.

教育部办公厅关于全面开展高职高专院校人才培养工作水平评估的通知,2004-4-19.

教育部　财政部关于推进职业教育若干工作的意见,2004-4-30.

中华人民共和国中外合作办学条例实施办法,2004-6-2.

国务院关于同意建立职业教育工作部际联席会议制度的批复,2004-6-4.

教育部等七部门关于进一步加强职业教育工作的若干意见,2004-9-14.

教育部关于印发《普通高等学校高职高专教育专业设置管理办法(试行)》的通知,2004-10-19.

教育部　建设部关于实施职业院校建设行业技能型紧缺人才培养培训工程的通知,2004-10-28.

教育部关于进一步推进高职高专院校人才培养工作水平评估的若干意见，2005-2-24.

国务院关于大力发展职业教育的决定，2005-10-28.

教育部关于职业院校试行工学结合、半工半读的意见，2006-3-30.

教育部　财政部关于实施国家示范性高等职业院校建设计划　加快高等职业教育改革与发展的意见，2006-11-3.

教育部关于全面提高高等职业教育教学质量的若干意见，2006-11-16.

国家税务总局关于印发《企业支付实习生报酬税前扣除管理办法》的通知，2007-4-10.

教育部　财政部关于印发《国家示范性高等职业院校建设计划管理暂行办法》的通知，2007-7-4.

教育部关于印发《高等职业院校人才培养工作评估方案》的通知，2008-4-3.

教育部关于加快高等职业教育改革　促进高等职业院校毕业生就业的通知，2009-2-20.

教育部关于大力推进高等学校创新创业教育和大学生自主创业工作的意见，2010-5-4.

国家中长期教育改革和发展规划纲要(2010—2020 年)，2010-5-5.

国家中长期人才发展规划纲要(2010—2020 年)，2010-6-6.

教育部　财政部关于进一步推进“国家示范性高等职业院校建设计划”实施工作的通知，2010-7-26.

国务院办公厅关于开展国家教育体制改革试点的通知，2010-10-24.

教育部关于充分发挥行业指导作用　推进职业教育改革发展的意见，2011-6-23.

教育部关于推进中等和高等职业教育协调发展的指导意见，2011-8-30.

教育部关于推进高等职业教育改革创新引领职业教育科学发展的若干意见，2011-9-29.

教育部　财政部关于支持高等职业学校提升专业服务产业发展能力的通知，2011-9-30.

教育部　财政部关于实施职业院校教师素质提高计划的意见，2011-11-8.

高等学校章程制定暂行办法，2011-11-28.

教育部关于进一步完善职业教育教师培养培训制度的意见，2011-12-24.

教育部关于加快推进职业教育信息化发展的意见，2012-5-4.

国家教育事业发展第十二个五年规划，2012-6-14.

国务院关于加强教师队伍建设的意见，2012-8-20.

教育督导条例，2012-9-9.

教育部关于“十二五”职业教育教材建设的若干意见,2012-11-6.

教育部关于积极推进高等职业教育考试招生制度改革的指导意见,2013-4-15.

教育部　文化部　国家民委关于推进职业院校民族文化传承与创新工作的意见,2013-5-15.

高等学校学术委员会规程,2014-1-29.

国务院关于加快发展现代职业教育的决定,2014-5-2.

教育部等六部门关于印发《现代职业教育体系建设规划(2014—2020年)》的通知,2014-6-16.

普通高等学校理事会规程(试行),2014-7-16.

教育部关于开展现代学徒制试点工作的意见,2014-8-25.

国务院关于深化考试招生制度改革的实施意见,2014-9-3.

财政部　教育部关于建立完善以改革和绩效为导向的生均拨款制度加快发展现代高等职业教育的意见,2014-10-30.

教育部关于发布《职业院校数字校园建设规范》的通知,2015-1-15.

国务院办公厅关于发展众创空间推进大众创新创业的指导意见,2015-3-2.

中共中央　国务院关于深化体制机制改革加快实施创新驱动发展战略的若干意见,2015-3-13.

国务院关于进一步做好新形势下就业创业工作的意见,2015-4-27.

教育部　人力资源社会保障部关于做好首届职业教育活动周相关工作的通知,2015-4-29.

国务院关于大力发展电子商务加快培育经济新动力的意见,2015-5-4.

国务院办公厅关于深化高等学校创新创业教育改革的实施意见,2015-5-13.

教育部办公厅关于建立职业院校教学工作诊断与改进制度的通知,2015-6-23.

教育部　人力资源社会保障部关于推进职业院校服务经济转型升级　面向行业企业开展职工继续教育的意见,2015-6-18.

教育部关于深入推进职业教育集团化办学的意见,2015-6-30.

教育部关于深化职业教育教学改革　全面提高人才培养质量的若干意见,2015-7-27.

高等职业教育创新发展行动计划(2015—2018年),2015-10-19.

教育部关于印发《职业院校管理水平提升行动计划(2015—2018年)》的通知,2015-8-28.

教育部关于印发《普通高等学校高等职业教育(专科)专业设置管理办法》和《普通高等学校高等职业教育(专科)专业目录(2015年)》的通知,2015-10-26.

高等职业院校适应社会需求能力评估暂行办法,2016-3-14.

教育部关于印发《全国职业院校技能大赛阳光廉洁办赛规定》的通知,2016-5-6.

教育部关于深化高校教师考核评价制度改革的指导意见,2016-8-25.

教育部　财政部关于实施职业院校教师素质提高计划(2017—2020年)的意见,2016-10-28.

教育部　人力资源和社会保障部　工业和信息化部关于印发《制造业人才发展规划指南》的通知,2016-12-27.

教育部关于"十三五"时期高等学校设置工作的意见,2017-1-25.

教育部等五部门关于深化高等教育领域简政放权放管结合优化服务改革的若干意见,2017-3-31.

中共中央办公厅　国务院办公厅印发《关于深化教育体制机制改革的意见》,2017-9-23.

国务院办公厅关于深化产教融合的若干意见,2017-12-5.

中共中央　国务院关于全面深化新时代教师队伍建设改革的意见,2018-1-20.

教育部等六部门关于印发《职业学校校企合作促进办法》的通知,2018-2-5.

中共中央办公厅　国务院办公厅印发《关于提高技术工人待遇的意见》,2018-3-22.

附录B　金华职院大事记(1993—2017年)

1993年

7月22日,金华市经济技术开发区管委会下发《关于建立金华大学筹建办公室的通知》(金市开通〔1993〕20号),成立金华大学筹建办公室,由金华教育学院党委副书记余承裘任办公室副主任。

7月23日,金华市经济技术开发区管委会仇保兴主任邀请浙江师大骆祥发校长、詹养正副校长商讨金华大学的办学路子,以及创办金华大学的必要性、可能性,并商定浙江师范大学为发起单位之一。

9月18日,拟就《关于筹办民办金华大学可行性报告》《金华大学章程》《民办金华大学董事会章程》及董事会组成名单。

10月19日,金华市人民政府召开第二十次常务会议,由开发区管委会副主任毛根芝汇报金华大学筹建问题。市政府常务会议对筹办金华大学做了四项决定:①以市政府的名义向省教委汇报关于筹建民办金华大学的请示;②同意抓紧班子的建设;③市财政明年预算内安排 20 万元的资金,作为筹建金华大学的启动资金;④校址选择要认真论证,统一规划、设计和建设。

11 月 16 日,金华市人民政府向浙江省教委报送《关于转报金华市经济技术联合发展股份有限公司等单位筹办民办金华大学的请示》(金发〔1993〕170 号)。

12 月 4 日,许璋同志受浙江省委组织部下派,担任金华市经济技术开发区管委会主任助理、工委委员,并兼任金华大学筹建办主任。

1994 年

1 月 26 日,浙江省教委向省人民政府报送《关于要求筹建民办金华理工学院的请示》(浙教计字〔1994〕13 号)。

2 月 25—27 日,筹建办主任许璋随金华市委书记仇保兴到杭州,分别向万学远省长、徐志纯副省长及省委、省人大等有关领导汇报筹办金华理工学院的可行性、必要性及筹建情况。

3 月 28 日,经实地考察、协商,选定金华农业机械化学校为依托办学单位,并就有关事项草拟协议书。

4 月 19 日,许璋和开发区管委会经济发展局副局长崇岩到浙江大学,与该校黄达人、顾伟康两位副校长谈挂靠浙大办学一事。

4 月 26—27 日,金华市委副书记宋云祥、市教委副主任方天禄以及许璋一行三人到浙江工业大学商量联合办学事宜,并就联合办学事宜草签协议书。

5 月 3 日,金华市经济技术开发区管委会与浙江大学在浙江大学签订协议书,表示共同支持、帮助金华理工学院建设。浙江省副省长徐志纯、金华市委书记仇保兴、浙江大学校长路甬祥出席签字仪式。

5 月 18 日,与金华市图书馆共同商量建造多功能图书馆的可行性,既是学校图书馆,又是公共图书馆;既是科技情报中心,又是信息中心。

7 月 4—6 日,由章关键副市长带队一行 6 人到杭州参加省高校设置评议委员会对金华理工学院的评议,由章关键副市长汇报。

7 月 12 日,浙江省高校设置评议委员会评议,就筹办金华理工学院事宜在原则同意的基础上,提出五条建设性意见。

9 月 23 日,94 级(首届)新生开学典礼,市领导仇保兴、宋云祥、郑尚金,开发区管委会各局长,市教委副主任赵宏,浙江工业大学吴添祖、葛中华副校长出席开学典礼,浙江师范大学副校长詹养正到会祝贺。

10 月 13 日,金华市委仇保兴书记召集许璋、余承裘就建立金华大学发展基金会事宜进行布置,提出“让我们共同创办、共同拥有一所大学”的口号。

12 月 17 日,金华大学发展基金会暨第一届董事局成立大会在金华宾馆召开。会议通过了《金华大学发展基金会章程》,选举产生由 48 人组成的董事局。董事局主席由仇保兴担任,副主席由郑树(医大)、骆祥发(师大)、钟儒(浙江省人才开发协会会长)担任。执行董事为仇保兴、郑尚金、陈崎嵘。许璋担任秘书长。

1995 年

1 月 6 日,副市长郑尚金、开发区管委会副主任毛根芝以及管委会地政规划局、财税局等职能部门在理工学院召开现场办公会,就基本建设、资金安排等问题进行研究。

7 月 17 日,金华市经济技术开发区管委会下文金市开通〔1995〕13 号文件,陈丽能同志任金华理工学院筹建办公室副主任。

10 月 16 日,金华理工学院名誉院长黄文虎教授到校检查工作。

12 月 8 日,市委副秘书长乐可锡、筹建办主任许璋与上海宝立公司董事长厉惠良总经理进行商谈,初步达成在 1997 年 8 月底完成投资 1000 万元建设教学楼的意向。

12 月 26 日,金华大学发展基金会董事局一届二次会议召开,新增董事 24 人,增补浙江工业大学校长吴添祖、上海宝立公司总裁厉惠良为副主席,厉惠良、市开发区管委会主任王志刚为执行董事,市委书记仇保兴当选为金华理工学院院长,市委副秘书长乐可锡当选为基金会秘书长,聘请日本枥木市市长铃木乙一郎先生担任名誉董事。

1996 年

1 月 10 日,金华市委书记兼理工学院院长仇保兴同志聘任金华理工学院中层以上领导干部和金华理工学院顾问。

1 月 28 日,一位不愿透露姓名的普通市民向金华大学捐款 100 万元,并给市委、市政府写了一封热情洋溢的信。

3 月 30 日,中央电视台《新闻联播》节目报道了“记百万无名捐款,引来千万教育投资”的新闻。一个月来,金华社会各界捐资、投资办学热潮,在全国引起了强烈反响,中央电视台、中央人民广播电台、《人民日报》、《光明日报》、《文汇报》等媒体进行了刊播。

4 月 16 日,学院成立院务委员会和学术委员会。院务委员会成员为仇保兴、乐可锡、冯建跃、陈丽能、毛一民、吴寿松、王茂仁、童益三、方竹生。学术委员会成员:主任仇保兴,副主任乐可锡、冯建跃,委员仇保兴、乐可锡、冯建跃、陈丽能、马骥、叶瑞汶、詹养正。

6 月 16 日,学院举行教学大楼奠基仪式。

6 月 24—29 日,浙江省高校第 5 批录取工作在杭州进行。学院共录取新生 100 名(其中男生 56 人,女生 44 人)。

9 月 10 日,为了稳定学院教学秩序,进一步提高教学质量,促进教学工作发展,成立理工学院教学督导小组。

9 月 28 日,金华理工学院和浙江农机学校共同投资近 800 万元建造的综合楼全面投入使用。

10 月 6 日，浙江省副省长徐志纯、省政协副主席丁德云、省政府副秘书长杨丽英一行在市委书记仇保兴、市长助理徐炳清等的陪同下，前来学院视察。

11 月 22 日，在市民政局和市人行的大力支持下，金华大学发展基金会正式通过了省人行和省民政厅的审批，为金华理工学院的发展提供了强有力的资金保障。

12 月 26 日，中共金华市委决定建立中共金华理工学院委员会。乐可锡、陈丽能、毛一民、王茂仁、童益三任委员，乐可锡任书记。

1997 年

2 月 3 日，金华市委书记、金华大学发展基金会董事局主席、理工学院院长仇保兴主持召开院长办公会议，主要研究 1997 年金华理工学院的工作思路与工作目标，经研究，工作重点是向国家教委申报批准工作和学院与农机校并轨工作。

3 月 25 日，经院务委员会讨论提名，由仇保兴院长对王茂仁等 21 名管理干部进行了聘任，聘期一年。

6 月 26 日上午，学院举行首届毕业生毕业典礼。市委书记、学院院长仇保兴，浙江工业大学副校长张立彬，浙江师范大学副校长徐宪民等领导出席典礼，并向优秀毕业生颁发了奖状。

10 月 1 日，严济慈图书馆、严济慈纪念馆隆重开馆。市委副书记宋云祥主持开馆仪式，市委书记仇保兴与严老的长子严又光共同为严济慈铜像揭幕，省市有关部门领导及学院部门师生参加了开馆仪式。

10 月 30 日，根据市委两公开一监督办公室和市财政局金市公〔1997〕3 号文件精神，学院成立了由纪委、监察、工会、教职工代表组成的“民主理财监督小组”。

11 月 30 日，学院召开首届教学研讨会，学院有关部门领导及专职和客座教师 40 余人参加了会议。

12 月 30 日，学院和浙江农业机械学校、金华贸易经济学校、严济慈图书馆共 4300 余名师生员工在市体育馆联合举办了元旦文艺晚会。

1998 年

1 月 14 日，台湾著名学者南怀瑾先生委派台湾薇阁基金会董事长李传洪先生一行，对学院进行考察并提出投资办学意向。

2 月 15 日，金华市五套班子领导再次向金华大学发展基金会捐资两万余元。

3 月 18 日，学院领导班子一行 6 人就正式建立金华职业技术学院医学分院事宜前往金华卫生学院进行实地考察，与该学院领导班子就有关机构设置、专业设置、招生等具体问题进行了商谈并达成了一致意向。

4 月 1 日，学院与迪耳药业有限公司联合投资建设的科技大楼（建筑面积 5500 平方米）工程招投标会议在市开发区管委会举行，金华市第一建筑公司中标。

4月6日，国家教育部下发了《关于同意建立民办金华职业技术学院的通知》(教计〔1998〕28号)，正式批准学院定名为"金华职业技术学院"。自此，学院结束了近四年的筹建历程，成为全国首批14所示范性高等职业教育大学之一，也是全国首家采用"民办公助"机制的高等职业教育大学。

5月8日，香港金龙群英集团有限公司和坤泰公路建设有限公司共同向金华大学发展基金会捐款100万元港币。

5月15日，金华贸易经济学校并入学院，金华职业技术学院经贸分院正式挂牌成立。

5月28日，金华市企业业绩评价诊断中心在学院经贸分院正式成立。

6月24日，学院谢庆勇、叶群荣、王飞三位教师启程赴日研修。

7月11—23日，学院理工分院96位教师首次参加了省师资培训中心的岗位培训。

8月5日，经过近四个月的筹备，金华大学发展基金会财务核算中心正式启动运行。

8月31日，金华市委书记仇保兴、副书记李成昌专程来校出席中层以上干部会议，并宣布了市委关于对学院党委班子的任命和大学基金会董事局对总院、理工及经贸分院党政领导班子的任命。

9月23日，98级大专新生开学典礼在理工分院体操馆举行，市委书记仇保兴向同学们提出了"求是、笃学、和谐、创新"八字要求。

9月25日下午，上海第二工业大学校长王式正教授应邀来校做了题为"高等职业技术学院的发展"的报告。

9月份，根据基金会董事局任命，学院组建院总部，下设院长办公室、教育处、重点项目办公室，并搬迁至严济慈图书馆办公，正式行使对外业务功能。

10月17日，学院新院区(总院)规划设计方案评审会在金华宾馆举行，浙江大学的设计方案中标。

11月15日，学院5个专业获得省教委批准，2个专业作为筹建专业。

11月17日，金华科技信息中心在严济慈图书馆挂牌成立并正式对外开放。

11月27日，金华大学发展基金会第一届董事局第三次全体会议在严济慈图书馆隆重召开。会议决定聘请原浙江大学副校长、博士生导师顾伟康教授任院长，原杭大副校长董如宾教授任副院长。

12月7日，学院召开中层干部会议，欢迎新院长顾伟康教授到任。市委常委、副市长、学院党委书记郑宇民出席了会议。

12月22日，市委市政府以市委〔1998〕28号联合下文决定，金华农业学校(含金华职工专科学校)、金华师范学校(含义乌师范学校)、金华贸易经济学校与学院实行并轨，学院四个分院的规模初步建成。

12月30日晚，学院3000余名师生在市体育馆举办“九九元旦文艺晚会”，共庆新年到来。

1999年

1月12日，上海市教育科学研究院院长胡瑞文研究员应邀来校做题为“关于我国高等教育改革与发展若干问题的思考”的报告。

3月23日，浙江省人大教科文卫委副主任吴金水一行4人在市长助理徐国权的陪同下考察学院，并做了“积极发展高等职业教育，为浙江经济发展服务”的题词。

3月31日上午，浙江省教委主任侯靖芳、计划处处长诸子育等一行在市长助理徐国权、市教委主任金振林的陪同下来学院视察。

3月31日，金华大学发展基金会董事局任命陈偕雄同志任理工分院院长。

4月7日，学院党委任命李绍成同志为人文师范分院党总支副书记，何宝钢、郑布英、朱桂庆、贾少华、卢建萍、金浩心同志为党委总支委员。同时，学院聘任何宝钢同志为人文师范分院常务副院长，郑布英、朱桂庆同志为人文师范分院副院长，贾少华、卢建萍同志为人文师范分院院长助理。

学院党委任命蔡后銮、王泽川同志为农学分院党总支副书记，蒋汝芬、蒋鸿来、邵文革同志为党总支委员。同时，学院聘任蔡后銮同志为农学分院常务副院长，蒋汝芬、蒋鸿来、徐苏凌同志为农学分院副院长，邵文革同志为院长助理，王仁忠同志为副院级调研员。

4月11日下午，学院召开全院中层干部大会。新任市委书记郑尚金到会并做了重要讲话，院长顾伟康对学院现阶段工作思路进行了阐述。会议宣布陈偕雄同志任理工分院院长。

4月12日上午，顾伟康院长主持召开院务扩大会议，就教学工作、财务并轨工作、招生工作、基本建设工作等工作做了部署。

5月11日，学院党委任命朱雄才同志为理工分院党总支副书记，增补徐澍敏、陈兰云同志为总支委员。

5月12日，学院调整理工分院领导班子成员，余党军同志为常务副院长，陈伟迁、童益三、徐澍敏三人为副院长。

5月18日，院长顾伟康与浙江大学副校长冯培恩签署了关于在学院建立浙江大学远程教育教学站的协议书，学院的远程教育自此正式启动。

5月29日上午，学院人文师范分院和农学分院分别举行挂牌仪式，市委副书记李成昌和院长顾伟康为人文师范分院揭牌，市政协副主席陈炫亮和学院副院长董如宾为农学分院揭牌。

5月30日，学院隆重举行建校五周年庆祝大会，并在大黄山举行了总院暨人文师范分院建筑工程奠基仪式。

6月8日，澳大利亚国际教育合作中心主任潘乃建先生来校就合作办学事宜与院领导进行了洽谈。

6月16—23日，经贸分院举行首届教代会暨金华贸易经济学校第五届教代会。

8月31日，学院与中行金华市分行举行了银校全面合作签字仪式。

9月1日，由原金华师范学校与义乌师范学校合并与学院并轨成立的人文师范分院顺利开学。原义乌师范学校全部迁到金华。

9月2日上午，学院召开党委会。市委组织部副部长曹兴水代表市委在会上宣读了市委干〔1999〕19号《关于陈昆忠等同志职务任免的通知》，宣布陈昆忠同志兼任学院党委书记，并免去郑宇民同志院党委书记的职务。

9月5日，经市职改办批准，学院成立了普通高等学校教师中级专业技术职务评审委员会。

9月18日，学院任命返聘教授张永丰同志为教务长。

9月19日，学院在市人民大会堂举行了隆重的开学典礼。市委书记郑尚金，市委常委、宣传部长、学院党委书记陈昆忠到会并讲话。

9月26日，浙江大学远程教育学院举行开学典礼。副院长董如宾出席典礼并讲话。学院教学站近200名新生通过网络在交互式多媒体教室参加开学典礼。

9月27日，著名经济学家于光远，北京大学原党委书记、国家教育部高校设置评审委员会副主任王学珍教授一行来学院视察。

10月14日，学院与浙江金岭纸业公司合建的金岭综合电子实验室举行揭牌仪式。

11月1日，经浙江省劳动厅批准，学院成立了国家职业技能鉴定所。

11月27日，浙江农业机械学校建校20周年暨学院理工分院建院五周年庆典大会在分院体操馆隆重举行。

12月17日，学院党委任命郑布英为理工分院党总支副书记，朱雄才为人文师范分院党总支副书记。

2000年

1月21日，院务处设立，方竹生任处长。

1月21日，任命廖志林为农学分院常务副院长，免去蔡后銮农学分院常务副院长的职务。

2月22日，保卫部设立，马广担任副部长（主持工作）。

2月23日，学院被浙江省人民政府授予“优秀民办学院”称号。

3月3日，成人教育处、科研处设立，由周汉林任两处副处长。

3月8日，成立教学工作委员会，顾伟康任主任，董如宾任副主任。

3月14日，学院申报的计算机技术与应用等10个专业获省教委批准。

4月25日，国家教委原职教司司长杨金土来校考察。

5月16日，浙江省副省长鲁松庭来校视察，并对学院进一步发展申办本科学院做重要指示。省教育厅副厅长阮忠训、郑继伟及市领导郑尚金、汤黎路、徐国权等陪同视察。

5月26日，建筑工程及汽车工程两个专业指导委员会正式成立，并与浙江神马实业有限公司签订联合办学协议。

6月26日，陈丽能与何农合作的《高等职业教育体制与机制的创新研究》及陈丽能、谢永良、马广合作的《农机产品的应用与发展研究》均荣获2000年度省教育厅科技进步三等奖。

8月初，《高等数学（理工类）》《法律基础教程》两本教材的编写出版任务顺利完成，结束了学院无自编高职教材的历史。

8月23日，学院与金华三中等6所职业学院签订了“3＋2”五年一贯制合作办学协议。

9月8日，金华卫院与金华职业技术学院并轨办学成立医学院，并在该院区举行了医学院成立挂牌仪式。

9月15日，浙江省委书记张德江，省委常委、常务副省长吕祖善，省科技厅厅长毛光烈一行在市委书记郑尚金、市长汤黎路和院领导的陪同下视察了学院并做了重要指示。

10月9日，学院举行“金信奖教奖学金”捐赠签字仪式。

10月10日，经贸分院举行“海南亚洲制药奖学金”颁奖仪式。

11月1日，后勤改革领导小组成立，陈丽能任组长，蒋忠樟任副组长。

11月7日，学院“理工分院”“经贸分院”和“人文师范分院”分别更名为“理工学院”“经贸学院”和“人文师范学院”。

11月21日，学院举行专家聘任仪式，聘请郑树担任医学院名誉院长、学术委员会主任，喻华芝担任医学院院长，夏英武担任生物工程学院名誉院长、学术委员会主任，蔡洪法担任生物工程学院院长，赵国柱担任经贸学院名誉院长、学术委员会主任，黄振华担任经贸学院院长。市委书记郑尚金、市长汤黎路等领导出席了专家聘任仪式。

12月19日，全国高工专院长协作组秘书长、教育部高职高专教育人才培养工作委员会秘书、北方交通大学电力院区陈斌龙来校做了题为“高等职业教育及其师资队伍建设”的讲座。

2001年

1月9日，经省普通高院教师（含科研、实验）高级职务评审委员会2000年12月8日评审，学院陈丽能等51人具有副教授任职资格。

2月8日，由建工系宋超、郎陈、周峰控股并参与经营的金华房地产信息网

(www.jhfdc.com)投入试运行。

2月14日,金华市国民经济和社会发展第十个五年计划纲要提出:扩大金华职业技术学院招生规模,逐步建成万人规模的综合性大学。

2月19日,《金华职业技术学院学报》正式创刊。学报为季刊,16开本,共120页,公开发行,刊号为CN33-1267/Z。

3月14日,学院党委副书记贾恭惠、副院长冯拾松到任。

3月17日,学院在东阳市横店集团清明上河图景区有限公司举行了旅游专业实习基地挂牌仪式。

3月21日,金华市委副书记楼阳生来校视察工作,并做了重要指示。

3月23日,经省高等学院专业设置评议委员会评议,省教育厅审定,同时报教育部备案或批准,学院新增高职专业10个。

4月20日,金华市委、市政府在市政府会议室举行了隆重的院士、教授聘任仪式。学院首次将院士请进了门。

4月25日,浙江省教育厅厅长侯靖方在市委副书记陈章凤,市委常委、宣传部长、学院党委书记陈昆忠及副市长徐国权的陪同下来校视察工作。

4月25日,加拿大专家戴思平来到生物工程学院就畜牧兽医方面的专业知识及猪场股份制改革等内容做专门考察。

4月30日,金华市委常委扩大会议召开。明确金华职业技术学院为副地市级单位;按照金华职业技术学院现有的资源条件,为下步升本做准备,同意增挂“金华大学(筹)”的牌子。

5月10日,学院举行了隆重的《金华职业技术学院学报》首发式。副市长徐国权、市委宣传部副部长王丁路出席了首发式。

5月11日,学院收到浙江中港建筑工程有限公司办学资助款20万元。

5月12日,浙江省内教学设施最好的华夏护理实训中心在医学院正式挂牌。该中心是在获得香港华夏基金70万元首期资助的基础上成立的。

5月16日,据省教育厅浙教高教〔2001〕138号文件,学院护理、应用电子技术和旅游管理三个专业被确定为浙江省高职高专重点建设专业。

6月5日,全国政协科教文卫体委员会“深化高教体制改革,促进终身教育”赴浙江省金华市调查组一行,在全国政协常委、原国家教委副主任张孝文的带领下来校调研,并就学院办学模式、学生收费、高职院校发展趋向等热点、敏感问题做了探讨。

6月20日,院报《金华理工》更名为《金华大学》。

6月21日,学院举行首届高职毕业生毕业典礼。全院共531人毕业,一次就业率达83.7%。

6月25日,孙慧平被评为浙江省中青年学科带头人。

7月15—17日，学院在双龙鹿湖山庄召开了综合体制改革研讨会，讨论学院综合体制改革有关问题。金华市委书记郑尚金，市委常委、宣传部长、学院党委书记陈昆忠，市政府副秘书长严金发及相关部门领导出席了开幕式。

8月20—22日，浙江省高职院校科研处长研修班在学院举行。

9月14日，学院召开“两课”建设工作领导小组成员和“两课”教师会议，会上成立了“两课”教育研究会，经贸学院副院长单晓铭任研究会会长。

9月19日，金华大学筹建领导小组成立。汤黎路任组长；市委常委、宣传部长陈昆忠，副市长徐国权和顾伟康任副组长；市政府副秘书长严金发，市教委主任应恩民，市卫生局局长夏康，市农业局局长傅利常，副院长董如宾、陈丽能、冯拾松，副书记贾恭惠任组员。同时设立金华大学筹建领导小组办公室。

9月21日，“金华大学(筹)”挂牌仪式在学院三楼报告厅举行。

10月19日，世界杂交水稻之父——袁隆平为学院现代农业专业题写了“现代农业”四字。

12月17—18日，学院首届教职工暨工会会员代表大会顺利召开，105名正式代表出席了会议。大会通过选举产生了以冯拾松为主席，方竹生为副主席，叶海滨、刘宏日、朱秀英、吴凤香、杜加录、姜华敏、鲍青云为委员的工会委员会。

2002年

1月9日，学院举行2001年度海南亚洲制药公司奖学金颁奖仪式。

1月15日，学院举行首届“金信”奖教金颁奖仪式。

3月22—23日，共青团金华职业技术学院第一次代表大会在三楼报告厅隆重召开。

4月10日，浙江省教育厅副厅长郑继伟率高教处处长叶宏、科研师资处副处长边颉等来校，就师资队伍建设和教学评估工作进展情况进行调研。

6月8日上午，学院隆重召开了经贸、旅游、服装、文秘、英语、法律六个专业建设指导委员会成立大会。

6月22日，由原中国计量学院院长谢庭藩、原杭州应用工程技术学院院长竺树声和原温州师范学院副院长郑健组成的省教学督导组来校检查教学合格评估准备工作。

8月12日，金华市人民政府抄告单第155号文件决定成立金华学院筹备工作领导小组，由市长楼阳生任组长；市委常委、宣传部长陈昆忠，副市长徐国权任副组长；市政府副秘书长严金发、市教育局局长应恩民、市卫生局局长夏康、市教育局副局长许璋、学院院长顾伟康、学院常务副院长陈丽能、金华教育学院党委书记毛继书任小组成员。同时，在市教育局设金华学院筹备工作领导小组办公室，由许璋兼任办公室主任，冯拾松、姜昆、何宝钢任办公室副主任。

9月28日，学院科学技术协会第一次代表大会召开。

10月3日下午,黄文虎老院长来校指导工作,在院党委副书记、常务副院长陈丽能和副院长杨艳的陪同下参观了校园。

10月10日下午,学院办公网经朱宝禄院长助理审核通过,即时公布。

10月14—15日,于光远教授来校做"关于教育的教育(干部的教育)"讲座。

10月30日上午,由市委统战部组织的"金华籍博士家乡行"活动途经学院,29名留学国外的金华籍博士接受了学院"客座教授"的聘请。

10月30日,学院干部大会在五楼会议室召开。市委书记汤黎路和市委副书记、市长楼阳生送学院新任书记、院长杜世禄到任。

12月10日,学院在三楼报告厅再次召开教学工作合格评估动员大会,院党委书记、院长杜世禄,院党委副书记、常务副院长陈丽能,院党委副书记贾恭惠在主席台就座,并分别做了重要讲话。

12月22—26日,浙江省教学工作评估专家组来校进行教学工作合格评估,经过四天的考核评估,学院顺利通过全省教学工作合格评估。

2003年

1月14日,根据国家教育部文件,学院顺利转变为公办普通高等学校。

1月下旬,金华市第一建筑安装工程有限公司、金华市建设监理有限公司在学院建筑工程系分别设立名为"金华一建""金华监理"的奖学金,该奖学金的每学年总额度为2万元。至此,该系学生的奖学金面达50%以上。

2月5日,学院科研工作会议暨科研成果展示会召开。

2月13日,学院召开目标责任制考核工作会议,党委书记、院长杜世禄在会上就创新问题和目标责任制考核工作等两方面问题做重要讲话。

2月14日,全院教职工大会在金华市人民大会堂举行。市委副书记阎寿根到会并讲话,院党委书记、院长杜世禄在会上做题为"与时俱进 奋发有为 为建设浙江中西部中心城市建功立业"的重要讲话。会议由陈丽能副院长主持。

2月17日下午,市委书记汤黎路冒雨来校现场办公。市委办、市府办、市财政局、市教育局、市开发区等部门负责人随同来校。汤书记就以下9个问题做了指示,并落实了相关责任部门和责任人:关于婺州街拓宽问题、学院西南角5个单位土地征用问题、金大塘及周边地块征用和拆迁问题、内环线改道问题、大黄山公园划归学院问题、将人民医院改为学校附属医院问题、加大财政扶持力度问题、人才引进问题和学校规划红线内土地控制问题。

2月21—23日,由浙江省教育厅主办、学校承办的浙江省高职高专旅游大类教材规划会议在三楼报告厅举行。会上,成立了浙江省高职高专旅游大类教材编委会,学院副院长陈丽能任编委会主任,旅游学院负责人任副主任兼秘书长,其他高职高专院校相关专业负责人担任编委会委员。

4月16—18日,学校分别与市建设银行、市工商银行、市商业银行、市中国银行等四家银行签订银校合作协议。它们将为学校提供贷款(总额度为10亿元以上),并提供50%的授信额度,贷款利率在国家基准利率上下浮10%。

5月7日,杜时贵副院长到任。

5月8日,材料化工学院(筹)建设研讨会在五楼会议室召开。

5月14日,学校召开后勤社会化改革经验介绍会,浙江师范大学原后勤管理处孙顺源处长做了经验介绍。党委书记、院长杜世禄在会上做重要讲话。

5月16日,学校举行奖教奖学基金会成立暨实践教学基地挂牌仪式。

5月22日,学校首次档案工作会议召开。

7月2日,金华学院筹备工作领导小组全体成员会议召开,专题研究金华学院筹备工作。金华市市长、金华学院筹备工作领导小组组长徐止平、金华学院筹备工作领导小组全体成员以及市府办、市卫生局等有关部门领导与会。

7月7—8日,浙江省高校设置评议委员会专家组来校对学校升格为本科层次的金华学院进行评议。专家组由吴添祖、张钧澄、何泳生三位教授和省教育厅计财处的两位干部组成。市委副书记陈章凤汇报了金华市高等教育事业发展及金华学院筹备工作情况。

8月11日,原国家教委计划建设司司长、教育部高校设置评议委员会专家徐敦煌和原国务院学位办副主任、教育部高校设置评议委员会专家谢桂华在省教育厅计划财务处处长褚子育、高科处处长方卫平等的陪同下,来学校实地考察。

8月28日上午,学校在市人民大会堂召开新学期首次教职工大会。会议由党委副书记、常务副院长陈丽能主持,全校1000余名教职工参加了大会。党委书记、院长杜世禄代表学校党政班子做了题为"深化改革　加快发展　为早日实现升本目标而团结奋斗"的工作报告。

9月15日,浙江京华教育集团有限公司一届一次董事会全体会议召开。

9月28日,"香溢旅业班"命名暨"香溢奖教、奖学金"签约仪式举行。

9月29日上午,浙江京华教育集团有限公司成立。

10月18日,金华学院总体规划方案评审会在今日大酒店召开。

10月30日,金华市建筑评审委员会下达金建评〔2003〕17号文件,《金华学院总体规划方案》正式通过评审。

10月30日,学校召开目标责任制工作月度检查会议。

11月2日,学校在义乌日月岛大酒店举行"产、学、研"结合实习基地挂牌签约仪式,党委副书记、常务副院长陈丽能,义乌日月岛大酒店董事长、总经理童丽蓉等出席仪式。

11月10—13日,学校在"全国高职高专大学生就业学术研讨会"上做题为"接轨市场 凸现特色 提升学生的就业竞争力"的典型发言。

11月26日,《浙江日报》在显著位置刊登了题为"基地、教学、科研、招生、就业

五位一体 金华职业技术学院走出办学新路子”的长篇报道，宣传报道了学校围绕高职教育和人才培养目标，主动与地方经济和社会发展接轨，寻求最佳结合点，积极探索基地、教学、科研、招生、就业五位一体的办学模式，实现了产学研有效结合的新闻事实。

12 月 23—27 日，国家留学基金管理委员会东方国际教育交流中心的亢秀兰和谢福水来学校考察访问。

12 月 30 日，学校在七楼会议室隆重举行了校企合作签约仪式，会议由党委副书记、常务副院长陈丽能主持，党委书记、院长杜世禄做主题报告，市政府副秘书长严金发到场祝贺并讲话。校领导冯拾松、杜时贵、蒋忠樟、杨艳以及各二级学院党政领导，浙江捷众投资集团有限公司等 22 家企业领导共 70 多人参加了会议。

12 月 30 日，学校举行以“校企联营、共同发展”为主题的 2004 年元旦文艺晚会。

2004 年

1 月 15 日，学校召开了国家基金、省基金申报动员大会，会议由副院长杜时贵主持，各二级学院分管科研副院长、科研干事、骨干教师共 100 多人参加了会议。

2 月 6 日，学校举行中层干部新春茶话会。校领导杜世禄、陈丽能、贾恭惠、冯拾松、杜时贵、蒋忠樟、杨艳出席会议，各职能部门负责人和各二级学院党政负责人共 50 余人参加了会议。党委书记、院长杜世禄做了新春寄语，要求各位领导干部“多一些思考、多一份真诚、多一股实劲”。

2 月 19 日下午，学校在市人民大会堂召开“‘三十佳’先进表彰暨事迹报告会”。副市长林一心到会并讲话。校领导杜世禄、陈丽能、贾恭惠、冯拾松、杜时贵、蒋忠樟、杨艳出席了会议，全体教职工及学生干部共 1500 余人参加了会议，“三十佳”代表陈香仙、姜华敏、应月芳做先进事迹报告。

2 月 20 日上午，学校召开考核工作会议，研究目标责任制考核工作的进一步落实工作。

3 月初，根据《金华市区进一步深化城镇住房制度改革实施方案》的规定，学校成立了住房分配货币化工作办公室，并召开了专题工作会议。此次货币化分房工作拟分两期完成，第一期兑现一部分已办好手续的教职工，力争在三、四月份完成；第二期在下一年兑现。

3 月 16 日，经校党委研究决定：聘任房鼎业为材料与化工学院院长，聘期两年。

3 月 28—29 日，学校成功举办浙江省高等职业教育音乐表演专业（学前教育方向）的专业技能合格考试。

4 月 7—8 日，学校一届三次教职工代表大会暨工会会员代表大会胜利召开。党委书记、院长杜世禄做了题为“统筹兼顾　以人为本　为全面提升学校办学水平和办学层次而努力”的工作报告。

5月25日，学校召开了校企联营工作会议，由陈丽能副院长主持。听取了各二级学院关于校企紧密型基地建设情况以及“新世纪校企联营办学模式理论与实践学术研讨会”征文工作落实情况的汇报，并肯定了二级学院在校企联营方面工作取得的成绩，同时就下一步校企合作如何取得新的突破做了布置。

6月1日，学校与澳大利亚艾迪卡文大学合作的“国际护理班”办学项目首次通过了浙江省教育厅审批，标志着学校中外合作办学迈出了实质性的步伐。首批学生将在学校2004年秋季护理专业新生中选拔，招生人数暂定为50人。

6月15日，原教育部职教司司长杨金土为学校教师做了题为“创新思维模式，推进课程改革”的报告。

6月26日，2004年全国医学高职高专教育学术会议在苏州召开，医学院院长胡野代表学校参加，并当选为第四届全国医学高职高专教育研究常务理事。

6月29日，学校举行“教授工程”培养对象签约仪式，全体校领导出席了签约仪式，25名“教授工程”培养对象参加了会议并签订了培养协议书。

学校冯拾松的“浙中区域经济发展战略研究”等3项申报项目获浙江省2004年度哲学社会科学规划课题立项，立项数居全省高职院校榜首。

7月20日，教育部部长周济在副省长盛昌黎和省教育厅厅长侯靖方等领导的陪同下，来东阳、义乌考察，徐止平市长在汇报会上就金华学院的筹办情况向周济部长做了专题汇报，强烈呼吁要求建立金华学院，侯靖方厅长也对金华学院的筹建工作给予了充分的肯定。

9月1日，学校开始全面实施目标责任月考核制度。

9月13日，校党委书记杜世禄组织召开了专业发展专题调研会。

10月9日，医学院举办国际护理论坛。

10月18日，在机电学院实验楼举行了“金华浙中产品质量司法鉴定事务所汽车类产品鉴定部”挂牌仪式。

10月19日，由华东师范大学职成教研究所所长石伟平、上海市教育科学研究院职成教研究所所长马树超、浙江理工大学副校长戴文战、浙江师范大学副校长吴锋民和华东师范大学钱景舫组成的专家组对学校“五位一体”办学模式进行了教学成果鉴定。省教育厅高教处祝鸿平主持会议。

10月20日，学校召开了聘任制工作经验交流研讨会，为2005年全校推行聘任制奠定了良好的基础。

10月22日，“金华市学前教育师资培训中心”挂牌仪式在师范学院艺术楼礼堂隆重举行。

10月28日，旅游学院举行了“高星级总台服务员红星班”命名仪式暨提前就业动员大会。

12月2—3日，学校办公自动化系统培训在报告厅举行。校领导、全校各单位相关部门人员分批参加了培训。

12月18日，《中国教育报》以醒目的标题、较长的篇幅全面报道了学校“五位一体”的办学特色和所取得的成效，并予以充分肯定。

2005年

2月2日，《人民日报》第十一版以较大篇幅介绍了学校情况。

2月2日，《中国改革报》第七版以“高职教育领域又一新探索”为题，全文刊发了对学校党委书记、院长杜世禄的访谈，介绍了“五位一体”办学模式。

2月23日，接金市组干通〔2005〕3号文件，任命胡野、余党军为中共金华职业技术学院委员会委员。

3月4日，接金政干〔2005〕1号文件，胡野、余党军同志被任命为中共金华职业技术学院委员会委员、金华职业技术学院副院长。

3月9日，金华职业技术学院-浙江爱司米电动车有限公司研发中心在浙江爱司米电动车有限公司举行揭牌仪式。

3月10日，学校聘请的第一位乌克兰籍美术教师尼克金·瓦利杰米尔到任，这是来学校任教的首位专家级外教。

3月15日，学校研究所工作会议顺利召开。

3月30日，学校“双师素质教师培养工程”正式开始实施。

3月31日，中国教育电视台综合教育频道《教育大视野》栏目对学校的“五位一体”办学实践进行了专题报道。

4月1日，材料与化工学院首届专业指导委员会会议在天宁宾馆举行。

4月8日，浙江省新世纪高等教育教学改革研究项目(招标项目)“以毕业综合实践为突破口的应用性人才培养理论与实践研究”开题报告会在学校举行。

4月11日，丽水职业技术学院一行7人来校，就机构设置、人员配备、分级管理、师资建设、专业建设、思想政治工作、教学管理、平安校园等方面进行考察学习。

4月，根据省教育厅有关文件精神，学校按教育部《普通高等学校高职高专教育指导性专业目录(试行)》进行了建校以来规模最大的专业梳理、调整、归并。计算机技术与应用等31个专业调整了专业名称；市场营销专业的医药营销方向、初等教育专业的汉语言文字教育方向、初等教育的数学教育方向分别增设为医药营销、语文教育和数学教育专业；投资理财专业调整为会计专业；撤销农业设施与机械专业。至此，学校招生专业已达52个。

5月10日，学校聘任制动员大会在四楼报告厅隆重举行。学校领导、职能部门全体工作人员，校内市人大代表、市政协委员，二级学院(馆、公司)中层以上干部，校二届一次教代会代表，正高职称人员以及部分离退休干部代表参加了动员大会。

5月22日，学校举行隆重的聘任仪式，聘请中国职业技术教育学会学术委员会副主任、全国教育科学规划领导小组职业教育学科评审组副组长、华东师范大学职业教育与成人教育研究所所长、博士生导师石伟平，上海市政府高级顾问、上海市教育科学研究院职业教育与成人教育研究所所长马树超担任学校学术委员会委员、客座教授和新成立的高职教育研究所顾问。

5月26日，学校校企联营工作会议召开。校领导、职能部门负责人、各二级学院院长、校企联营工作分管领导、综合办主任、系(部)主任等共170多人参加了会议。

5月27日，学校召开教改项目、重点建设课程验收评审会。经专家评审，"邓小平理论与'三个代表'重要思想概论"等19门2002年校级重点建设课程通过验收，正式成为校级重点课程，"全校性公选课教学管理体系改革"等28个项目被确立为2005年校级重点教改项目。

5月30日，经校党委研究，决定聘任楼土明等51名中层干部，聘期为2005年6月1日至2006年12月31日。

6月1日下午，学生心理健康教育咨询指导工作调研会在五楼会议室召开。

6月3日，市长葛慧君、副市长林一心、市政府秘书长陶诚华、副秘书长严金发以及有关部门负责人专程来学校就"五位一体"办学特色、学校基础设施建设和教学管理等工作进行调研。

6月20日，学校选派的陈志新、盛贻林、张根芳、杨晓东四位科技特派员，分赴磐安县冷水镇、婺城区白龙桥、兰溪市游埠镇和灵洞乡，开展创业和科技服务。

6月28日，金华职业技术学院高职教育研究所成立，常设机构为"高职教育研究所办公室"。主要功能为：学校改革发展的研究中心，高职教育改革的研究中心，提高师资教学科研水平的载体，吸引全国高职研究优秀人才的平台，联系国内外相关职能部门和研究机构的纽带。

7月4日，为落实学校今年二届一次教代会上代表反映的公共基础课经费问题，学校举行了一场"学院之间公共基础课经费调整听证会"。

7月6—9日，学校在千岛湖组织了中层以上干部暑期培训班，共有67名处级以上干部参加了培训。

7月15—17日，学校暑期教学工作研讨会在龙泉山召开，副院长胡野、学校相关职能部门负责人及各二级学院院长、教学副院长、综合办分管教学副主任、系(部)主任、实验室主任共80多人参加了会议。

8月24日，学校人才培养工作水平评估创优再动员大会在四楼报告厅召开。

8月29日，学校隆重召开保持共产党员先进性教育活动动员大会。

9月11日，学校首轮新教师培训工作全面启动。本轮培训为期一年，将利用每个双休日，对教师的教学能力、语言表达能力、科研能力、多媒体应用能力等开展全方位的培训。

9月15日，金华职业技术学院心理健康教育中心成立，办公地点设在师范学院心理咨询室。

9月26日下午，尼泊尔王国SG教育公司董事长拉加一行与学校签署国际合作办学协议，这标志着学校国际合作办学再跨新步。副院长杨艳出席签约仪式并致欢迎辞。

10月1日，《中国职业技术教育》第212期刊登《开拓进取创高职教育办学新模式》一文，报道了学校"五位一体"办学模式。

10月24日，学校深化"五位一体"办学模式研讨会在五楼会议室召开，党委书记、院长杜世禄，副院长冯拾松、蒋忠樟、杨艳、胡野、余党军，各职能部门负责人及高教研究所办公室人员参加了本次研讨会。

11月4日，学校在七楼会议室召开了以"建好学科　做强专业　全面提升教学水平"为主题的学科专业建设专题研讨会。会议由副院长胡野主持。校领导杜世禄、冯拾松、胡野、余党军出席了会议，各二级学院负责人和各系(部)主任、学科带头人、专业带头人参加了会议。

11月5日，《中国教育报》头版头条刊登了《校企深层合作　魔力如此神奇》一文，全面报道了学校"五位一体"特色办学经验。

11月6日，由学校承担的省科技厅项目——"水稻直播机播种自动监控系统"项目鉴定会在金华严济慈图书馆召开。参加鉴定会的省市专家认为：该项目的总体技术达到国内领先水平，填补了国内条播机播种状态自动监测的空白。

11月11日，学校举行《五位一体　高职教育办学模式新探》一书的首发仪式。该书由中国职业技术教育学会副会长兼学术委员会主任、原国家教育部职业技术教育司司长杨金土先生亲自作序。

11月12—13日，"2005年中国高职教育校企合作模式创新论坛"在学校实验剧场隆重举行。市领导葛慧君、陈章凤、王挺革、陈三富、吴战堡，市政府秘书长陶诚华，教育部高等教育司高职与高专教育处处长范唯，教育部留学服务中心副主任邵巍，省政府办公厅文教处处长潘捷军，省教育厅高校科研师资处处长边颉，省教育厅高等教育处副处长项小仙，省社科联秘书长曾骅，中国职业技术教育学会常务副会长、原教育部高等职业技术教育司司长刘来泉，全国产学合作教育协会理事长、原教育部高等教育司副司长朱传礼等来宾出席论坛开幕式。

11月13日上午，学校发展战略论证会在国贸宾馆举行。学校领导杜世禄、冯拾松、蒋忠樟、杨艳、胡野、余党军，老领导顾伟康、董如宾，教育部高等教育司高职与高专教育处处长范唯，教育部留学服务中心副主任邵巍，中国职业技术教育学会常务副会长、原教育部高等职业技术教育司司长刘来泉，全国产学合作教育协会理事长、原教育部高等教育司副司长朱传礼，高职教育界专家李进、吴岩、郑家泰、李宗尧、石伟平、马树超出席了会议。

11月13日下午，学校校企合作签约仪式暨校企联营研讨会在实验剧场隆重举行。

11月18日，学校于四楼报告厅召开"苦战30天，迎评勇争先"——整改任务交办会。校领导杜世禄、冯拾松、蒋忠樟、杨艳、胡野、余党军及全校科级以上干部参加了会议。

11月22日下午，学校在七楼会议室举行了2005学年来华留学生座谈会。校领导杜世禄、冯拾松、蒋忠樟、杨艳及相关部门负责人和二级学院院长，与来自印度、韩国、尼泊尔、巴基斯坦、乌克兰等国的40多名留学生进行了座谈。

11月30日，学校被省教育厅评为浙江省普通高校毕业生就业工作优秀单位。

12月12日，2005年第50期《瞭望》新闻周刊，将目光聚焦到学校"五位一体"办学模式，这是今年继中央电视台、《中国教育报》、《今日浙江》等国内强势媒体之后，再次关注学校"五位一体"特色办学的一家具有广泛影响和高度权威的世界性大型新闻杂志。

12月26日下午15时15分，中国教育电视台播出了学校"五位一体"特色办学专题片，在社会上引起了较大反响。

12月27日上午，高职高专人才培养工作水平评估汇报会在七楼会议室举行。评估专家组全体专家，浙江省教育厅高教处副处长项小仙，金华市人民政府副市长林一心，学校党委书记、院长杜世禄，教学委员会主任董如宾，副院长冯拾松、蒋忠樟、杨艳、胡野、余党军出席了会议。

2006年

1月19日，据教科规办函〔2006〕2号文件，师范学院邢秀凤的课题《语文对话式教学模式的构建研究》获得全国教科规立项。

1月19日下午，学校教授、博士新春茶话会在七楼会议室召开。校领导杜世禄、冯拾松、胡野、余党军出席了会议，学校全体教授、博士参加了会议。

1月26日，据浙科发计〔2006〕23号文件，学校有四项课题获得省科技厅立项。

2月20—25日，学校考察团一行30人在党委书记、院长杜世禄的率领下，赴广东省进行高职教育办学经验学习考察。学校领导、有关职能部门负责人和各二级学院院长参加了考察。

3月13日，学校研究所建设工作会议在七楼会议室召开，校领导杜世禄、冯拾松、胡野、余党军，学校职能部门负责人和二级学院院长出席了会议。

3月29日，2005山区海岛特色畜牧业技术培训项目——浙江省山区海岛特色畜牧业项目首期"牛羊养殖技术"集中培训在学校举行。浙江省畜牧局副局长戴旭民、副院长胡野以及全省18个县市的22个乡镇长、技术员共60多人参加了开班典礼。

3月30日，政校企紧密型合作工作会议在实验剧场隆重举行，标志着学校与金华经济技术开发区及园区企业的政校企之间进入全面合作阶段。

3月31日，学校召开学术委员会会议，讨论通过了学术委员会章程，增选副院长胡野为学术委员会副主任，科技处副处长王瑞敏为副秘书长，并评审出第二批"教授工程"培养人选19名、第一批"校级中青年学科带头人"培养人选24名、第二批"校优秀中青年骨干教师"培养人选23名。

4月5日，中国职业教育学会副会长、全国高职高专人才培养工作委员会副主任、深圳职业技术学院党委书记、院长俞仲文应邀来校做专题学术报告。

4月12日 浙江省教育厅公布2006年高等学校专业名称。学校新增传媒策划与管理(文化传播与策划)、印刷图文信息处理、安全技术管理三个专业。

4月28日，全国高职高专院校人才培养工作水平评估委员会主任杨应崧应邀来学校做人才培养工作专题报告。

5月13日，学校下发金职院办〔2006〕18号文件，决定撤销二级学院综合办，成立二级学院办公室和教学科研办公室，原有职数和编制原则上不变。

5月18—21日，学校参加了在深圳会展中心举办的"首届中国国际职业教育展"。在"首届全国高职高专'发明杯'大学生创新大赛"颁奖会上，学校共有13项设计发明获奖，其中包括4项金奖、1项银奖和4项铜奖。

5月25日，学校与金华金东区江东镇人民政府"科技服务三农1+1结对仪式"在江东镇举行。23名专业教师被聘为江东镇政府农业科技顾问，7名农学专业的学生被聘为该镇的科技助理员。

6月9日，学校召开教学组织方式改革和教学资源调整工作会议。通过此次改革和调整，学校将进一步扩充实验、实训场所，集中教学资源和教学设施，形成理论教学和实践教学区域化，实现办学效益最大化。

6月17日，学校毕业答辩、作品展示、现场签约"三位一体"毕业生就业招聘会在艺术楼举行。

6月19日下午，学校服务"三农"动员大会在实验剧场隆重召开。市委副书记陈昆忠、学校领导、市农办、市农业局、团市委以及部分乡镇领导出席了动员大会。

6月29日，根据浙江省人民政府颁发的浙政发〔2006〕39号文件，学校党委书记、院长杜世禄被评为全省职业教育先进个人。

7月6—8日，2006年学校中层干部暑期研讨会在千岛湖顺利举行，全校中层以上干部参加了研讨会。会议就学校暑期重点工作和四大考核模块进行了部署和研讨。

8月3日下午，学校附属医院交接仪式在实验剧场隆重举行。金华市委副书记陈昆忠，市人大常委会副主任陈三富，副市长林一心、徐辉，市政协副主席吴战堡等出席了仪式。附属医院交接仪式的举行，标志着市人民医院的整体移交，将为学校的跨越式发展提供良好的条件和机遇。

8月8日，教育部印发了《教育部关于印发普通高等教育“十一五”国家级教材规划选题的通知》(教高〔2006〕9号)，学校9部教材选题入选国家级教材规划。

9月25日，学校第四届科技文化艺术节暨实践技能周隆重开幕。

9月25日，学校下发金职院〔2006〕128号文件，决定成立学生宿舍管理中心。

9月26日，学校下发金职院〔2006〕132号文件，决定成立教育督导处。

9月27日，教育部评估专家、同济大学高等技术学院院长董大奎教授来校做“中国高等职业教育发展与内涵建设”学术报告。党委书记、院长杜世禄主持报告会。

9月29日，学校“五位一体　校企合作”经验交流会在实验剧场隆重召开。市人大常委会副主任陈三富，校领导杜世禄、蒋忠樟、胡野、余党军，市有关部门领导在主席台上就座。学校与浙江环球制漆集团等14家新增的校企合作单位负责人签订了合作协议，18名客座教授接受了学校的聘书。

10月10日，浙江省教育厅发文表彰了30名荣获第二届“浙江省高等学校教学名师奖”的教师，学校冯拾松名列其中。

10月14日，2006年新进教师培训班开学典礼暨首届新教师培训结业典礼在学校四楼报告厅举行。

11月22日，学校“研究性学习”(吴新武主持)、“CAD&CAM软件应用”(郑一平主持)被评为国家精品课程。

11月，副院长胡野代表学校与江西上饶铅山县职业中学签订了《职业教育帮扶协议书》，拉开了学校教育帮扶工程的序幕。

12月12日，学校举行了第二轮全员岗位聘任制动员大会。校领导杜世禄、冯拾松、蒋忠樟、杨艳、胡野、余党军出席了会议。此次大会设一个主会场、两个分会场，并首次采用了视频直播技术。

12月19日，根据市委干〔2006〕14号、市委干〔2006〕18号、金政干〔2006〕11号和金市组干通〔2006〕12号文件：蒋忠樟任校党委副书记；俞勇建任校党委委员、副书记、纪律检查委员会书记；余党军任校党委副书记，免去其副院长职务；郑布英任校党委委员、副院长。

12月26日，党委书记、院长杜世禄主持的“‘五位一体’高职教育校企合作模式研究”获批全国教育科学“十一五”规划课题。

2007年

1月10日，学校留学生艺术团成立并举行首场演出，这是全省高校中首个留学生艺术团。

3月2日，《中国教育报》第二版报道学校信息工程学院为农民建门户网站。

3月3日，金华职业技术学院广播电台开播仪式在七楼会议室举行。

3月6日，学校下发金职院〔2007〕29号文件，决定增设学校港澳台办，与外事办合署办公。

3月，学校创办的专门研究高职教育发展动态、传播高职教育改革成功经验的刊物《高职研究动态》正式发行。

3月27日，《中国教育报》第二版详细报道了学校张海春等同学见义勇为、勇救落水妇孺的先进事迹。

3月31日，学校医学院与卫生部合作的首届中级护理员考证工作在华夏护理实践基地如期进行。

4月19—20日，党委书记、院长杜世禄在全省高等教育工作会议上做了题为“以校企合作为抓手　倾力打造‘五位一体’办学模式”的典型发言。

根据教高司函〔2007〕63号《关于安庆医药高等专科学校等高职高专院校专业设置问题的通知》，学校高职高专教育类专业（含语文教育、数学教育等）被增补为国管专业。

5月31日，学校下发金职院〔2007〕70号文件，决定成立国际商务学院，学校原大学英语课程组以及商务英语课程组的教师，归并到国际商务学院；国际教育学院不再与外事办合署办公，与国际商务学院实行两块牌子、一套班子开展工作。

6月8日，学校在七楼会议室召开校园文化建设工作会议。校领导杜世禄、余党军出席会议。各职能部门、各二级学院负责人及办公室主任参加了会议。会议对现阶段校园文化建设提出了具体要求并部署了校园文化建设重点工作。

7月9—10日，学校在东阳举行2007年暑期中层干部培训班。党委书记、院长杜世禄在会上强调，要大力发扬求真务实的工作作风，以基地建设为抓手，以饱满的工作热情、扎实的工作态度、明晰的工作思路，使学校专业建设工作再上台阶。

7月26日，由学校承办的2007年浙江省高职院校人事处长会议在金华锦华园召开，省教育厅高校科研师资处处长边颉、副处长吕华、学校领导冯拾松以及全省49所高职院校的人事处长出席了会议。

9月，根据国家劳动和社会保障部文件，批准同意在学校设立浙江省首家化工行业特有工种职业技能鉴定站。本次批准的项目是有机合成工、制漆配色调制工等15个化工类工种的初、中、高三个等级的技能鉴定。

9月8日，学校在七楼会议室举行新一届教育督导委员会成立大会。校领导余党军、胡野、冯拾松及相关部门人员参加了会议。会上宣读了学校新一届教育督导委员会成立的文件，并就新学期督导工作重点进行了部署。

10月18日，从教育部传来喜讯：学校在与全国1000多所高职院校的竞争中脱颖而出，顺利跨入国家示范性高职院校建设行列，这是学校办学征程中具有里程碑意义的事件，标志着学校办学又跃上了一个崭新的平台。

11月3日，学校师范教育百年庆典在新落成的大学生活动中心广场隆重举行。5000多位从全国各地赶来的新老校友和嘉宾齐聚母校，共贺师范百年华诞。

11月，学校职工活动中心正式成立。中心内设跑步、健身、乒乓球、牌类等活动项目，极大地丰富了教职工的业余生活。

11月8日，金华市国家示范性高职院校建设领导小组正式成立，金华市委副书记、代市长陈昆忠任组长，副市长徐辉，学校党委书记、院长杜世禄任副组长。

11月12日，校企深度合作、示范基地建设推进会在实验剧场隆重举行。学校当场与16家校企合作基地签约，使学校今年累计合作签约基地达到了60余家，并聘请了25名兼职教授。

11月22日，为进一步落实示范院校建设的各项工作任务，形成全员参与示范院校建设的生动局面，学校召开"对标准　找差距　建示范"思想大讨论活动动员大会，全校科级以上干部和专业主任参加了会议。党委书记、院长杜世禄在会上做重要讲话。

12月17日，由模具CAD国家工程研究中心、浙中模具城主办，机电学院承办的"2007浙中模具发展技术论坛"在学校举行。

在浙江省首届高职高专院校"挑战杯"创新创业竞赛中，学校选送的10件作品有4件获奖，其中特等奖一项。

12月24日，金华市委书记徐止平、市长陈昆忠、副市长王建平率市有关部门负责人，在学校领导班子的陪同下，就学校国家示范性高职院校建设工作进行了专题调研，并就学校发展过程中调到的困难和问题进行了现场办公。

2008年

2月28日，学校在四楼报告厅举行2007年工作考核情况通报会，学校党委书记、院长杜世禄强调，要不断完善目标责任制考核工作，以专业建设为核心，进一步加强思想作风建设，齐心协力，扎实工作，努力使学校各项工作再上新台阶。

3月3日，学校与乐山职业技术学院合作交流启动仪式在七楼会议室举行，校领导杜世禄、余党军、胡野和乐山职业技术学院党委副书记刘文华等出席了启动仪式。学校与乐山职业技术学院合作交流进入实质性阶段。本次交流学习为期一学期，期间，乐山职业技术学院教师和管理干部将分赴学校相关学院和职能部门进行交流。

3月18日，浙江省委教育工委组织的省思政理论课建设督查组一行4人来学校检查思想政治理论课建设情况。校领导杜世禄、蒋忠樟、胡野、郑布英、冯拾松及有关部门负责人、各学院党总支负责人参加了思政理论课建设情况汇报会。

3月19日，学校召开工业中心建设现场会，党委书记、院长杜世禄在现场会上强调，工业中心建设必须要科学规划，合理布局，优化资源，在充分考虑绩效的原则下，使工业中心成为学校高技能、应用型人才培养的摇篮。

3月19日，由浙江省畜牧兽医局组织，学校负责实施的扶贫特色的畜牧业建设项目——“山区海岛特色畜牧业项目建设技术培训”开学典礼在浙江临安举行。

浙江省教育厅颁发了第三届省高等学校教学名师奖和首届高等学校教坛新秀奖。学校龚永坚荣获省第三届高校教学名师奖，戴素江、邢秀凤获省首届高校教坛新秀奖。

4月1日，学校成立信息管理中心，为学校直属机构、副处级单位。

根据金市组干通〔2008〕19号文件，施长春、黄宏伟任学校党委委员。

4月12日，教育部资深职业教育研究专家姜大源在学校实验剧场，为全校教师做了一场题为“职业教育课程开发的理论与实践”的学术报告。

在第二届中国学生定向运动协会第一次执行委员会上，学校被选为全国高职院校唯一一所副主席单位，党委副书记余党军被推选为中国学生定向运动协会副主席。

5月17日，2008年全国(省)公共营养师职业技能鉴定考试在学校举行，这是全国(省)职业技能鉴定考点设在学校后的首次考试。

5月29日，学校企业家论坛在实验剧场正式拉开了帷幕，2005年首届浙商风云人物之一、绿源电动自行车有限公司董事长倪捷成为首位开坛论道的企业家。

6月3日晚，为颂扬改革开放三十年所取得的丰硕成果，“三十周年三十忆”吟唱会在学校实验剧场举行。

6月24日，金华市市长陈昆忠、副市长金中梁带领政府各主管部门领导在学校召开金华市科教实训基地建设现场办公会。会议决定在学校设立金华市生产力促进中心和工业产品展示中心。

7月13日，《中国教育报》第二版以“学生去顶岗　员工来上学”为题，报道了学校互换式人才培养模式。

8月23日，在全省高职高专书记院(校)长读书班上，党委书记、院长杜世禄做了题为“以基地‘两化’为载体　深化专业内涵建设”的典型发言。

在全省高校校园文化品牌评选活动中，学校“校企联姻、文化融通——金华职业技术学院科技文化节”喜获高校校园文化品牌称号。

9月，经全市社会各界投票评选，学校成功跨入国家示范性高职院校建设行列一事，入选金华改革开放30年30事，载入了金华市教育发展的史册。

10月19—21日，党委书记、院长杜世禄在“国家示范性高等职业院校建设计划”2008年度立项建设院校建设方案研讨会上讲话——“引企入教　共建示范”。

10月25日，2008年国家电动工具技术论坛在学校举行，本次论坛由学校机电学院和金华出入境检验检疫局联合举办。

10月31日，学校下发金职院〔2008〕121号文件，决定成立基地管理办公室(副处级)，与教务处合署办公，下设校内基地管理科和校外基地管理科；撤销教务处原实践教学科；高职教育研究所定为处级机构，与党委、院长办公室合署办公，下设办公室；科技处原科技计划科更名为科研管理科。

11月4—6日，在海峡两岸应用性(技术与职业)高等教育学术研讨会上，学校做了典型发言，在全国高职教育界引起强烈反响。

接市委干〔2008〕40号文件、金政干〔2008〕19号文件，王振洪任学校党委副书记、副院长(列杜世禄之后)。

11月23日，学校艺术设计学院与国家动漫游戏产业振兴基地人才培养工程管理办公室签署协议，正式成为NACG(国家动漫游戏人才培养工程)授权合作院校之一。

12月7—8日，2008年浙江省医学教育学术年会在学校实验剧场召开。

12月19—21日，全国"百所名高职、百家名企业"合作发展论坛暨国家示范性高等职业院校建设两周年专业改革成果展示会在北京召开，学校医学院医疗服务项目团队参与了整个会议医疗服务工作，获"最佳职业风貌奖"。

12月26日，浙江省高职高专艺术设计类教学指导委员会首届年会在学校隆重召开。

12月31日，学校下发金职院〔2008〕151号文件，决定成立现代教育技术中心，定为科级机构，编制4人，设职数2人，委托师范学院管理。

2009年

1月7日，"金华教育30年30件教育大事"评选揭晓，"1994年我市筹建金华理工学院，1998年获教育部批准确定为金华职业技术学院，2005年金华职业技术学院被国家七部委评为全国职业教育先进单位，2007年跨入国家示范性高等职业院校建设行列"四件里程碑式的发展大事永载金华教育史册。

3月5—6日，教育部在广东召开2009年高职院校单独招生改革试点工作总结会，校党委副书记余党军做了题为"明确目标　规范程序　阳光选优"的典型发言。

学校专业性公司——金华职业技术学院清洁生产中心正式获批成立。

4月23日，金华市农村青年创业成才计划启动暨首批创业小额贷款发放、金华成泰农村青年创业学院成立大会在学校实验剧场隆重举行，副市长蔡健，校领导杜世禄、余党军，共青团市委书记蔡艳，市农业局局长吴立钢，市劳动与社会保障局局长王丁路等出席了大会。

5月8日，金华职业技术学院教育发展基金会成立大会在实验剧场隆重举行。金华市副市长林一心、省民政厅民间组织管理局副局长李崇义、金华市政府副秘书长郭金仪、学校全体班子成员、市相关部门负责人、原金华大学发展基金会理事出席了会议。会后，学校在东实训楼西侧举行了教育发展基金会功德门奠基仪式。

6 月 19 日，金丽衢农村社区医生培养签约仪式暨首届研讨会在学校举行。浙江省卫生厅科教处处长蒋健敏、金华市副市长林一心出席了签约仪式。

7 月 9 日，党委副书记、副院长王振洪研究员主持的《高职院校兼职教师有效管理的实践与研究》获得全国教育科学规划国家一般课题立项，实现了学校有史以来零国家级项目的突破。

7 月 13—16 日，学校召开暑期干部培训会。会议以“提升干部素质，增强班子合力”为主题，着重就新形势下，如何全面提升干部素质，打造一支专兼结合、精干高效的干部队伍进行了研讨。

8 月 6 日，全国化工安全专业教学指导委员会会议在学校召开，来自全国高职院校安全类专业的 20 余位专家汇聚学校，共商安全类专业建设与改革思路。

8 月 28 日，学校宾虹路校区地块(原理工学院地块)经过 35 轮激烈角逐之后，最终以 9400 元每平方米的拍卖价成交，折合每亩地价 626.70 万元，总地价 9.18 亿元。

9 月 7 日，校党委书记杜世禄教授主持的《建设实践教学管理平台：“校内基地生产化、校外基地教学化”的探索》项目获得国家级教学成果二等奖。

9 月 8 日，学校召开干部大会。金华市委常委、组织部长蔡国春受省委组织部、省教育工委委托宣布省政府决定：王振洪任金华职业技术学院院长。

10 月 10 日，学校召开 2009—2010 学年重点项目推进会，校党委书记杜世禄在会上强调，要科学谋划、精心部署重点项目，为提升学校核心竞争力夯实基础。

11 月 10 日，院长王振洪与美国卡普兰大学校长莫兹签署合作办学协议，这标志着两校在国际教育交流与合作方面又向前迈出了一大步。

12 月 27 日，2009 年中国电动工具技术论坛在学校举行。国家电动工具标准委员会秘书长李邦协、浙江省出入境检验检疫局副局长刘志研应邀出席了会议。

2010 年

1 月 7 日，学校在实验剧场召开全校党员干部反腐倡廉专题教育报告会，金华市纪委副书记吕朝昀做了专题报告。校领导和全校教工党员共 580 余人参加了报告会。

1 月 20 日，学校与加拿大皇家路大学签署中加酒店管理专业合作办学协议。

学校连续八年被评为“金华市行政事业财务管理先进单位”。

学校顺利通过上级部门审核，成为首批省级现代农业技术培训基地。

全国高职高专电子信息类专业基本技术技能行业企业访谈会在学校举行，来自全国 20 多家高职院校和企业的专家、学者、教师等共 70 余人参加了会议。

2 月 23 日，金华市市长陈昆忠、副市长朱福林、市政府秘书长傅利常带领国土、建设、规划等相关部门负责人前来学校调研人才住房问题。

3月13日，学校第十次学生代表大会在大学生活动中心109报告厅隆重召开。

3月24日，学校通过国家示范性高职院校建设项目省级验收。

4月19日，浙江省基层农技人员(畜牧兽医普通班)首期培训在学校举行。

4月26日，农业部科教司教育处处长张景林一行数人来学校，就农业职业教育状况及社会农技人员培训情况等进行调研。

4月30日，由浙江省教育厅、省人力资源和社会保障厅主办的首届全省中等职业学习护理专业学生技能大赛在学校仿真医院举行。

在《中国高教研究》上发表《2009年全国高等学校教育科研论文统计分析》一文，公布了2009年全国高等学校教育科研论文发表情况。统计数据表明，学校2009年在14家教育类核心期刊上发表高等教育科研论文10篇，在全国高职高专院校和全国示范性高职建设院校中，均位居第三。

5月3日，教育部高等学校高职高专艺术设计教学指导委员会主任林家阳受聘成为学校艺术设计学院名誉院长。

5月27日，学校学子连续四届蝉联浙江省大学生电子商务竞赛一等奖。

5月29日，学校与中国众泰控股集团举行战略合作签约仪式，由双方合作成立的众泰汽车学院正式挂牌，这一校企合作新模式开创了国内民营汽车制造企业与地方高职院校深度合作办学的先河。

学校社会科学联合会第一次代表大会暨成立大会在实验剧场隆重召开。

6月6日，学校“功德门”雕塑群竣工落成。

6月24日，学校举行“十二五”规划编制工作启动仪式暨研讨会。

6月29日，学校和皇冠投资集团公司、南龙集团、浙江安德电器有限公司签约合作办学，携手创办皇冠学院。这是继众泰汽车学院挂牌后，学校联合企业创办的又一家校企合作学院。

7月15日，学校召开干部大会，省委决定李秋华同志任金华职业技术学院党委书记。

7月20—22日，学校召开以“以特色专业培育为抓手，扎实推进专业内涵建设”为主题的2010年暑期教学工作会议。

7月31日—8月2日，学校召开以“全员育人，多方联动——构建立体型学生管理与服务体系”为主题的2010年暑期学生工作会议。

学校以先进的办学思想和良好的办学条件被评为“全国机械行业骨干职业院校”。

8月4日，院长王振洪应邀在北京接受中国教育电视台《百所名高职》摄制组专访，就金华地区经济发展特点和特色、“五位一体”育人模式、基地“两化”建设、校企深度合作、目标责任制管理、“三结合”就业招聘等回答了记者提问。

8月19—21日，学校召开暑期中层干部会议，就“十二五”规划和第三阶段改革进行重点研讨部署。

2010年度国家精品课程评选结果揭晓，学校4门课程入选。

9月13日，在第二十届中国厨师节上，学校刘根华获2010年度“中华金厨奖”荣誉称号，成为金华市首位获此殊荣者。

9月16日，校园电视台正式开播，首期播出《校园新闻》。

9月25日，学校正式启动首届大学生职业生涯规划活动月。

10月16日，在我国传统重阳节，学校举行离退休老同志90、80华诞祝寿会。

10月19日，浙江省高校自考助学可持续发展座谈会在学校召开。

10月21日，学校首批阿拉伯语交换生赴埃及坦塔大学学习。

10月26日，学校大学生创业园被金华市创建国家级创业型城市领导小组办公室认定为金华市首批创业阵地。

11月18日，中央电视台摄制组一行来学校拍摄报道众泰汽车学院校企合作经验与成果，院长王振洪接受了央视摄制组专访。

12月22日，金华成泰农村青年创业学院首期“好青年”创业培训班开班仪式在学校举行。

12月26日，学校获“全国高职院校心理健康教育先进集体”荣誉称号。

12月30日，学校召开国家示范性高等职业院校建设总结表彰大会。市委副书记、代市长徐加爱代表市委、市政府对学校正式成为国家示范性高职院校表示热烈祝贺。

2011年

1月16日，学校举行金华高新IT学院成立挂牌仪式，揭开政、校、企三方合作，共同培养金华电子信息产业高技能人才的新篇章。

院长王振洪入选2010年度浙江省151人才工程第二层次培养人员。

3月16日，北京交通大学教授、联合国教科文组织产学合作教席主持人查建中教授来学校，做了题为“面向全球化经济的工程教育改革三大战略及‘做中学’的CDIO模式”的学术报告。

3月20日，学校举行由学校顾问、专业规划与发展指导委员会主任杜世禄主持的中国高等教育学会2011年专项课题《高职教育学生质量结构与评价体系的研究与实践》开题报告会。

3月26日，《金华职业技术学院“十二五”发展总体规划》正式发布实施。

4月7—8日，学校召开专业规划与发展指导委员会第二次全体会议，来自政府、高校、行业和企业的几十名专家齐聚一堂，共同“把脉”学校专业发展规划。

4月19日，学校召开创先争优工作会议，要求教职员工党员坚定推进创先争优工作的深入开展，为学校加快发展提供有力保障。

4月25日，三锋创新创业基金成立暨学校第二届“挑战杯”创新创业竞赛启动仪式在校大学生活动中心广场举行。

学校被中国商业联合会评为“全国商科教育学科竞赛50强职业院校之一”。

5月3日，学校退休教师陆月林在浙江省树立和践行社会主义核心价值体系先进事迹报告会上做先进事迹介绍。

5月6日，学校召开校友会筹备委员会会议。

5月8日，“勿忘农”杯浙江省首届高职院校农业职业技能大赛在学校开幕，浙江省农业厅副厅长陈利江出席并讲话。

由学校承办的“国家清洁生产审核师培训班”正式开班。

5月10日，教育部召开2010—2011年度全国毕业生就业典型经验高校经验交流会。学校被评选为“2010—2011年度全国毕业生就业典型经验高校”。

5月18日，教育部高职高专文化教育类专业规范研制研讨会在学校举行。

5月19日，教育部职业技术教育中心研究所研究员姜大源应邀来校，做了题为“工作过程系统化课程开发与教师能力发展”的学术报告。

5月26日，金华市首届“涉阿”商贸活动在学校实验剧场举行。

学校与澳大利亚中央技术学院合作办学的建筑设计技术专业项目获得国家教育部批准立项。

6月16日，浙江省高职思想政治理论课教学改革研讨会在学校举行。

学校被评为“浙江省自学考试全日制助学优秀院校”。

7月5日，第三届金丽衢义农村社区医生定向培养工作研讨会在学校召开。

8月17日，《中国教育报》报道学校《“三结合”招聘会促就业　校企合作从“邻居”到“一家人”》。

8月19日，浙江省委书记、省人大常委会主任赵洪祝来学校视察金华成泰农村青年创业学院，勉励学员们创新创业，早日成为农村青年创业的领军人才。

8月23日，学校一项目获国家自然科学基金青年课题资助，实现了国家自然科学基金项目零突破。

9月3日，学校顾问、专业规划与发展指导委员会主任杜世禄教授为2011年新教师做“五位一体”高职育人模式专题报告。

学校与市农业管理机构、农业科研院所和农业龙头企业联手，共同成立现代农业技术培训学院，一同为地方农业经济发展提供智力支持和技术支撑。

9月27日，学校在省高校党建工作座谈会上被评为“高校基层党建工作示范点”，成为全省首批17个示范点之一。

学校被省社会科学联合会授予“浙江省社科普及工作先进单位”，被省教育科学规划领导小组评为“浙江省教科研先进集体”。

10 月 18 日,学校当选为全国高等医学教育医学检验专业常务理事单位。

“浙中建筑装饰技术联盟”正式挂牌成立,就此拉开了政、校、行业、企业四方携手打造浙中建筑装饰行业技术联合体的序幕。

11 月 2—4 日,教育部高职高专药品类专业教学指导委员会 2011 年度工作会议在学校召开。

11 月 8 日,金华职业技术学院创业学院挂牌成立。

11 月 9 日,学校召开全国高职高专学前教育专业教学资源库建设工作协调会。

由党委书记李秋华、院长王振洪主编的《构建高职教育校企利益共同体育人机制》正式出版。

11 月 16 日,《中国教育报》新闻纵深版整版报道学校校企合作构建利益共同体的经验和做法。

11 月 25—26 日,“全国高职教育改革与发展研讨会·浙江金华”在学校召开。30 个省(市区)137 所高职院校校长,部分中职骨干学校校长、企业家,《教育研究》、中国人民大学出版社等 16 家学术期刊和新闻出版社的主编、社长等共 300 多人参加了会议。

12 月 16 日,学校高职教育研究所被评为浙江省首届优秀高等教育研究机构。

12 月 19 日,学校举行“程朱昌助学基金”捐赠仪式,浙江神雕雕塑工艺集团有限公司原董事长、82 岁的程朱昌以个人名义向母校捐赠 20 万元作为助学基金。

12 月 24 日,学校举行金华市技能型人才专场招聘会、校第九届科技文化节暨 2012 届毕业生“三结合”就业招聘会。此次招聘会共吸引了 472 家省内外企业入场招聘,提供岗位10 312个,共有 3236 名毕业生与企业达成就业意向,约占总毕业生数的一半。

12 月 28 日,金华市首批优秀创新团队评审结果公布,全市共评选出 21 个优秀创新团队,学校有 3 支团队入选。

2012 年

1 月 9 日,学校职业技能鉴定所被评为“浙江省职业技能鉴定所金牌单位”。

2 月 1 日,国家住房与城乡建设部副部长、原金华市委书记、金华理工学院(学校前身)首任院长仇保兴在北京会见了学校党委书记李秋华、院长王振洪,并听取了学校近两年建设发展情况的简要汇报。

学校获批“浙江省自学考试专科专业主考学校属地化试点高校”。

理工驾校获“浙江省十佳驾培机构”称号。

3 月 19—23 日,校领导王振洪、胡野、郭航鸣率领考察团赴江苏、山东 4 所国家示范性高职院校考察学习,就“十二五”期间高职教育教学改革、质量提升和内涵建设等开展院校交流。

4月20日，学校举行2012年教师参加社会实践任务审核情况反馈暨经验介绍现场会。

4月27日，浙江省首届农村实用人才农业技能大赛暨第二届职业院校农业技能大赛开幕式在学校举行。

5月31日，学校联合浙江省教科院正式成立浙江现代职业教育研究中心。

6月14日，学校在浙江省高校寝室卫生管理和文明建设现场会上做典型发言。

7月3日，学校举行2012年全国职业技能大赛凯旋仪式。

机电学院被授予“全省高校创先争优先进基层党组织”称号。

8月1—3日，由《光明日报》和教育部发起、学校承办的首届中国高职教育校长微论坛召开。

8月2—6日，KAB创业教育（中国）项目师资培训班在创业学院举行。

9月7日，学校召开庆祝教师节暨2011—2012年度“三育人”先进个人表彰大会。

9月10日，金华市委书记陈一新、市人大常委会主任黄锦朝、市政协主席郑金平、市委常委兼秘书长钟关华、副市长林丹军在相关职能部门负责人的陪同下来校走访慰问，向广大教职员工致以亲切的节日问候。

9月19日，金华市首家高层次人才工作驿站落户学校。

胡华江、戴欣平获省首届“高校优秀教师”称号。

10月8日，众泰集团、尖峰药业入选省首批高职院校“双师”教师培养培训基地。

10月29日，由学校和尖峰药业联合组建的“尖峰药业金职院药物研发中心”正式成立。

11月9日，学校被教育部、卫生部列为全国首批卓越医生教育培养试点高校。

11月11—13日，院长王振洪应邀参加“2012长三角高等职业教育改革与发展高层论坛”，做了题为“构建校企利益共同体，协同培养发展型技术技能人才”的大会交流发言。

11月27日，学校成为教育部首批教育信息化试点单位。

11月28日，浙江省副省长郑继伟批示：金华高职进行校企合作的探索，历经多年，已经成熟，应在全省职业院校推广。

12月1日，学校举行首届校友代表大会暨校友会成立大会。

学校获批4个国家级和1个省级高职院校“双师型”教师培训项目。

12月10日，学校“‘一二·九’歌咏比赛”获2012年全国高校校园文化建设优秀成果二等奖。

12月15日，学校举行校企利益共同体建设推进会。

2013 年

1 月 6 日，学校被评为金华市对台工作先进单位。

1 月 9 日，学校举行面向家庭经济困难学生“暖冬行动”启动仪式。

中澳护理项目被评为“浙江省示范性中外合作办学项目”。

1 月 22 日，学校现代职业教育研究中心获批成为浙江省社科研究基地。

2 月 27 日，学校成为首批浙江省数字校园示范建设学校。

4 月 11 日，学校召开校党政领导班子换届考察动员会。

“感动中国 2012 年度人物”、师范学院 93 届校友陈斌强应邀回校做报告。

5 月 12 日，原金华卫校 52 届首批助产士班毕业学生在护士节重返母校纪念毕业 60 周年。

6 月 8 日，中国共产党金华职业技术学院第一次代表大会在实验剧场召开。

6 月 28 日，由“政府支持、高校引领、幼儿园共建”的学前教育“学教研”共同体在学校正式成立。

7 月 15 日，学校举行《金华职业技术学院志》编写培训会。

8 月 30 日，金华市代市长暨军民、副市长傅利常、市政府秘书长祝伦根带领市委人才办、经信委、科技局、财政局、金华经济技术开发区管委会主要负责人来学校调研指导创新驱动发展工作。

9 月 10 日，中国大学资源共享课指定网站第二批 111 门课程正式上线。学校上线 4 门课程，成为上线课程最多的高职院校。

9 月 25 日，卢旺达共和国教育部部长文森特、卢旺达共和国驻华大使馆教育参赞维吉尔一行 3 人来学校访问交流。

10 月 14 日，教育部高职高专学前教育专业骨干教师培训班在学校开班。

10 月 29 日，金华农民学院在学校正式挂牌成立。

11 月 22 日，在 2013 全国职业院校宣传部长联席会议上，学校获颁“2013 全国职业院校魅力校园”称号。

12 月 14 日，第九届“长三角”地区民族乐团展演活动在实验剧场拉开帷幕。

12 月 16 日，学校顺利通过省高校学生公寓标准化配置评估验收。

2014 年

2 月 14 日，学校召开干部大会，宣布省委关于学校党委书记调整的决定。根据中共浙江省委浙干任〔2014〕11 号文件，胡正明同志任金华职业技术学院党委委员、书记。

2 月 25 日，金华市副市长林丹军、邵国强一行来学校调研指导金义网络经济学院建设工作。

3 月 7 日，《光明日报》副总编辑刘伟、教育部副主任朱振国一行来学校考察。

5 月 7 日，学校召开浙江省特色专业建设项目验收会。

5月28—29日，中国-东盟中心教育文化旅游部副主任王道余率泰国、老挝、柬埔寨、印尼、缅甸、菲律宾等国驻华外交机构官员一行8人对学校进行访问。

6月6—7日，浙江省高职教育教学督导及质量保障体系建设专题研讨会在学校召开。

6月12日，浙江师范大学金华职业技术学院教学点2014届82名本科生顺利毕业。

9月12日，学校召开第五轮中层干部换届聘任动员会。学校成果获4个"国家教学成果奖二等奖"。

10月11日，浙江省副省长毛光烈来学校做题为"切实用好物联网发展机遇 推进信息化和工业化深度融合"的专题讲座。

10月18日，学校举行一系列活动纪念办学百年校庆暨高职教育20年。

11月3—4日，浙江省中外合作办学专家组长吕进一行对学校正式设立金华职业技术学院怀卡托国际学院进行考察评议。

11月18日，浙江省高职招生工作总结会暨招生改革培训会在学校召开。

11月21日，学校与金华市旅游局携手创办的"金华市旅游研究院"正式挂牌成立。

11月25日，院长王振洪出席第三届中国高职教育校长微论坛并发言。

12月4日，金华市公安局网络警察训练基地暨校信息安全创新实验室成立。学校被评为"国家安全人民防线建设优秀单位"。

12月27日，浙江省2015届高校毕业生高职高专专场招聘会、浙江省技能人才岗位进校园系列招聘会金职院专场、金华市2014年"百企千岗进校园"人才招聘会、校2015届毕业生"三结合"校园招聘月综合类招聘会暨第十二届科技文化节在校体育馆隆重开幕。

12月29日，学校举行2015—2018年专业发展规划论证会。

2015年

学校成功获批国家级残疾人职业培训基地。

1月16日，学校公共基础学院正式成立。

2月3日，浙江省现代职业教育研究中心被正式列为浙江省哲学社会科学重点研究基地。

3月14日，学校召开2015年度全体教职工大会暨"从严管理落实年"活动动员大会。

3月18日，浙江省高职教育研究会"创新高职教育发展"研讨会在学校举行。学校获批开展四年制高等职业教育人才培养试点。

4月15日，由浙江省现代职业教育研究中心与光明日报联合举办的"如何有效推进现代学徒制"教育沙龙在学校举行。

4 月 24 日，浙江省四年制高职教育人才培养试点工作研讨会在学校召开。

5 月 9 日，浙江省 2015 年高职高专微课教学比赛启动会暨优质教学资源共建共享研讨会在学校举行。学校“青春飞扬　书香两岸——浙台大学生文化交流活动”获全国高校校园文化建设优秀成果二等奖。

6 月 9—16 日，学校代表团访问意大利罗马大学、法国格勒诺布尔国立综合理工大学和瑞士西北应用科技大学三所高校，就职教理念和教学经验、职业学校继续教育项目、图书信息系统运行、医院及企业人才引进等内容进行交流探讨。

7 月，《中国教育报》发布 200 所国家示范性和骨干高职院校科研竞争力排序，学校科研水平排名全国高职院校第三。

8 月，学校入选全国首批百所现代学徒制试点单位。

9 月，浙江省教育厅、财政厅办公室公布 2013—2014 学年高校教学工作及业绩考核结果，学校成绩在高职高专院校中位列第二。学校举行浙江省首批四年制高职教育人才培养试点——电子信息科学与技术专业（电力电子技术方向）首届新生开学典礼。

10 月 20 日，学校召开干部大会，宣布省人民政府关于金职院院长调整的决定。根据浙江省人民政府浙政干〔2015〕13 号文件，任命钟依均为金华职业技术学院院长。

10 月 31 日—11 月 1 日，2015 年浙江省高职教育研究论坛在学校举办。

12 月，学校《“校企利益共同体”探索高职合作育人新模式》创新典型案例荣获第四届全国教育改革创新典型案例优秀奖。

12 月 10 日，浙江省人大常委会副主任、中国信息化百人会顾问毛光烈来学校做题为“充分用好网络化大变革的机遇，推进产业变革与新经济发展”的专题报告。

12 月 19 日，学校成立校友创业者联盟。

2016 年

1 月，学校入选首批全国职业院校文化素质教育基地和创新创业教育基地。

1 月 8 日，学校举行创客服务全程通授牌暨创业导师聘任仪式。

1 月 18 日，学校召开现场会启动文化校园建设三年行动计划。

1 月 27 日，学校举行“智能化精密制造实训中心”建设方案论证会。

3 月 15 日，学校召开 2015 年教师出国（境）进修经验交流会暨 2016 年教师出国（境）进修动员会。

4 月 21 日，由喀麦隆、莫桑比克、坦桑尼亚 3 国组成的非洲国家校长代表团一行 20 人访问学校。

5 月 11 日，中国科学院院士朱位秋来学校考察指导工作。

5 月 12 日，浙江省委教育工委副书记、教育厅副厅长陈根芳一行 4 人来学校调研指导工作。

6月7日，学校与亚洲(香港)汇发实业发展投资有限公司达成战略合作框架备忘录。

6月24日，学校与德国伯福有限公司、德国医卫教育集团、北京左夫文化科技有限公司签约开展老年护理项目合作。

6月29日，金华市市长暨军民、副市长傅利常率教育、科技、财政、人力社保等相关部门负责人来学校调研指导科技创新工作。

7月，学校喜获2014—2015学年浙江省高职高专院校教学工作及业绩考核第一名。

7月5日，学校召开2016年暑期学生工作会议。

7月5—6日，学校召开2016年暑期教学工作会议。

7月8—10日，学校暑期中层干部学习培训会在浙江大学紫金港校区举行。

9月，学校光荣入选2015年全国高等职业院校服务贡献50强。

9月18—23日，学校举行怀卡托国际学院和四年制高职专业2016级新生开学典礼。

10月15日，2016金华电商创新大会在学校举行。

10月25日，学校和德国国际经济与文化交流促进会签署战略合作协议，决定合作成立中德工程学院(跨企业培训中心)。

10月30日，浙江省新型职业农民农业技能大赛暨职业院校农业技能大赛在学校举办。

11月3日，巴勒斯坦大学校长代表团一行20余人来学校访问交流。

11月4日，校党委书记胡正明、副校长杨艳等一行4人在北京参加中国与卢旺达建交45周年庆祝活动。

11月9日，学校召开内部质量保证体系诊断与改进工作动员会。

11月11日，浙江省社科联党组成员、副主席邵清，金华市社科联主席吴远龙等一行5人来学校现代职业教育研究中心调研省社科基地建设工作。

11月25日，全国商务数据分析与应用专业建设专题研讨会在学校召开。学校首期"书记校长有约"活动在学生事务服务中心大厅举行。学校召开创新创业教育工作推进会。

11月26日，2016年浙江省高职教育研究论坛在学校举行。学校学生作品获德国纽伦堡国际发明展银奖。

12月4日，学校广东(深圳)校友联谊会正式成立。

12月13日，副校长杨艳一行赴泰国西那瓦大学考察访问，与之签署《科研合作备忘录》，并为金华职业技术学院西那瓦大学华夏学院国际教育中心揭牌。

12月17日，西子联合控股有限公司总裁陈夏鑫一行8人来学校考察。

12 月 21 日，党委书记胡正明与卢旺达教育部负责职业技术教育与培训的国务部长奥利维尔签署合作备忘录。

2017 年

1 月 4 日，浙江省人大常委会副主任徐宏俊、金华市委书记赵光君率省人大代表金华中心组一行 50 余人视察学校，调研指导应用技术大学创建工作。

1 月 5 日，中国工程院院士陈剑平应邀来学校做“转基因与食品安全”学术报告。

1 月 12 日，学校获评 2017 年中国高职高专院校竞争力排行榜 40 强，名列第 7 位。

2 月 15 日，由学校指导华孚色纺股份有限公司筹建的企业大学——华孚大学挂牌成立。

2 月 23 日，学校成功入选教育部工业机器人领域职业教育项目。

3 月 14 日，教育部职教研究专家姜大源应邀来学校做学术报告。

4 月 27 日，浙江省教育厅厅长郭华巍一行来学校调研指导工作。

4 月 28 日，党委书记胡正明在国家优质高职院校建设推进会上做主题发言。

5 月 13—14 日，首届“中国小动物临床技能大赛——2017 年骨科大赛(华东赛区复赛)”在学校举行。

6 月 1 日，2017 年全国职业院校技能大赛学校共取得一等奖 9 项、二等奖 11 项、三等奖 4 项，其中学前教育专业教育技能、电子商务技能两个项目获得第一名。

6 月 7 日，校长钟依均应邀出席世界银行 2018 年《世界发展报告》蹉商会并做交流发言。

6 月 12 日，浙江省教育厅、财政厅正式下文公布浙江省优质高职暨重点校入围名单，学校以排名第一的成绩入围重点校建设。

7 月 9 日，金职院卢旺达穆桑泽国际学院在卢旺达北方省穆桑泽地区正式启动。

7 月 15 日，《2017 中国高等职业教育质量年度报告》正式发布，学校成为“服务贡献 50 强”“国际影响力 50 强”榜单“双 50 强”院校。

7 月 19 日，学校与贝因美婴童食品股份有限公司签署协议，合作创办贝因美亲子教育学院。

8 月 1 日，学校与世界 500 强物产中大集团、行业领军企业浙江省茶叶集团、浙江华睿投资控股有限公司、杭州同花顺数据开发有限公司签署校企合作协议。

8 月 15 日，中国工程院院士龚晓南一行 3 人来学校考察交流。

9 月 27 日，金华新能源汽车产业技术联盟在学校正式成立。

10 月 16 日，金华市首家省级工程实验室落户学校。

10月23日，原金华市人大常委会主任朱洪法、阎寿根，原市政协主席陈章风等32位金华市级老领导来学校开展调研。

10月28日，由学校与德国伯福集团、德国医卫教育集团、北京左夫文化科技有限公司共同建立的“中德老年护理研究院”正式揭牌成立。

10月31日，浙江省现代职业教育研究中心获评“全国优秀高等教育研究机构”称号。

11月5日，副校长杨艳出席全国中外合作办学年会并做主题发言。

11月5日，学校主持研制的高职医学检验技术专业教学标准成为全国模板。

11月10日，学校获评优质省级职教师资培养培训基地。

11月12日，学校报送的“探索‘4＋X’教师考核评价改革　促进教师专业发展”学校治理能力建设案例入选2017年高职教育成果优秀案例。

11月23日，金义都市产学研协同发展联盟成立。

11月25日，党委书记胡正明出席全国优质高职建设交流研讨会并做专题发言。

12月23日，2017年浙江省技能人才岗位进校园系列招聘金职院专场、金华市“百企万岗进校园”金职院校园招聘会、学校2018届毕业生“三结合”大型综合类招聘会在学校举办。

12月23—24日，浙江省现代职业教育研究中心主办2017年浙江省高职教育研究论坛。

附录C　金华职院主要制度目录

第一部分　基本制度

金华职业技术学院章程

议事规则

第二部分　党群系统制度

发展党员工作实施细则

党委(总支)理论学习中心组学习制度

关于进一步加强和改进党委理论中心组学习的意见

关于进一步加强和改进教职工思想政治工作的意见

关于在全校基层党组织中推行党务公开工作的实施意见

落实党风廉政建设责任制实施办法

纪委落实党风廉政建设监督责任实施办法

建立健全惩治和预防腐败体系2013—2017年实施细则
关于建立党风廉政建设情况分析会制度的通知
领导干部党风廉政谈话制度实施办法
退出现职中层领导干部管理办法
关于改进工作作风密切联系师生的实施细则
党建与思想政治教育研究课题管理暂行办法
大学生思想动态研判制度
新闻发言人制度
教职工代表大会工作实施细则

第三部分　教学管理制度

教学工作委员会工作规程
教学工作两级管理实施细则
教学工作规程
教育督导工作规程
教师教学工作基本规范
实验实训教学工作规程
实习教学工作规程
毕业教学环节管理暂行规定
双语教学工作规范
通识教育课程管理办法
教学事故认定和处理办法
教学改革项目管理办法
专业建设类重点项目管理办法
课程建设类重点项目管理办法
专业课程建设费管理办法
教学成果奖评审办法
高层次教学改革与建设项目经费配套与奖励办法
课务管理规定
选课管理办法
教材选用与管理实施办法
考试工作管理规定
社会考试管理实施办法
成绩管理实施细则
学历证书管理实施细则

教学场地管理办法
教务信息化管理办法
教学档案管理办法
教学工作量计算办法
教师职业教育教学能力测评办法
听课评课暂行规定
教研活动管理暂行规定
学生学籍管理实施办法
学分制暂行规定（试行）
课程替代和学分认定管理办法（试行）
辅修专业管理办法（试行）
第二课堂学分认定与管理办法（试行）
创新创业成果学分积累与转换管理办法（试行）
学生转专业暂行办法
学生科技竞赛管理办法
进一步加强学生学业指导与管理的补充规定
关于进一步推进校企合作的实施方案
校企共建校内实训基地的若干规定
实训基地管理办法
校外实训基地建设标准
校内实训基地建设标准
校内实训基地安全管理规定
学生实验实训实习守则
内部质量保证体系诊断与改进工作实施办法（试行）
外籍专业人员管理与聘用相关制度
中外合作办学项目学生短期出国交流管理办法

第四部分　科研管理制度

科研创新团队培育计划实施办法
纵向科研项目申请及立项管理办法
横向科研项目管理办法
预研项目管理办法
科研经费管理实施细则
科研经费使用信息公开办法
专业公司管理办法

专著出版基金管理办法
学术论文奖励办法
科研成果奖复奖办法
学术团体与学术交流基金管理办法
专利工作管理办法

第五部分　师资队伍建设与人事管理制度

关于加强“双师”教师队伍建设的实施意见
关于组织实施教师素质提高计划的通知
专业带头人培养实施办法
校级优秀教学团队建设与管理暂行办法
关于“校优秀中青年骨干教师”选拔培养的实施细则
关于实施青年教师助讲培养制度的若干规定
关于“双师素质教师培养工程”的实施意见
关于调整“双师素质”奖励政策的通知
教师参加社会（企业）实践的有关规定
教师参加技能竞赛管理办法
选派访问学者管理办法
“访问工程师”选派与管理实施办法
教师公派出国（境）暂行规定
教师出国（境）培训、进修实施办法
教职工参加国内各类进修、培训活动的规定
人员招聘（招考）录用相关规定
关于调整学校人员录用条件的通知
关于引进优秀高层次人才的相关规定
关于调整人才相关政策的通知
关于调整人才引进相关政策的通知
关于进一步规范教师报考研究生学习的通知
关于调整教职工参加研究生学习学费报销及奖励标准的通知
博士培养工程实施办法
委托培养博士后的相关规定
关于调整博士培养相关政策的通知
外聘专家学者管理办法
兼职教师聘请与管理办法
兼职教师聘请与管理工作考核实施细则

专业技术岗位工作人员管理办法
管理岗位工作人员管理办法
工勤技能岗位工作人员管理办法
岗位聘期考核实施办法
专业技术职务评聘申报条件
专业技术职务评聘工作实施办法
关于专业技术职务评聘工作有关事项的通知
关于申报高级专业技术职务代表作送审的若干规定
关于辅导员“三化”建设的实施意见
学生政治辅导员工作考核办法
教职工考勤实施办法
慰问教职工制度
师德师风建设实施细则
“十佳教师”评选细则
“十佳教育工作者”评选细则
“十佳班主任、辅导员”评选细则

第六部分　财务、审计管理制度

收费管理办法
财务报销管理办法
二级学院经费分配办法
项目经费管理暂行办法
会议费管理规定
培训费管理规定
关于转发浙江省机关工作人员差旅费管理规定
关于进一步规范教职工公务差旅管理的通知
后勤财务管理办法
内部审计暂行办法
内部审计暂行办法实施细则
财务收支审计实施办法
公务支出公款消费审计实施暂行办法
有关中层领导干部经济责任审计实施办法
基建、修缮工程审计实施办法
基建工程决算资料送审办法
建设工程项目过程审计实施办法

审计工作联席会议制度

第七部分　文书、档案、信息与网络管理制度

合同管理暂行办法

印章管理规定

关于进一步规范和加强印章管理的通知

信息公开实施办法

信访工作实施细则

落实“文山会海”治理的有关规定

计算机网络管理规定

网站管理规定

网络宣传管理暂行规定

各级官方微信公众平台管理办法

档案管理办法

人事档案管理办法

实物类档案管理暂行办法

重大活动档案管理办法

立卷部门档案归档范围和保管期限规定

第八部分　基建、资产、后勤管理制度

基本建设管理工作实施办法

国有资产管理办法

房产管理办法

办公设备及家具配置管理暂行规定

仪器设备验收管理办法

采购管理办法

采购供应商投诉处理办法

评标专家及评标专家库管理办法

水电管理办法

食品卫生管理实施细则

学生住宿管理暂行办法

传染病疫情报告制度

第九部分　其他管理制度

领导值班制度

关于进一步规范领导干部外出报告、审批等工作程序的通知

公务接待管理办法

校级公务礼品管理办法
车辆处置与更新办法
校园一卡通管理办法
突发公共事件应急综合预案
校园治安管理规定
消防安全管理办法
高层建筑消防安全管理办法
出国(境)申办程序与审批办法
在校学生出国(境)学习管理办法

参考文献

[1] 费孝通.江村经济[M].北京:北京大学出版社,2012.
[2] 潘懋元,王伟廉.高等教育学[M].福州:福建教育出版社,2013.
[3] 潘懋元.潘懋元论高等教育[M].福州:福建教育出版社,2000.
[4] 潘懋元.多学科观点的高等教育研究[M].上海:上海教育出版社,2001.
[5] 潘懋元.理论自觉与实践建构:高等教育的历史、现实与未来[M].北京:北京师范大学出版社,2014.
[6] 潘懋元.应用型人才培养的理论与实践[M].厦门:厦门大学出版社,2011.
[7] 张楚廷.高等教育哲学通论[M].北京:高等教育出版社,2010.
[8] 纪宝成.大学的探索[M].北京:中国人民大学出版社,2009.
[9] 黄达人,等.高职的前程[M].北京:商务印书馆,2012.
[10] 钱颖一.大学的改革(第二卷·学院篇)[M].北京:中信出版社,2016.
[11] 钱民辉.教育社会学概论[M].3版.北京:北京大学出版社,2010.
[12] 约翰·S.布鲁贝克.高等教育哲学[M].杭州:浙江教育出版社,1987.
[13] 伯顿·克拉克.高等教育新论——多学科的研究[M].王承绪,等,译.杭州:浙江教育出版社,2001.
[14] 伯顿·克拉克.建立创业型大学:组织上转型的途径[M].王承绪,译.北京:人民教育出版社,2003.
[15] 珍妮·H.巴兰坦,弗洛伊德·M.海默克.教育社会学——系统的分析[M].熊耕,王春玲,王乃磊,译.6版.北京:中国人民大学出版社,2011.
[16] 石伟平.比较职业技术教育[M].上海:华东师范大学出版社,2001.
[17] 杜世禄.五位一体:高职教育办学模式新探[M].石家庄:河北教育出版社,2005.
[18] 杜世禄.五位一体育人模式深化纵览[M].北京:文化艺术出版社,2011.
[19] 李秋华,王振洪.构建高职教育校企利益共同体育人机制[M].北京:西苑出版社,2011.
[20] 王振洪.高职院校兼职教师有效管理的理论与实践[M].北京:高等教育出版社,2011.

[21] 王振洪. 高职院校管理文化及其创新策略[M]. 杭州:浙江大学出版社,2017.
[22] 王振洪,成军,邵建东. 浙江省高职教育发展报告(2006—2015 年)[M]. 杭州:浙江大学出版社,2016.
[23] 刘洪一. 文化育人的理念与实践研究——以深圳职业技术学院为例[M]. 北京:高等教育出版社,2014.
[24] 周建松. 高等职业教育专业建设理论与探索[M]. 杭州:浙江大学出版社,2010.
[25] 周建松. 现代高等职业教育创新发展研究[M]. 杭州:浙江大学出版社,2015.
[26] 苏志刚. 国家示范性高等职业院校的个性化成长:以宁波职业技术学院为例[M]. 苏州:苏州大学出版社,2013.
[27] 宣勇. 大学组织结构研究[M]. 北京:高等教育出版社,2005.
[28] 李维安,王世权. 大学治理[M]. 北京:机械工业出版社,2013.
[29] 康翠萍. 一种分析范式:中国高等教育政策研究[M]. 北京:人民出版社,2010.
[30] 王星. 技能形成的社会建构——中国工厂师徒制变迁历程的社会学分析[M]. 北京:社会科学文献出版社,2012.
[31] 徐国庆. 职业教育课程论[M]. 上海:华东师范大学出版社,2008.
[32] 洪贞银. 高职院校教学质量保证与评估研究[M]. 北京:人民教育出版社,2009.
[33] 张耀嵩. 高等职业教育质量评价与保障体系研究[M]. 上海:复旦大学出版社,2014.
[34] 卢洁莹. 生存论视阈中的职业教育价值观研究[M]. 武汉:湖北人民出版社,2010.
[35] 刘晓. 职业教育产学研一体化办学模式研究[M]. 杭州:浙江大学出版社,2017.
[36] 刘晓. 利益相关者参与下的高等职业教育办学模式改革研究[M]. 杭州:浙江大学出版社,2015.
[37] 《金华职业技术学院志》编纂委员会. 金华职业技术学院志:1907—2013[M]. 杭州:浙江教育出版社,2014.
[38] 王继平. 迈向世界舞台的中国职业教育[N]. 中国教育报,2017-07-11(7).
[39] 李莉. 美国大学校长薪酬堪比总统 职责明确挑战性高[N]. 北京晚报,2012-03-07(3).
[40] 周晓虹. 江村调查:文化自觉与社会科学的中国化[J]. 社会学研究,2017

(1).
[41] 刘献君.我国高等教育发展的主导思想及面临的主要矛盾[J].高等教育研究,2017(1).
[42] 眭依凡.关于大学文化建设的理性思考[J].清华大学教育研究,2004(1).
[43] 眭依凡.校园文化建设中一个值得重视的课题——“学校精神”刍论[J].教育研究,1992(3).
[44] 杜世禄,何农.“五位一体”指导下的高职师资队伍“四大工程”建设[J].中共山西省委党校学报,2007(3).
[45] 杜世禄.努力探求“五位一体”高职教育办学新模式[J].金华职业技术学院学报,2005(4).
[46] 王振洪.我国高职教育校企合作的演变趋势与深化策略[J].浙江师范大学学报,2011(1).
[47] 王振洪.基于校企利益共同体的高职育人机制探索[J].教育研究,2011(10).
[48] 王振洪,邵建东.构建利益共同体 推进校企深度合作[J].中国高等教育,2011(3/4).
[49] 王振洪,邵建东,成军.探索建立有效推进校企深度合作的新模式[J].中国高等教育,2012(17).
[50] 邵建东.我国应用技术大学建设:挑战与推进策略[J].教育研究,2018(2).
[51] 邵建东.论高职院校学习型教学共同体的构建[J].教育研究,2014(2).
[52] 邵建东.高职院校“企业引进教师”:问题表征及破解策略[J].教育发展研究,2015(9).
[53] 邵建东.高职“双师结构”专业教学团队及其整合培育[J].高等工程教育研究,2012(3).
[54] 邵建东,徐珍珍.现代职教体系下高职师资队伍建设的诉求、问题与路径[J].中国高教研究,2016(3).
[55] 邵建东.高职院校教学团队建设的误区及对策[J].中国高教研究,2013(4).
[56] 邵建东.高职院校教师校本研修的特点、模式与管理[J].中国高教研究,2011(11).
[57] 邵建东.高职院校专业教学团队的短板及修复[J].中国高等教育,2012(1).
[58] 邵建东.增强高职教育吸引力:教师发展的视角[J].教育发展研究,2010(21).
[59] 邵建东.高职院校专兼职教师互动合作及实施策略[J].中国高教研究,2011(1).
[60] 邵建东.走向治理:高职院校兼职教师组织管理新趋势[J].教育发展研究,

2011(3).

[61] 王建.继续教育发展的战略转型与推进策略[J].教育研究,2013(9).

[62] 张艳超.普通高校继续教育改革趋势:跨界、融合与创新[J].教育发展研究,2014(3).

[63] 柳士彬.继续教育"立交桥":框架与行动[J].教育研究,2016(8).

[64] 杨学祥,张魁元,胡鹏."互联网+"时代高校继续教育发展的机遇与挑战[J].继续教育,2016(12).

[65] 廖开锐.我国高校债务的现状、成因及化解对策分析[J].会计之友,2012(9).

[66] 《金华职业技术学院2017年目标责任制考核办法汇编》[Z].2017.

后记

近年来，自己主要关注高职院校的师资队伍、教学团队建设问题，同时围绕岗位工作开展了专业调整、课程改革、企业引进教师、现代学徒制、科研管理、职称评审等方面的调研访谈。2015 年，我曾准备开展高职院校管理创新的理论与实践方面的课题研究，试图探讨中国职教发展的特殊背景（传统文化、产业转型升级需求、高等教育大众化、就业需求）、高职创新发展的主要原因（政府政策、经济转型升级发展、社会需求、院校内生动力等）、高职院校管理创新的理论与实践等问题，但考虑到中国高职教育发展区域差异很大，相关的问题太宏观，理论性太强，自己的能力无法驾驭，我就把研究的主题缩小，主要想探讨在经济社会发展的大背景下，高职院校如何履行其人才培养、科学研究、社会服务等职能，以及如何通过创新管理，整合校内外各种资源，探索具有中国特色的高职教育发展之路或高职教育发展模式。经过请教多位专家后，我最终选择自己工作的学校——金华职业技术学院作为审视中国高职教育发展历程的一扇窗口，围绕高职教育的主要领域（内部治理、师资队伍建设、产教融合、校企合作、专业建设与教育教学改革、重点项目建设、质量监控与评价、学生管理与就业创业服务、科学研究、继续教育、国际交流与合作、校园文化等）分专题进行分析讨论，努力呈现高职院校的主要办学实践和改革历程，并试图对我国高等职业教育改革发展的历程和经验做简要的回顾和总结。

我平时没有其他业余爱好，两年多来，除了完成学校工作和在厦门大学教育研究院的几次学习以外，几乎把所有的业余时间都用在了访谈、资料查找和书稿写作上，每天写几百字，日积月累。经过几百个日日夜夜的奋斗，终于完成这本自我加压（没有职称评审的需要、没有课题结题的要求）的书稿。按照现行的期刊要求，这些内容单篇不可能发表，但集合成为一本小书出版后，可供职教同行参考，一定程度上可以省去部分人舟车劳顿、不远千里到学校考察交流。

回顾这些年在金华职院的工作和这本书稿的写作过程，我作为一个职教人由衷地感到自豪。20 多年来，我国高等职业教育发展取得了历史性的成就，已占高等教育的“半壁江山”，现有近 1400 所高职院校逐步形成有“中国特色、世界水平”的现代职业教育体系，每年使几百万个家庭实现了拥有第一代大学生的梦想，每年为各行各业输送大批技术技能人才，较好地满足了国家和区域经济社会发展需求与产业结构调整升级。通过资料梳理和相关比较发现，在短短的20年间，金华职院全体教职员工开拓创新、积极探索，使学校取得了很大的成就和荣誉：是浙江省创办最早、办学规模最大的一所高职院校，现为国家示范性高职院校、全国职业教育先进单位、浙江省高职重点建设校，学校改革创新发展的多个方面走在全国前列。同时，我感到自己真是一个很幸运的人：2001年，有机会从一所普通中学调到这所学校任教"历史""中国文化概论"等课程；2007年开始，先后在学校办公室（主要负责高职教育研究所工作）、科研中心（主要负责浙江省现代职业教育研究中心工作）和现代职业教育研究院，主要从事高职教育研究工作。期间，我主持了全国教育科学规划教育部重点项目、省哲学社会科学规划重点项目等省部级以上项目5项，在《教育研究》《光明日报》等刊物上发表核心论文20余篇，出版著作3部，成果获国家级教学成果二等奖（排名第二）、全国教育科学研究优秀成果二等奖（排名第二）等20余项，还入选浙江省151人才工程第二层次培养人员（2016年）、金华市拔尖人才（2017年）等，并破格晋升为研究员（2011年）。

我首先要感谢华东师范大学职业教育与成人教育研究所所长石伟平，全国高职高专校长联席会议主席、天津职业大学原校长董刚，中国教育科学研究院副院长、《教育研究》杂志社总编高宝立，《中国高教研究》主编王小梅，上海市教育科学研究院原副院长马树超，教育部职业技术教育中心研究所高等职业教育研究中心主任、浙江省现代职业教育研究中心首席专家姜大源，浙江省教育科学研究院原院长方展画，浙江金融职业学院党委书记周建松等，多年来对我的关心帮助和悉心指导。

我要感谢金华职业技术学院原党委书记杜世禄、原院长王振洪、党委书记胡正明、校长钟依均、副书记胡野、副校长马广、党委委员朱雄才和成军等领导，对我工作的指导和帮助；感谢学校相关单位领导和老师的大力支持和帮助，张雁平、杨剑静、徐婧参与了一些调研和撰写工作，钱向明、吴瑞清、盛继生、吴雄彪、金根中、陆海峰、陈晓明、章国栋、范晓雯、郑胜杰等提供了大量材料，接受了相关访谈；感谢办公室、科研中心、现代职业教育研究中心的同事们，感谢华中科技大学出版社的张毅，衷心感谢大家的鼓励和帮助。

我特别要感谢潘懋元先生。由于自己之前学的是历史专业，对高等教育、职业教育是半路出家的外行，平时工作总感觉力不从心。2017年，我非常有幸考取了厦门大学教育研究院的教育博士，并非常幸运能在先生门下学习。先生是我国高等教育学的奠基人、开拓者，治学严谨、待人宽容，近百岁高龄还坚持为我们讲授"高等教育学专题研究"，周六则在家举行学术沙龙，对高等教育研究的见解精辟独到，其讲解的教育内外部关系规律等使我深受启发，如醍醐灌顶。尤其是先生不吝为拙著作序，对我是莫大的鼓励。

10 多年来，我忙于学校的各类课题研究工作，同时又要挤出时间开展调查和研究工作，完成自己的课题研究任务，对家人关心很不够。父母、爱人承担了几乎全部的家务，儿子比较自觉，对他的中考和高考，我也没花太多时间，内心的歉疚和遗憾是无法弥补的，希望今后能多挤出些时间陪伴家人。

虽然，2 年多来查阅了 4000 多份国家、教育部、省教育厅和学校有关高职教育的文件资料，以及大量的参考文献，实地走访了校内各单位，深入访谈了一批教师，尝试从教育社会学的视角深入地理解并以第一手资料描述中国高职院校的主要工作，同时审视中国高职教育 20 年改革创新发展的历程和主要经验，但我内心是非常惶恐的。由于时间紧、自己才疏学浅，书稿还没有很好地达到预期、很好地挖掘展示和论述：一是理论性不强，主要是结合我国职业教育发展的大背景陈述学校历史资料性的内容和一些不成熟的思考；二是众多领域不能驾驭，主要是院校层面的管理创新，具体到学生层面的比较少，相对比较笼统，专业带头人、专业教学团队、基层（二级学院、系部）治理等方面都有待深入进行专题研究，基金会、校友会、基层党建等工作对学校发展也很重要，但书稿涉及很少。书稿肯定还存在很多不足和缺点，敬请专家学者和广大读者不吝批评指正。

谨以此书献给中国改革开放 40 周年，献给夜以继日备战高考的儿子邵一民。

本书获得金华职业技术学院专著出版基金的资助。

邵建东
2018 年 3 月 25 日于浙江省金华市常平路 88 号家中